上海市高校创新团队发展计划资助

华东政法大学
法律史硕士点招生三十周年　博士点招生十周年文丛

比较法学史

何勤华／著

法律出版社
LAW PRESS·CHINA

谨以此书献给 20 年前去世的父亲

只要你付出了
总会有所收获

——题记

总　序

1981年，经国务院学位办批准，华东政法大学开始招收第一届法律史专业硕士研究生；2001年，又开始招收第一届博士研究生。至今已过去了整整30年，我们为国家培养了244位硕士和180位博士，这一批高层次的法律人才，现分布在全国各地，工作在法学教育、法学研究、法律实务及其他各个领域，为我国的法治建设、理论研究和社会经济发展做出了重要的贡献。

为了纪念华东政法大学招收法律史专业硕士研究生30周年和博士研究生10周年，同时，为了让本专业团队在法律史研究方面的成果保留下来，为以后的学科发展做一些学术积累，经过商议，我们尝试编辑出版三个系列的著作。

第一系列是出版本学科之奠基人王召棠、徐轶民和陈鹏生三位教授的法学文集。自1981年本学科获准招收硕士研究生后，三位教授培养了一批又一批法律史专业的研究生，为学科的发展壮大做出了巨大的贡献。在此过程中，他们著书立说，出版和发表了大量有重大学术价值的研究成果，我们将其收集汇编，以三本法学文集的方式予以出版，在彰显他们业绩的同时，方便读者查阅、引用以及研究。

第二系列是出版自2001年本专业招收博士生以来一直工作在教学和科研第一线的三位中年老师何勤华、王立民和徐永康的文集。华东政法大学法律史博士，主要出自此三位老师的门下。这三本文集收录的有已经出版和发表了的作品，也有部分新创作的论著，虽不是系统的专著，但将分散出版和发表的文章按相关专题汇集在一起，可以为读者阅读和引用提供方便，这既是一个纪念，也是一种学术的积累。

第三系列是出版本专业新人即硕士和博士的论文集。考虑硕士人数比较多，且刚从本科上来，成果不是很多，故这次编集仅收录已经毕业的硕士的论文（主要是硕士毕业论文）。这些论文由于是在学校全脱产的状态下，花费3年时间潜心学习、研究完成的，故基本上具有较高水准，有些已在核心刊物上公开发表。现将其汇编在一起，分为上、下两卷,取名《法律史的成长》。

本专业的博士,因其学习时间相对较长,且是在硕士毕业之基础上进入博士生的学习,发表的成果相对较多。因此,这次收集论文时,不仅包括已经毕业的,也包括了在读的博士生的成果。我们让每位博士选择一篇自己认为比较满意的文章(不管是新作,还是已经发表的文章),予以汇集出版。这些论文基本上都发表在中文核心期刊,有些还是权威期刊上,具有相当的学术理论价值。由于字数比较多,文集分为上、中、下三卷。经过大家讨论,书名定为《法律史的世界》。

这次纪念活动,也得到了本专业博士后流动站研究人员的认同和追捧,他们也希望能够加入进来,有一个展示自己成果的平台。华东政法大学法律史专业自2003年开始招收博士后,至今已经培养了39位博士后(大部分已经出站)。他们每人精选了一篇自己的得意之作,编成一本文集。由于博士后大部分都是跨学科、跨专业的,除了法律史之外,还有各部门法的,以及文、史、哲、社、经、管的,因此,将此文集定名为《法史学与社会科学》。

出版上述三个系列12本文集,对我国法律史学科的发展,具有很重要的意义。学术要靠积累,也要靠经常性的梳理,而将分散的论文汇编在一起,对学术积累和学术发展是有价值的。到目前为止,在国内学术界,还没有一个学科或专业做过这一工作。而我们这么做,对学说史的梳理和研究意义尤为重要。我们这一代人,年龄尚不算大,完成硕士论文、博士论文,或出版、发表一些论文、文章的时间也不太长,但现在为了做进一步研究,想找一本(篇)出来翻阅查看,有时却发现已经很难,家里找不到,甚至图书馆里也没有。此时,往往会埋怨自己,当初为何不把它们汇编在一起呢?因此,编纂上述三个系列的论文集,史料价值也是不容忽视的。

参与上述文集的整理、编辑、校对的,主要是华东政法大学法律史专业的青年老师和博士生、硕士生,由于他们辛勤的、出色的劳动,使得各个系列的文集能够顺利出版。因为在每一卷的序或者后记中,我们对做出贡献者会有专门的说明,故这里就不再一一列举了。

在华东政法大学法律史专业硕士点招生30周年、博士点招生10周年之际,我们出版12本学术文集,感到十分欣慰。华东政法大学法律史学科这30年的发展,事实上也是我国法学乃至整个社会科学30

年发展的一个缩影，它表明，随着我国经济腾飞、社会进步，学术研究也获得了迅速发展，虽然这种发展中还隐含着不少问题和缺陷，但毕竟我们的学术成长已经步入了正常的轨道。

当然，上述各文集的出版，只能说是向国内学术界同行以及广大读者做出的一份初步报告，我们的研究还在继续进行，文集中如有错误和缺点，也恳请读者诸君批评指正。

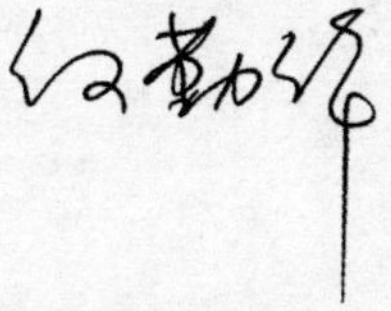

于华东政法大学

2011 年 8 月 15 日

目 录

比较法学史刍议 / 1
法学形态考
——“中国古代无法学论”质疑 / 9
中世纪欧洲三大法学流派 / 29
《万国公法》与清末国际法 / 55
比较法在近代中国
——一个学说史的考察 / 82
改革开放与中国法学研究 30 年
——采访华东政法大学校长何勤华教授 / 108
新中国外国法制史学 60 年 / 132
新中国法学群英谱 / 155

附　录
淡泊名利,甘当人梯
——王召棠老师二三事 / 231
笃行致知,明德崇法
——陈鹏生老师教书育人七八事 / 237
亦师亦父,若宽若严
——追忆恩师徐轶民教授 / 247

后　记 / 267

比较法学史刍议*

法学史，是描述法学的起源、发展和演变之过程，揭示这一过程背后发挥作用的各种要素和关系，即法学发展之规律性的一门学问。比较法学史就是对各个国家、各个地区和各个时代之法学的发展历史和发展规律进行比较研究的科学。它在此处的含义，不是比较法学的历史分析，而是法学史的比较研究。

一

虽然，学术界对法制史的研究开展得比较早，如在中国，公元 1 世纪班固（公元 32 ~ 92 年）所撰写的《汉书》中，就开始了对历代法律制度发展演变史的阐述，《汉书 · 刑法志》就国家与法的起源、汉代以前历朝的立法史和司法制度史进行了比较系统的总结和阐述。① 由此，《汉书 · 刑法志》被认为是中国历史上最早的法律史研究作品。

在西方，早在公元 2 世纪古罗马时代，著名法学家庞波尼乌斯（Sextus Pomponius，约 160 年去世）在其罗马法《教本》（*Enchiridium*）一书中，就对自罗马王政时代（公元前 8 世纪）至庞波尼乌斯生活的时代（公元 2 世纪）约 1000 余年中罗马法律发展演变的历史进行了总结，成为西方历史上最早的一部法律史著作。②

但是，对法学史的研究则是比较晚近才出现的。格劳秀斯（H. Grotius，1583 ~ 1645 年）在其名著《战争与和平法》一书中，曾对历史

* 本文是国家重点学科华东政法大学法律史学科、上海市人文社科基地华东政法大学外国法与比较法研究院重点研究项目的阶段性成果。

① 何勤华著：《中国法学史》（第 1 卷），法律出版社 2006 年版，第 236 ~ 239 页。

② 何勤华著：《西方法学史》，中国政法大学出版社 2003 年版，第 45 页。

上(从古希腊时代开始)各位先贤(如亚里士多德、[1]普鲁塔克、[2]西塞罗、[3]保罗、[4]特里丰、[5]赫莫吉尼亚、[6]狄翁·布鲁萨恩西斯、[7]科瓦鲁维亚斯、[8]康纳努斯[9]等)关于公民权利(人身权和财产权保护)的理论、占有和时效理论、关于契约及其效力的学说、关于国家的地位及其责任的理论、条约理论、外交使节与外交关系的理论、关于战争与和平的学说等做了非常详尽的叙述和评价,其内容已经涉及诸多法律学说史、比较法学史的问题,虽然不很系统,但也已经显示了格劳秀斯对以往法律学说的重视。因此,《战争与和平法》,在一定意义上也可以说是西方历史最早的法学史和比较法学史的著作。

1748年,法国著名启蒙思想家孟德斯鸠(Montesquieu,1689~1755年)出版了《论法的精神》一书,这部凝聚了作者20余年心血的作品,不仅对历史上各种类型的法律制度以及法律事件等做了详细的描述和分析,而且对自亚里士多德(Aristotle,公元前384~前322年)以来历史上关于政体的学说、洛克(J. Locke,1632~1704年)以后关于分权的理论以及历代关于法与其他各种社会现象、人类生活环境之关系的理论,进行了全方位的审视和研究,开启了法社会学、比较法、法律史、法学史和比较法学史等多门学科研究的先河。尤其是他对政体理论史、分权学说史的梳理,为后世学术界的宪政及部门法学史(学说史)的研究提供了非常有益的经验。

进入19世纪以后,德国历史法学派的代表萨维尼(F. C. Savigny,1779~1861年)以其《占有权论》(1803年)、《论当代立法和法学的使命》(1814年)、《中世纪罗马法史》(第1版6卷,1834~1851年)和

---

① 亚里士多德,古希腊政治学家、法学家、哲学家,著有《政治学》等作品,详见后述。

② 普鲁塔克(Plutarch),古希腊传记作家、哲学家,著有《名人传》(*Parallel Lives*)、《论文集》(*Symposiacs*)等。

③ 西塞罗,古罗马政治家、法学家、哲学家、雄辩家,详见后述。

④ 保罗(Paulus,约222年去世),古罗马五大法学家之一。

⑤ 特里丰(Tryphon),基督教圣徒、哲学家,曾与另一位基督教圣徒查士丁(Justin)争论,著有《对话录》。

⑥ 赫莫吉尼亚(Hermogenianus),君士坦丁大帝时期的法学家。

⑦ 狄翁·布鲁萨恩西斯(Dion Chrysostom,约公元40~112年),古希腊修辞学家、哲学家,其作品和演说在罗马享有盛名。现存一部"讲演稿"80篇,以及其他一些作品的残篇。其中4篇是对特洛伊人的演说:《论王权》。

⑧ 科瓦鲁维亚斯(Covarruvias),中世纪西欧教会法学家。

⑨ 康纳努斯(Franciscus Connanus,1508~1551年),中世纪末期西欧著名法学家。

《现代罗马法的体系》(全8卷,1840~1849年)等力作,傲视欧美法学界。在萨维尼的作品中,不仅有历代法律史料的整理和研究,也有自罗马以来各种占有权学说、民法体系理论的梳理和评述,有罗马法学家法学理论的分析和总结。正是由于萨维尼的辛勤劳动,才初步形成了近代民法学的体系,并将历史上的特别是中世纪罗马法和法学的成果传达至后世。可以说,萨维尼对近代法学史和比较法学史的研究作出了巨大的贡献。

当然,在西方历史上,严格意义上的第一部法学史和比较法学史作品当数麦克道纳尔(Sir John Macdonell)和曼逊(Edward Manson)合著的《世界上伟大的法学家》(*Great Jurists of the World*)[①]一书了。该书是美国著名法学家威格摩尔(John H. Wigmore,1863~1943年)主编的11卷本丛书"欧陆法律史丛书"中的一种,与其他各卷主要论述法律制度史(如德国法律史、法国公法史、法国私法史等)不同,该书主要是对自古罗马至近代欧洲2000余年中有着巨大影响力的26位法学家(如盖尤斯、[②]乌尔比安、[③]巴尔多鲁、[④]居亚斯、[⑤]贞提利斯、[⑥]朴蒂埃、[⑦]培根、[⑧]孟德斯鸠、贝卡利亚、[⑨]萨维尼、耶林[⑩]等)以及其理论学说进行了详细的阐述。作者评述的法学家,涉及各个历史时期,也涉及不同的国家与地区,不仅有生平事迹和学术贡献的评述,也有不同理论和学说的比较分析。

在笔者的视野内,外国语文献中直接署"法学史"书名的著作是德

---

① Boston,1914.

② 盖尤斯(Gaius,公元130~180年),古罗马五大法学家之一。

③ 乌尔比安(D. Ulpianus,约170~228年),古罗马五大法学家之一。

④ 巴尔多鲁(Bartolus,1314~1357年),中世纪意大利后期注释法学派(评论法学派)的主要代表。

⑤ 居亚斯(Jacques Cujas,1522~1590年),中世纪法国人文主义法学派的主要代表。

⑥ 贞提利斯(A. Gentilis,1552~1608年),英籍意大利法学家、近代国际法的创始人之一。

⑦ 朴蒂埃(R. J. Pothier,1699~1772年),中世纪后期法国著名私法学家、罗马法学家,其作品构成了1804年《法国民法典》的主要法理和立法渊源。

⑧ 培根(F. Bacon,1561~1626年),近代英国著名法学家、哲学家、科学家。

⑨ 贝卡利亚(C. B. Beccaria,1738~1794年),近代意大利刑法学家,启蒙思想家,刑事社会学派的代表之一。

⑩ 鲁道夫·耶林(R. von Jhering,1818~1892年),近代德国著名法哲学家、民法学家、罗马法学家,近代欧洲利益法学派的代表之一。

国法学家苏尔兹(F. Schulz)的《罗马法学史》(*History of Roman Legal Science*)①和日本法学家碧海纯一、伊藤正己、村上淳一主编的《法学史》②。前者对罗马法学的诞生、发展、历史分期以及在各个时期的法学家及其作品做了详细的介绍和评述。例如,关于罗马法学的诞生,作者明确指出:“随着《十二表法》而来的时期(公元前5~前3世纪),罗马法学还一直处在它的幼年期——法学的青春期是在共和国的最后一个世纪(公元前1世纪),而成熟期是在哈德良(P. A. Hadrianus,公元117~138年在位)皇帝时期(公元2世纪)。”③关于罗马法学的兴盛,作者指出:“在图拉真(Trajanus,公元98~117年在位)和哈德良皇帝时期,这一(法学)发展的曲线确实达到了它的顶点(如同元首政治达到了它的顶点一样)。(法学家)尤利安(Julian)的《学说汇纂》是这一时期罗马法学的最伟大成果。法学家支配的法学一直延续到了元首政治的末期。尤利安以后,虽然在法学上不时出现一些微小的衰退,但在整体上,一直到3世纪中叶,法学仍然保持在一个相当的水平上。”④此外,作者还对罗马各个时期叫得出名字的200多位法学家的生平事迹以及作品、学说做了论述。

后者即碧海纯一、伊藤正己、村上淳一主编的《法学史》,是一本体系化的法学史著作。它从罗马法学的诞生起步,分别介绍和评述了法、德、英、美等国的法学发展历史,最后以介绍、评价和批判日本的法学结束,虽然由多人写就,但因为作者都是相关研究领域里的一流学者,故全书给人以一气呵成的感觉,资料翔实,论证有力,语言流畅,是一本少见的上乘之作。作为一个东方国家,日本原本也是一个法制后进的国家,其法和法学的发展都是通过学习模仿西方列强的经验而达到比较发达之境界,因此在探索研究法学发展的历史时,还无底气创作一部《日本法学史》的作品,其推出的第一部法学史著作《法学史》,重点描述的是罗马以及近代西方各主要国家的法学史,其实就是一部西方法学史。但也正是这一特点,正是日本学者将古代罗马以及近代法、德、英、美的法学史,与日本的法学史进行了比较,因而使日本的法

① Oxford,1946.

② 东京大学出版会1976年版。

③ F. Schulz, *History of Roman Legal Science*, Oxford, 1946, p. 5.

④ Ibid., p. 99.

学史研究一开始就带上了比较的色彩，比较法学史研究也因而得以诞生，并成为此后各法学史研究者的共同选择，如笔者的《西方法学史》讲述的是西方各主要国家的法学发展史，《中国法学史》虽然以中国古代的律学和近代以后的法学为研究对象，但是在许多章节都开展了与西方和日本法学史的比较。

二

那么，经过一二百年时间逐步兴起的比较法学史研究，具体包括了哪些内容呢？笔者认为，比较法学史的研究大体包含了如下六个方面：

第一，关于法学的诞生、发展之过程的比较。例如，中国古代法学的诞生和发展，与古代罗马法学的诞生、发展之过程，就有许多异同；近代英美法系的法学，和大陆法系的法学的诞生、发展也有相当多的共同点和区别；近代中国的法学，和日本的法学之间，既有很多模仿、相似之处，又有许多变异和发展的地方。对这些相同点和差异（变异或本土化）的比较研究，可以使我们了解各个国家、各个地区和各个时代之法学的传承、特征以及未来走向，提升我们对世界法学发展的整体认识。

第二，法学体系之内容变迁的比较。法学体系的内容非常丰富，从大的方面来分，有理论法学、技术法学和实务法学等；从部门法学来分，有法理学、法史学、宪法学、行政法学、民法学、商法学、经济法学、环境与资源法学、知识产权法学、刑法学、诉讼法学、国际法学等。对法学体系内容变迁之比较，具体如中美商法学史的比较、中法行政法学史的比较、中日刑法学史的比较等。这种比较研究，不仅可以大大丰富我们法学体系的内涵，而且可以为我国的立法提供历史的、域外的经验和教训，为我国的依法行政、建设法治政府和司法制度的改革等，提供理念和知识的借鉴。

第三，法学史上经典作品的比较。例如，古代希腊思想家柏拉图（Plato，公元前427～前347年）的《法律篇》与亚里士多德《政治学》的比较，古代希腊斯多葛学派的自然法作品与古罗马法学家西塞罗

(Cicero,公元前106~前43年)的自然法著作的比较,近代英国思想家洛克的《政府论》、法国思想家孟德斯鸠的《论法的精神》以及卢梭(Jean J. Rousseau,1712~1778年)的《社会契约论》之间的比较,德国法学家萨维尼的《现代罗马法体系》和法国法学家惹尼(F. Gény,1861~1956年)的《实存私法上的解释方法与法源》的比较,等等。通过这种经典作品的比较,可以让我们知道整个法律科学之内容递嬗和思想传承,对法学史学科有更深的理解和把握。

第四,法学发展史上著名人物的比较。无论是西方,还是东方,无论是中国,还是美国以及其他国家,在法学发展史上,都曾涌现出一批著名的法学家,由于他们的非凡的学术创造力、高度的思想智慧以及勤奋刻苦的敬业精神,推动着各自的法律科学向前发展。这些著名法学家,在西方古代,有柏拉图、亚里士多德、西塞罗、乌尔比安、帕比尼安、盖尤斯、保罗、阿佐、阿库修斯、居亚斯等,在古代中国,有荀况、韩非、李斯、张释之、张汤、于定国、郭躬、陈宠、张斐、刘颂、孔稚珪、封氏家族等,在近代西方,有孟德斯鸠、布莱克斯通、边沁、贝卡利亚、梅因、胡果、萨维尼、费尔巴哈、普赫塔、奥斯丁、戴雪、惹尼、耶林、祁克、李斯特、梅特兰、庞德、霍姆斯等,在近代以后的东方,有穗积陈重、美浓部达吉、牧野英一、我妻荣、沈家本、伍廷芳、董康、江庸、张知本、王宠惠、吴经熊等。将这些法学家进行比较研究,不管是他们的生平,或是他们的著作,还是他们的思想,都是非常有意义的。

第五,法学史上研究方法的比较。在世界法学发展史上,涌现过各种各样的研究方法,如中世纪欧洲的注释方法、评注方法、人文主义方法,近代西方的分析实证主义方法、历史方法、哲理方法、社会学方法、经济分析方法,等等。由于法学研究方法的不同,往往会形成不同的法学流派,如注释法学派、评论法学派、人文主义法学派、分析实证主义法学派、历史法学派、哲理法学派、社会学法学派、经济分析法学派,等等。对各种不同的法学方法的比较研究,可以使我们深化对方法论的认识,在研究中丰富方法论的运用,加深对法学的内涵、特点和发展演变的规律的把握。

第六,对推动法学发展之哲学基础和理论指导的比较研究。法学作为一门学科,其形成和发展,离不开某种哲学世界观的指导,离不开一定的理论学说的引路,也离不开社会上占主流地位的价值观的推动。而对这种哲学世界观、理论学说和价值观的比较研究，可以使我们加深对法学史的内涵的认识与理解，加深对法学发展史上显现出来的特点的认识与把握，也加深我们对法律发展规律的认识与把握。比较法学史，有了这种比较研究，才能上升为一门真正的科学。

三

比较法学史研究，有其重要目的。从学术角度观察，主要是丰富我国法学史研究的历史内涵和方法手段。一方面，中国自 1840 年“鸦片战争”后，开始走上了学习移植西方法和法学的道路，1901 年开始由沈家本（1840～1913 年）、伍廷芳（1842～1922 年）牵头领导的修律变法，以移植西方法和法学、创建中国近代资产阶级的法和法学体系为目标。至中华民国中叶（20 世纪 30 年代），这一目标从形式上来看，已经基本达到。但是，评价一个国家法学的发展和进步，只关注该国自身的法学发展的历史是不够的，还必须将其置于近代世界，至少是近代亚洲的视野内考察，才能得出比较客观合适的结论，而比较法学史研究在这方面就可以有所贡献。通过和西方各主要国家的法学史，以及日本、印度等亚洲国家的法学史的比较，我们就可以了解我国法学诞生起步的源头以及在世界、在亚洲的地位。另一方面，开展比较法学史的研究，可以在我们原来的比较方法、实证方法、训诂方法、统计方法等以外，再增加一种新的方法和手段，或者新的视角，更有利于法学史的研究。

从实务角度来分析，“他山之石，可以攻玉”。我国的法制建设，面临着许多难点和热点法律问题，解决这些问题，要求我们法学研究工作者深入实际，面对问题，从我国自身法学发展的历史经验和教训中采摘可以解决这些问题的方法、手段和措施，但从外国法学发展的历史中，吸收好的经验，为我所用，也是一个有效的途径。尤其是我国近代以后的法律制度（包括原则、术语等），基本上都是从西方移植过来的。因此，在消化、吸收、转化这些外来的法律制度、原则和术语，解决当前中国的法律难题过程中，借鉴、移植外国尤其是西方（即母国）的法学理论和法律学说，总结他们在用法学理论、学说指导法制建设实践的经验,是一个成本低、见效快的合适途径。比如,我国法学界关于一些重大法律理论和实务问题如法的本位、人权的性质、法律解释、法律与道德的关系、良性违宪、司法审查权、行政主体、行政处罚权和行政许可权、行政复议的性质、国家赔偿与民事赔偿之关系、纠纷的解决机制、无罪推定、检察机关的性质与定位、民事诉权的定位、民事裁判的既判力、证明标准等,在各国法学史上都曾发生过,并且在有些国家已经有了比较好的解决方案和结论。

就中国的现实状况来看,我们在比较法学史这一领域还没有很好地展开研究,还有许多空白需要填补。这种空白,首先,可以从国别法学史研究起步。比如,我们现在已经出版了日本法学史的作品,[①]但至今还没有出版西方其他主要国家如英国、美国、法国、德国等的法学史。其次,可以从部门法学史研究深入。到目前,我们已经出版了中国各部门法学史的作品,如高铭暄、赵秉志编著的《新中国刑法学研究60年》(中国人民大学出版社2009年版),江平总主编的《共和国六十年法学论争实录》(厦门大学出版社2009年版),里面分法理学、宪法学、行政法学、民商法学、经济法学、诉讼法学等各部门法学的论争等,但至今尚无专门研究外国部门法学的作品。最后,外国法学专题(如契约、共犯、法律冲突、法律教育等)史的研究,我们也有许多展开的研究空间。[②]

此外,上述关于法学的诞生、发展之过程的比较,法学体系之内容变迁的比较,法学史上经典作品的比较,法学发展史上著名人物的比较,法学史上研究方法的比较,以及对推动法学发展之哲学基础和理论指导的比较研究,也是我国比较法学史研究当前需要予以重点关注的。笔者认为,在填补各个国家的法学史(包括部门法学史、专题法学史)研究的空白之前提下,我们开展比较法学史研究就有了坚实的学术基础。随着我国与世界各国交流的日益活跃和密切,随着法和法学国际化进程的加快,比较法学史研究也将有一个良好的发展前景。

---

① 何勤华著:《20世纪日本法学》,商务印书馆2003年版。

② 在外国法学专题史的研究方面,最近内蒙古大学副教授焦应达完成的博士论文"苏联法学教育研究"(华东政法大学2011年4月打印稿)可以说是一个很好的尝试。

法学形态考
——“中国古代无法学论”质疑

法学形态是法学理论研究中一个重要的问题，它关系我们对中国古代到底有没有法学这个有着重大分歧的问题的基本看法。因此，尽管法学形态以前还没有人提起过，研究它也有相当的难度，笔者还是想对它作一些探讨。

一、问题的提出

中国古代有没有法学，这是一个颇有争议的问题。

中国、日本和美国等大部分学者一般都认为，中国古代有法学，而且比较发达、完善，如中国近代著名法学家沈家本在《法学盛衰说》一文中，就详细论述了中国古代法学在战国、秦汉、魏晋、隋唐、宋元以及明清等各个阶段的发展过程，并得出了“法学之盛衰，与政之治忽，实息息相通。然当学之盛也，不能必政之皆盛；而当学之衰也，可决其政之必衰”的著名论断。① 中国现代著名法制史学者陈顾远也在《中国法制史》一书中指出，战国时期是中国古代法学的最鼎盛时期，具体表现为“法理探讨，战国为最著”，“律文整理，战国集其成”等。②

此后，中国学者如张国华、张晋藩、林剑鸣、高恒、武树臣、俞荣根、周密、王洁卿，日本学者如中田薰、仁井田陞、滋贺秀三、大庭脩、八重津洋平、中村茂夫，以及美国学者蓝德彰（John D. Langlois Jr.）等，包括中国权威的法学辞书《中国大百科全书·法学》，都不同程度地表达了与沈家本和陈顾远相近的观点。

但近年来，也有一些学者认为，中国古代没有法学，法学是西方文

① （清）沈家本撰：《历代刑法考》（四），中华书局1985年版，第2143页。

② 陈顾远著：《中国法制史》，商务印书馆1934年版，第42～43页。

化的产物，是至近代才传入中国的“舶来品”。如梁治平认为：“中国古代虽有过律学的兴盛，却自始便不曾产生何种法学。”[①]张中秋进一步指出，中国古代只有律学，而无法学，因为“‘律学’与‘法学’绝不是一个简单的名词之别，也不是一个无关紧要的措辞之争，而是反映了两种形态的法律学术不仅仅在外延上（这是次要的），尤其是在内涵即质的规定性上，存在根本的区别。”[②]区别在哪里呢？区别就是法学以正义为核心，而律学中则无正义的位置，而“离开了围绕正义而展开的上述诸问题（即关于法的本质和法的价值等——引者）探讨的法律学术，不应该称为法学”。[③]

笔者认为，这两种彼此对立的观点，在一定意义上都是正确的。对前者而言，中国古代的确存在法学，不仅有“法学”这一术语，[④]而且在汉、晋、隋、唐、宋，其法学研究也曾达到古代世界少有的繁荣境界，我国7世纪的著名法典注释书《唐律疏议》，无论在结构体系的合理性、概念阐述的科学性、条文注释的完整性、原则内容的系统性等方面，都可以与古代罗马查士丁尼《国法大全》相媲美。说中国古代没有法学，人们很难接受。

对后者而言，现代意义上的法学的确是近代才经由日本从西方传入中国的。[⑤] 中国古代存在的研究法律的学问，尽管在文字上、逻辑上对法律条文进行了详细解释，但它只注重君主和国家的利益，只关心刑罚的宽与严、肉刑的存与废、是否允许亲属犯罪后相互容隐、子女可否为父母被杀复仇、皇帝应否大赦，“律”、“令”等法条的具体运用，以及礼与刑、法与道的相互关系等，完全忽视对公民个人权利和自由的保障，充满了等级的、伦理的色彩，对国民来说，几乎是一种关于义务的说教。这与现代法学所强调的公平、正义，以保障公民个人的权利和自由为使命是完全不同的东西。因此，很难说服持这种观点的学者接受中国古代存在法学且比较发达的结论。

---

① 梁治平著：《寻求自然秩序中的和谐——中国传统法律文化研究》，上海人民出版社1991年版，第286页。

② 张中秋著：《中西法律文化比较研究》，南京大学出版社1991年版，第233页。

③ 同上，第234页。

④ 何勤华：“法学·律学·刑名之学”，载《文汇报》1996年5月29日。

⑤ 何勤华：“汉语‘法学’一词的起源及其流变”，载《中国社会科学》1996年第6期。

那么，问题的症结在哪里呢？笔者认为，上述两种观点，虽然讲的都是事实，但只表达了对法学这一社会现象和学术领域的一个侧面的认识，只表达了法学发展中的部分真理，因而，没有能够得出一个比较完整的概念，说出为大家都能接受的道理。

法学首先是一个历史的概念，它是在不断发展变化的。古代罗马的法学，与中世纪西欧以意大利波伦那大学为核心发展起来的注释法学就不一样，而中世纪的注释法学与近代资产阶级革命以后的法学也不一样，第二次世界大战以后，西方的法学又发生了重大的变化。因此，将法学视为一种静止的状态是不符合事实的。

法学也是一个哲学的概念，即在历史上的各种法学之中，既存在共同的因素，如讲法学者必有一种指导思想（或法的精神）体现在其中，必然要对法的起源、本质、特征以及法与其他社会现象的关系做出阐述，也必然要对法律条文进行注释，等等。但是，法学又有各种表现形态，在世界上，东方的法学与西方的法学不同；在西方法学之中，大陆法学与英美法学不一样；即使在同一个大陆法学之内，各个国家的法学也呈现出各种不同的特点，因而显得千姿百态。法学，就是这样一个包含了普遍性和特殊性的哲学现象。如果不承认这一点，我们就不能正确认识法学的本质和法学发展的客观规律。

法学还是一个文化的概念，即法学作为社会文化的一个层次，作为一门学术或学问，它是可以分为若干层次的，有低级发展水平的法学形态，也有中级、高级发展水平的法学形态。比如，罗马法学，尽管在古代世界是最为发达、最为完善的法学形态，但它与现代法学相比，又显得比较简陋、比较原始、比较落后了。

所以，在没有对上述问题做出周密的分析之前，就说中国古代有或者没有法学，笔者认为是一种片面的、肤浅的认识，也无法正确回答大家所要解决的论题。事实上，无论是从哲学、历史，还是文化上看法学这一社会现象，都遇到它的发展形态问题。只有弄清了这个问题，才能正确回答中国古代有否法学，以及它与近现代西方法学有何区别，各个形态的法学在其发展过程中有哪些共同的规律等深层次问题。

二、法学形态的理论

按照各种汉语辞典的解释，所谓形态，就是指“事物的形状和表现”。这一解释，对认识动物、植物或其他自然界的物质而言，是完全可以领会和理解的，但用于分析阐述法学这一学术领域，就似乎显得过于抽象和不够了。

为此，让我们再来看看英文对形态一词的解释，或许能对我们有点启示。在英文中，关于形态，共有四个词表示，即 form，formation，shape，pattern。除 Pattern 一词外，其他三个词在表示事物的形状、形态的同时，还表示事物的种类、类型、格式、外形、结构、条理、组织、轮廓、方法、惯例、具体表现、各部分的组合、有条理的安排等。其中，“事物的具体表现”、“各部分的组合”和“有条理的安排”等释义尤为重要。

了解上述英文中关于形态一词的诠释，对我们分析法学的形态具有重要意义。具言之，笔者认为，法学形态是指法学的具体表现形式或法学之内部结构的组合形式，也就是说，作为一门学科、一种学术、一种社会现象，法学是由各种要素组合而成的。

这些要素主要有：经济基础，立法基础，世界观（指导思想）或理论基础（法哲学，即对法的本质、法的价值、法的起源、法的作用、法与其他社会现象的关系等的研究及阐述），研究内容（法律主体、法律关系、法律规范等），法的体系，原则，概念术语，分支学科和相关学科，法学教育，法学研究方法，法条注释。①

上述分析，尽管简单，但已可以使我们得出如下几点结论：

第一，在上述各法学形态要素中，有些是一般要素，有些则是必备要素，如法学世界观（理论基础、法哲学）、法条注释学、法学研究作品（著作、论文）等，只有具备了这些必备要素，我们才可以认为其已有了法学，反之，则不存在法学。至于那些一般要素具备与否，只是表明该

① 这一点区别于其他人文科学形态，如哲学、文学、美学等。因为法律是强制性的社会规范，它被作用于人们的行为，而法条注释（在判例法国家是判例及其原则的注释）是使法律规范有效地作用于人们之行为方式的必不可少的手段，因此，作为研究法律之学问的法学，必须有法条注释这一部分。

国、该地区的法学的发达和完整程度,而不涉及有否的问题。但这并不是说,一般要素是不重要的,因为,正是由于有这些一般要素的差异的存在,才使世界各国的法学发展呈现出先进与落后、发达与简陋、完整与残缺等千姿百态的局面,才奏成一曲丰富多变的动听的法学发展交响乐。

第二,我们以前经常说的,法学,就是关于法的学问,其使命是为了帮助法的制定和实施,因此,凡是历史上产生过法的国家或民族,都存在过法学这种观点是不对的,至少是不精确的。因为法学是一种由各种要素组合而成的体系,光有法律未必一定能产生法学,只有具备了那些必备的形态要素,才能认为已形成了法学。

第三,法律思想不等于法学,法哲学也不等于法学,它们都只是法学的一个形态要素,一个组成部分。在有法律存在的场合,可能有法律思想,或法哲学,但未必就发展起了法学。

第四,由于法学形态要素经常处在变动之中,因此,由其组合而成的法学形态也是非常丰富多彩的,绝不仅仅是一种单调的、固定的模式。比如,有的法学形态,其法哲学可能非常发达,但其法条注释并不严谨、细密;有的法学形态,其法律注释学非常发达,但其法哲学可能非常贫乏;也有的法学形态,其私法部分的规定和解释可能很系统,但在公法方面没有什么成就等。

第五,由于决定法学的形态的最终要素是该社会的生产方式以及相对应的文化类型,而在世界历史上又存在多种不同的生产方式和文化类型,因此,在世界历史上就可能存在多种法学形态。

20 世纪 80 年代初,我国法学界曾对法学体系展开过热烈的讨论,提出了诸多的见解,如三分说、五分说、七分说等。[①] 这里,“体系”一词按现代汉语词典的解释是指:“若干有关事物或某些意识互相联系而构成的一个整体。”在英文中,“体系”一词是由 system 和 setup 两个术语来表示的,其中心意思为系统、制度、方法、秩序、分类等。法学体

① 三分说,是指法学体系由理论法学、部门法学和技术法学(如法医学等)三大部分组成。五分说,是指将法学体系分为五个分支:法哲学、法史学、部门法学、国际法学、技术法学。七分说,则是将法学体系分为理论法学、宪法行政法学、民商法学、刑事法学、诉讼法学、国际法学和技术法学七个部分。由于这三种理论的倡导者人数较多,这里就不再一一列举。读者可参阅当时各主要的法学杂志。

系，一般是指法学的部门法学分科的问题，是法学学科的内部结构，即法学的各个分支学科“相互关联而又相互区别的系统”。①

法学形态理论与法学体系理论相近，在表现法学的内部结构、组成部分方面具有相同点，但两者也有明显区别。概言之，法学形态的外延比法学体系的要宽，后者主要侧重于其内部构成，尤其是各个部门法学分支学科的比例、发展与状况的分析，而前者除了这些内容之外，还要分析研究其赖以存在的经济基础和立法基础，其所运用的方法论，表示其发展程度的原则和概念的运用情况，其据以存在的法学教育状态，法学主体即法学家阶层的状况，以及法学的学术研究氛围、最终价值目标等。

在内涵方面，法学体系基本上是静止的、平面的，即法学体系是在法学发展到一定的阶段，形成为一个系统以后，再来分析其各个组成分支学科的合理性，以及如何保持协调以便使法学成为一个有机的整体，更好地发展。而法学形态则注重于法学内部构成、组合的各种要素之间动态的、立体的发展变化上面，着重表现法学这门学科的状况和表现形态，它的产生与发展方面（当然，也包括法学结构的进一步完善方面），因此，法学形态与法学体系是反映法学内部构造以及发展规律的两个相互联系又相互区别的方面。

笔者提出法学形态的问题，并不是玩概念游戏，而是试图在研究法学的构造与发展规律方面搞得更加细致一点，挖掘得更为深入一些。尤其是如同以下论述所表明的那样，在分析古代社会有否法学存在这一点上，法学形态理论有着法学体系理论所无法替代的作用。因为，在古代社会，其法学不管如何发达，几乎都只存在一个部门法学，或是刑法学，或是民（私）法学，用法学体系的理论去分析，可以说是无从着手的。

三、古代法学的各种形态

那么，根据上述法学形态的理论，世界历史上哪些国家和地区存在过法学呢？

---

① 余先予、何勤华著：《大众法学常识》，上海社会科学院出版社1987年版，第59页。

让我们先来看看除中国之外的其他三大文明古国埃及、巴比伦和印度吧。

埃及是人类最早进入文明的地区,早在公元前4241年就发明了先进的历法(将一年分为三季12个月365天)。[①] 与此同时,根据确实的史料,大约在公元前4000年埃及就创建了法律制度。[②] 根据当时埃及的法律(包括习惯法)的规定,国王是全国最高的统治者,每一块土地都属于国王,每一个臣民也属于国王,所有的法律与司法程序也都自他而出。[③] 国王是唯一的立法者。

据传埃及历史上最早的立法者是埃及第一王朝的创始人美尼斯(Menes,约公元前3200年登位)。[④] 据现存资料分析,埃及已制定和颁布过一些成文法(国王立法),当时,法典(Codes)被安置在法庭当中法官前面的木牌上,供法官当场适用。非常遗憾的是,由于岁月的流逝,这些法典本身都已全部遗失,这对世界法律史来说,无疑是一个非常巨大的损失。[⑤]

当时,在埃及,司法与一般的行政的界限也不清楚。大约在古王国时期(公元前2780~前2680年),在中央政府的法院之下,分设了六个大的地区法院,它们都由国王的大法官(Chief Judge)领导,而在里面工作的法官则同时兼任着地区的行政官员,并且还都是高级僧侣。进入中王国时期(公元前2050~前1880年),这种分设六大地区法院的组织形式开始消失,而至新王国时期(公元前1584~前1071年),法院组织的变动就更加频繁。尽管如此,直到新王国时期,大法官的职位一直没有被取消。[⑥] 作为国王的代表,他在国王的宫殿里主持日常的开庭事务。

到目前为止,我们还没有发掘到古代埃及法庭开庭审理案件时的

① 翦伯赞主编:《中外历史年表》,中华书局1961年版,第1页。

② John H. Wigmore, *A Panorama of the World's Legal Systems*, Vol Ⅰ. West Publishing Company, 1928, p. 12.

③ Ibid., p. 13.

④ Ibid., p. 17.

⑤ Ibid., p. 18. 古代埃及的法典虽然没有留传下来,但国外学者的研究表明,国王颁布的法典和法令是存在的。我国有些学者提出的"埃及没有制定和公布成文法"(参见古棣、周英:《法和法学发生学》,中国人民大学出版社1990年版,第372页)的观点是不能成立的。

⑥ S. Haley Allen, *The Evolution of Governments and Laws*, Vol Ⅰ. Princeton University Press, 1922, p. 133.

起诉状和辩护状等史料，但已经占有了当时法庭上的一些原始记录。这些用古埃及文字书写在莎草纸上的法庭记录，是世界上到目前为止所发现的最古老的法庭记录，其年代大约是公元前2500年。①

然而，根据已发现的史料分析，在埃及，“尚未出现过关于法律的论文，而且它们也不可能存在”。② 公元前525年，埃及被波斯征服，公元前332年，又被马其顿占领，公元前168年，埃及沦为罗马的附属国。这样，埃及奴隶制法的独立发展也就中断了。

根据以上对埃及法律制度的分析，我们可以认为在埃及，虽然公布过国王的法典，形成了一定的法院组织体系，司法审判活动也很活跃，但没能够产生法学。③

在巴比伦地区，很早就出现了成文法典。公元前2100年前后，乌尔第三王朝的创始人乌尔纳姆（Ur-Namma，公元前2113～前2096年在位）就颁布了《乌尔纳姆法典》。随后的伊新和拉尔萨等王朝，又颁布了《苏美尔法典》、《苏美尔亲属法》、《李必特·伊丝达法典》等成文法律。而公元前1762年由古巴比伦第六代国王汉穆拉比（Hammurapi，公元前1792～前1750年）颁布的《汉穆拉比法典》，则使巴比伦地区的立法达到最高的水平。

从《汉穆拉比法典》的内容来分析，当时已存在比较原始的法哲学理论，④如在该法典序言中，强调了君权神授，提出颁布法典的目的在于“发扬正义于世，灭除不法邪恶之人”，⑤国王的任务之一是“使公道发扬，以正直的法管理部落”。⑥ 在正文婚姻家庭等法律条文中，主张赡养生病之前妻终身的人道主义立场。⑦ 在结语中，又反复强调汉穆

---

① JohnH. Wigmore, *A Panorama of the World's Legal Systems*, Vol Ⅰ. p. 32.

② Ibid., p. 13.

③ 据美国学者威格摩尔的叙述，在古代埃及，曾出现过法哲学思想，如关于司法正义的观点等。See John H. Wigmore, *A Panorama of the World's Legal Systems*, Vol Ⅰ. pp. 13－17.

④ 根据Russ VerSteeg教授的研究，古代巴比伦地区不仅产生了发达的刑事法，而且也有了家庭法、继承法、侵权法、财产法、贸易法、合同法、商业法等，甚至在法典和法律汇编中诞生了法理学（Jurisprudence）。参见Russ VerSteeg, *Early Mesopotamia Law*, Carolina Academic Press, Durham, North Carolina, 2000, pp. 44－48, p. 77, p. 97, p. 129, p. 143, p. 161。

⑤ 《外国法制史资料选编》（上），北京大学出版社1982年版，第18页。

⑥ 同上，第20页。

⑦ 同上，第35页。

拉比的法律是正义的体现，他的司法判决和裁定是“公正之道”，等等。[1] 同时，《汉穆拉比法典》的整个内容，虽然是习惯法的简单汇编，但从其分为序言、正文和结语之三大部分的结构，从其条文按诉讼程序、盗窃、军人份地、租佃关系、雇佣关系、商业高利贷关系、债、婚姻家庭、遗产继承、奴隶买卖等有条理的排列来看，当时的立法技术也已达到一定水平。[2]

然而，虽然法哲学和立法技术都是法学形态的构成要素，但由于汉穆拉比创立的巴比伦王朝很快就被喀西特人灭亡（公元前1741年），巴比伦法的发展迅速中断，因此，零星的法哲学思想和立法技术没有能够导致法学的产生。到目前为止，虽然在《汉穆拉比法典》之外，我们还发现了一批巴比伦地区的官方文书和私人书信，[3]但无论是在考古发掘还是在现存文献的研究中，都未发现在巴比伦已出现法学的证据。

印度的情况与上述两个国家和地区稍有不同。古代印度是一个宗教国家，其法律是在印度婆罗门教（公元前7世纪）、佛教（公元前6世纪）和印度教（公元4世纪）的产生演变过程中发展起来的。因此，一些具有法律约束力的文献，如婆罗门教时代的《吠陀》、《法经》，佛教时代的《律藏》以及婆罗门教、印度教的经典《摩奴法典》（约公元前2世纪～公元2世纪）等，本身就是宗教教律。附带说一句，尽管国内有些学者否认《摩奴法典》具有法典性质，但鉴于古代社会宗教教义兼法典的情况很普遍，如教会法的基本渊源是《圣经》，伊斯兰法的基本渊源是《古兰经》，等等，将《摩奴法典》视为古代印度的基本法典也是可以的。

除《摩奴法典》、《法经》等法律和宗教合二为一的文献之外，在古代印度，也存在一批由世俗的国王制定的法令。这些法令在孔雀王朝

---

① 日本学者平野秩夫，于1969～1970年间，在名古屋大学的《法政论集》（第45～50卷）上曾连载发表了“上古东方法哲学史觉书”一文，其中比较详细地论述了古代埃及和巴比伦的法哲学思想。这是笔者所见到的中日学术界至今所发表的唯一的一篇关于古代东方法哲学的论著。

② Russ VerSteeg, *Early Mesopotamia Law*, Carolina Academic Press, Durham, North Carolina, 2000, xix.

③ ［苏］B. H. 狄雅可夫、H. M. 尼科尔斯基编：《古代世界史》，日知译，中央人民政府高等教育部教材编审处1954年发行，第83页。

时期(公元前324～前187年)还曾上升为当时印度的主要法律渊源。此外,传说孔雀王朝的创始人旃陀罗笈多(Chandragupta,约公元前324～前300年在位)的大臣乔底利耶(Kautiliya,生活时代约公元前300年)所著的《政事论》也被当时国家视为法典。[①] 所以,认为古代印度没有由国家发布的成文立法的见解[②]也是不正确的。

除了法典和法令外,在古代印度也出现了法律思想、法哲学。日本学者白井骏在《古代印度的刑法思想》(白顺社1985年版)一书中,对以犯罪、刑罚和刑事诉讼为核心的古代印度的法律思想作了系统的研究。

但是,如前所述,法哲学和法律思想与法学并不是一回事,它们只是法学形态的构成要素。从目前所发现的古代印度留下来的历史文献来看,尚未发现一部法学论著。因此,在没有新的考古发现之前,认定古代印度不存在法学大概是不会错的。

在古代希腊,由于城邦制度繁荣的时间太短,各个城邦之间经常发生战争,立法也未能充分发达等原因,因此,在希腊只是产生了比较发达的法哲学和法律思想,尽管这些思想为罗马法学的诞生奠定了理论基础,尽管柏拉图的《法律篇》(The Laws)被誉为西方历史上第一部法哲学著作,但在希腊,没有法典注释学,没有产生法学家,也没有形成系统的法学学科。[③]

在古代世界产生法学的国家和地区,主要是罗马、英国、西欧基督教会和阿拉伯国家。

在古代罗马,由于商品经济的高度发展,成文法典的发达,法律与宗教的分离,法律教育的兴起,以自然法为核心的法学观的传播,职业法学家阶层的产生,以及百家争鸣学术研究环境的形成,诞生了西方历史上最早的法学。[④]

在中世纪英国,虽然没有成文法典,但由于在11世纪就发展起了通行全国的普通法体系,在14世纪又形成了对普通法起补充作用的

---

① 林榕年主编:《外国法制史》,群众出版社1994年版,第121页。

② 见古棣、周英著:《法和法学发生学》,中国人民大学出版社1990年版,第378页。

③ 关于古代希腊没有产生法学的原因,详细请参见何勤华著:《西方法学史》,中国政法大学出版社1996年版,第1章。

④ 何勤华著:《西方法学史》,中国政法大学出版社1996年版,第2章第1节。

衡平法体系，开始了对判例的注释和对法律原则的诠释活动，因此，从12世纪起，就出现了众多的法学著作，如格兰威尔（R. Granville，1130～1190年）的《中世纪英格兰王国的法和习惯》，布雷克顿（H. D. Bracton，约1216～1268年）的《关于英国的法与习惯》，利特尔顿（D. Littleton，1407～1481年）的《土地法论》，福特斯库（Sir John Fortescue，其活跃时期为15世纪中叶）的《英国法赞美论》，爱德华·科克（Edward Coke，1552～1634年）的《英国法概要》等，形成了比较系统的中世纪英国封建法学。[①]

中世纪西欧基督教会的情况也大体相同，由于从公元9世纪开始基督教会势力的扩张，教会法渊源的丰富，从12世纪起就开始了对教会法渊源的注释、汇编和整理工作，1140年出版了由意大利一所修道院附属学校的教会法教师格拉梯安努斯（Gratianus，约1179年去世）编纂的《格拉梯安努斯教令集》（也称《矛盾之教会法令调和集》），这部作品被认为是中世纪西欧的第一部法学著作。加上教会法教育活动以及神学法哲学体系的展开，逐步形成了一个比较完整的教会法学体系。[②]

在阿拉伯国家，从公元8世纪开始，随着人们对其基本法律渊源《古兰经》和《圣训》等的编辑、整理、注释活动的展开，在社会上出现了一个教会法学家阶层，其著名者有哈尼法（公元699～767年）、马立克（约公元715～795年）、沙斐仪（公元767～820年）以及罕百勒（公元780～855年）等，出版了众多的教会法学著作，如马立克的《穆瓦塔圣训集》、沙斐仪的《法源论纲》等，出现了百家争鸣的局面，并形成了比较系统的注释法学。[③] 因此，尽管教会法和伊斯兰法是宗教和法律合一的体系，但由于出现了法哲学（尽管是神学的）、法典和法典注释学，因此，仍然产生了比较发达的法学体系。

以上分析，证明法学的形成，必须具备一些基本的条件（形态要

---

① 关于中世纪英国法学的详细情况，请参见何勤华著：《西方法学史》，中国政法大学出版社1996年版，第6章。

② 何勤华著：《西方法学史》，中国政法大学出版社1996年版，第3章第3节；［美］伯尔曼（H. J. Berman）著：《法律与革命——西方法律传统的形成》，贺卫方等译，中国大百科全书出版社1993年版，第4章、第5章、第6章。

③ 关于伊斯兰法学研究的详细情况，请参见高鸿钧："伊斯兰法学及主要流派"，载《外国法译评》1996年第1期。

素），如果没有这些条件，即使有了法典，有了法哲学，也不可能产生法学。另外，以上世界各国的历史发展也证明，法学形态是非常丰富的，在具备了一些法学形态的基本要素的前提下，由于各国和各个地区的其他经济和文化条件的不同，可以产生许许多多形态各异的法学。①

那么，中国古代的情况如何呢？

四、"中国古代无法学论"质疑

按照法学形态的理论，中国古代无疑已经产生了法学。

首先，中国古代很早就出现了成文立法。据比较可靠的史籍记载，我国在春秋时期，就有公元前536年郑国子产（？～公元前522年）的《刑书》，公元前505年前后邓析（公元前545～前501年）的《竹刑》，公元前513年晋国的《刑鼎》等。在战国时期，又进一步出现了由魏国李悝（公元前455～前395年）编纂的比较系统的《法经》（公元前407年）。秦汉以后，以秦国的《秦律》和汉朝的《九章律》为开端，历代的统一的成文法典更是绵延不绝。这些法典，不仅体系完整、概念术语明确，而且指导思想、立法原则、各种罪名和刑名以及从抽象的原则到具体案件的推理程序等一应俱全。尤其是公元7世纪初制定颁布的《唐律》，其立法水平可以说在当时世界范围内都是数一数二的。

其次，与上述一点相连，中国的法典注释学出现得很早。因为有了法律，就要执行；要执行，就必须对法律进行解释。因此，在一般情况下（国家未被入侵、灭亡，法制发展没有中断等），成文法典的持续颁布，法制的长期发展，必然导致法典注释学的产生。在中国，自公元前3世纪前后的秦国开始，就出现了比较明确、系统的法典注释学《法律答问》。至汉代以后，各大经学家开始了以经注律的活动，法学作品丰富，法学名家辈出，著名者有郑玄、马融、张斐、杜预、刘颂、郭躬、陈宠

① 在古代和中世纪，存在法学的国家还有日本，因为在中世纪日本，已经存在比较系统的法典（如公元701年的《大宝律令》、公元718年的《养老律令》以及1232年的《御成败式目》等），有法典注释学（其代表作是公元9世纪面世的《令义解》、《令集解》以及13世纪以后出现的各种关于《御成败式目》的注释书），也有法哲学——以中国儒家思想为核心的律学世界观。因此，虽然日本古代没有出现"法学"之名，但已存在"法学"之实。

等。《晋书·刑法志》说:当时注释法律者"十有余家,家数十万言"。可以认为,中国古代的法律注释学,是除罗马之外世界上最为发达的形态。

再次,中国的法哲学出现得也很早,远在西周时代,就出现了"天罚"、"明德慎罚"等法哲学思想。到春秋战国时期,随着各个学派的崛起,百家争鸣氛围的出现,中国古代的法哲学达到了一个鼎盛的阶段,无论是法家,还是儒家、道家、墨家、名家,都对法的起源、法的本质、法的作用、法与其他社会现象的关系,法、刑、律的关系,以及法的客观性、平等性、公开性、稳定性等问题展开了热烈的讨论,阐述了各自的主张。秦汉以后,关于法的本质、法与道德的关系,以及肉刑的废复、复仇是否可行、株连与反株连、亲属应否容隐、同罪异罚与同罪同罚、刑讯的限制与否定、"司法时令说"的得失、赦与非赦等问题的争论始终没有停止。尽管这些争论中探讨的大多是刑法问题,但其中包含着的人们对法的根本见解,这一法哲学立场是毋庸置疑的。

此外,中国古代的法律教育起步也比较早,早在春秋战国时期即已出现。虽然荀子教学生以儒家经典为主,但韩非和李斯在他那里学了法律则是无可否认的事实。至秦始皇统一中国以后,虽然对文化采取了专制主义的立场,但从"若欲有学法令,以吏为师"①来看,法律教育未曾中断。而公元3世纪魏明帝采纳卫觊的意见,设立律博士以后,中国的法律教育更是有了专门的组织,得到了国家的鼓励和支持。以后,虽然各个朝代的律博士称呼不一,所在部门经常变动,规模人数也不一致,但一直到元代,中央政府的以大理寺(隋)、国子监(唐、宋)为中心的高等法律教育一直没有中断过。法律教育的实施,对法律的制定、施行,对法律的学习、解释,以及对法律的宣传和研究所起的积极影响,是不可否认的。

最后,在中国古代法学研究中,所用的方法也是非常丰富的,逻辑的、历史的、社会的、比较的以及技术检验的,这些在张斐(公元3世纪中叶人)的《律注表》、长孙无忌(约公元597~659年)等人编撰的《唐律疏议》以及宋慈(约公元1186~1249年)的《洗冤集录》中,都得到

---

① 《史记·秦始皇本纪》。

了充分的表现。同时，在法律原则、法律概念和术语的创制、阐明方面，中国古代的成就也是令世人瞩目的，张斐在上述《律注表》中对20个刑法概念的诠释，以及《唐律疏议》对各种罪名、刑名的说明，其水平令今人都叹为观止。此外，在中国古代，与法典注释学和法哲学相关的其他学科也已萌芽，如历代正史中的《刑法志》，实可算是一篇篇水平高超的法制史论文；《管子》一书中提出的"仓廪实则知礼节，衣食足则知荣辱"，[①]不能不说已包含了法经济学的观点；白居易（公元772～846年）等人的针对社会时弊而提出的法律对策的论文，也已经涉及了法社会学的思想。

当然，由于中国特殊的国情，上述这些思想未能发展成为近现代西方的法史学、法经济学和法社会学，而且，在这里将它们相提并论也似有牵强附会之嫌。但这些思想对中国古代法学发展的促进作用是不可低估的。

通过上述分析，我们可以清楚地看到，中国不仅具备了法学存在的必备要素，而且具备了相应的各种一般要素。古代中国人在这个领域创造的如此丰富的思想文化成就，使我们无论如何也无法否认中国古代法学的存在。因此，笔者认为，中国古代不仅存在法学，而且还是一种比较发达的法学形态。

五、中国古代法学的基本特点

那么，为什么有些学者还是认为中国古代没有法学呢？看来，除了列出中国古代法学存在的表现之外，还必须阐明中国古代法学与其他各种法学在形态上的区别与特点，这样，我们才能对这个问题有更深一层的理解。

我们列表（表1）来比较一下中国古代法学与古代罗马法学、伊斯兰法学和近代西方法学在法学各形态要素上的相同点与差异。

---

① 《管子》卷一《牧民第一·经言一》。

表1　法学形态对照表

要素＼地区	古代中国	古代罗马	中世纪伊斯兰	近代西方
经济要素	封建经济	商品经济（简单型）	封建经济	商品经济（发达型）
立法要素	成文法典（刑法为主）	成文法典（私法为主）	成文法典（法律教义合一）	成文法典（分门别类）
部门法体系	不完整	不完整	不完整	完整
法律注释	发达系统（刑法注释）	发达系统（私法注释）	发达系统（教法注释）	发达系统（综合注释）
法哲学	丰富（以宗法伦理为核心）	丰富（以自然法为核心）	丰富（以教义为核心）	丰富（以公平正义为核心）
法学原则	基本形成（刑法原则）	基本形成（私法原则）	基本形成（教法原则）	发达完善（综合型）
概念术语	系统科学（刑法学）	系统科学（私法学）	比较系统（教法学）	系统科学（综合型）
研究方法	比较丰富	比较丰富	比较丰富	丰富科学
相关学科	有一些	有一些	无	齐全
法学主体	法学家（多为官僚兼）	法学家（职业性）	教法学家（教会人士兼）	法学家（职业性）
价值目标	义务和谐	权利正义	遵从安拉	社会正义
法律教育	不发达	比较发达	不发达	发达
学术环境	不自由	基本自由	不自由	自由

以上所列虽然非常简单，但从中已可以大体得知中国古代法学的一些基本特点。

第一，中国古代的法学，是建立在以小农经济为基础的封建经济基础之上的。在这种经济基础之上，商品交换不发达，宗法体制盘根错节，主要权力都集中在地主阶级的总代表皇帝手中，臣民只有义务而无权利，法律成为维护君主专制统治和确保社会秩序稳定、和谐的工具。这一切都造成了中国古代法学的特殊风貌和基本风格，形成了与古代罗马以及近现代西方法学不同的特点。

第二，中国古代的法哲学虽然起步早，发展一以贯之，但它的基本立场在于论证法律在宗法家族体制中的地位，君君、臣臣、父父、子子之间的法律关系，法律在统治人民、平息纠纷、镇压敌对分子中对道德的辅助作用，而从来没有去研究如何保护国民（中国古代未曾出现过

"公民",所以我们只能使用"国民"一词)的权利和自由问题,也没有取得过独立于伦理和政治的地位。因此,中国古代的法哲学实质上是一种伦理法哲学、政治法哲学和刑罚法哲学。全面阐述中国古代法哲学的特点需要专门写篇论著,这里只能点出上述三个特色,以帮助我们理解为什么古代中国法学和古代罗马法学以及近现代西方法学有那么巨大的不同。

第三,中国古代虽然很早就出现了成文法典,并且在以后的发展中这个传统一直绵延不绝,但中国的法典,从春秋战国时期的《刑书》、《刑鼎》、《法经》,到秦律、九章律、魏律、晋律、隋律、唐律以及以后各个朝代的法典,都是刑法典或是以刑法内容为核心的法典,调整民事关系的私法规范很少,而且,绝大部分民事法律规范是处理民事问题的刑法规范。[①] 在这种状况下,中国比较发达的法律注释学只能是刑法注释学,它不是为如何保护国民的权利出谋划策,而是着重于研究如何更好地完善其律(律文)这一刑事镇压的工具。[②] 这样,尽管中国古代的法律注释学十分发达,但其风格和面貌与古代罗马或近现代西方却是大不相同。

第四,尽管中国古代的法律教育开始很早,魏以后在中央政府也设置有进行法律教育的机构,但中国古代的法律教育,从来没有获得过独立的地位:在春秋战国时期,它依附于其他学术教育;在秦代,它只是官吏的附带职责;在汉代,它又成为经学教育的内容之一;魏以后,它也只是为选拔官吏而学习之科目的一种。

即使在将法律教育作为中央高等教育内容之一的唐宋年间,当时律学也与国子学、太学、四门学、算学和书学等合在一起,且在人数和地位上也不如其他学科。如唐代国子学学生 300 人,太学学生 500 人,四门学学生 1300 人,而律学学生仅 50 人。[③] 元代以后,朝廷索性取消了中央政府的律学博士,从而使元明清的法律教育只能成为府县

---

① 关于中国古代民事刑法化的详细论述,请参见张中秋著:《中西法律文化比较研究》,法律出版社 2009 年版,第 85 ~89 页。

② 当然,中国古代法律注释学中也有许多关于正确适用法律条文、正确定罪量刑以防止出现冤假错案的论述和技术,但可惜的是,由于中国古代的特殊国情,上述这些内容,都被包摄在法律的刑事镇压的工具属性中了。

③ 张耕主编:《中国政法教育的历史发展》,吉林人民出版社 1995 年版,第 23 页。

衙门中幕僚和胥吏中间一种学徒式学习方式。[①]

中国没有出现如古代罗马时存在过的罗马、贝鲁特、君士坦丁堡法律学校那样的专门法律教育机构，也不曾出现过如中世纪西欧波伦那大学、巴黎大学、海德堡大学、牛津大学等法律教育组织。即使在后汉和魏晋律学最昌盛之时，法律教育也仅仅局限于民间的私塾类型。这一点，也是使中国古代法学在形态上大不同于西方的重要原因。

第五，以百花齐放、百家争鸣为表现形式的学术自由，虽然不是法学存在的必备要素，但却是法学发达和繁荣的重要条件。在中国历史上，曾经有过三次大的学术自由时期，一次是春秋战国时期，另外一次是魏晋南北朝时期，还有一次就是明清交替时期。但是，第一次时代还比较早，中国的成文法发展还处在初期阶段，因而，这次学术自由对中国古代法哲学的形成有很大的帮助，但对法学的整体发展作用不是很大。尤其必须注意的是，由于中国国家和法形成的特殊状况，即中国国家与法是在部族征战中形成和发展起来的，所以，中国古代法一开始就带上了赤裸裸的氏族镇压的色彩，这样，围绕法的本质、法的起源、法的作用等问题的讨论也带有明显的伦理色彩、政治色彩和刑罚色彩。而第二次和第三次学术自由的时期，一是时间比较短，二是从秦代开始，中国进入了中央集权的政治体制，国家所能给予臣民的学术自由也是非常有限的。因此，中国古代法学事实上始终未能摆脱其作为政治附属物的地位。

第六，在古代罗马，法学的主体是形成为一个群体的职业法学家阶层，而在古代中国，职业的法学家数量并不多，绝大部分法学家并不专门从事法律教育和法律著述事业，而只是一批官僚，或者是文学家、哲学家，如东汉著名律学家郑玄（公元 127 ~ 200 年）是官僚、经学大师，马融（公元 79 ~ 166 年）是官僚、经学家和文学家，西晋著名律学家杜预，则是大将军、经学家，《唐律疏议》的主要编纂者长孙无忌（公元 597 ~ 659 年）是初唐的大官僚，其他法律思想家如韩愈（公元 768 ~ 824 年）、柳宗元（公元 773 ~ 819 年）和白居易（公元 772 ~ 846 年）等，也是文学家、哲学家和诗人。像担任法官职务又从事立法、法律著述

① 这一点，张伟仁先生在“清代的法学教育”（载《法学论丛》第 18 卷第 1 号、第 2 号，台湾大学 1988 年印行）中有很好的阐述。

的郭躬(公元1～94年)、张斐、陈宠(?～公元106年)等,人数并不多。而完全不担任官职,专心致志于法律教育和法律研究的人,如古代罗马盖尤斯(Gaius,约公元130～180年)那样的法学家更是凤毛麟角。[①]

因此,中国古代独立的纯法学理论著作很少,有相当多的作品往往是法学、哲学、文学、经济互相混合,如《管子》、《韩非子》。即使是最为完善的《唐律疏议》,也主要是法典注释型作品,像上述古代罗马法学家盖尤斯的《法学阶梯》那样的法学理论体系著作,中国一部也没有。

从上述六点(当然还有其他一些方面)可以得知,为什么在本章一开始时笔者就说中国古代无法学的观点在一定意义上是正确的,因为,与古代罗马和近现代西方相比,中国古代的法学确实是一种完全不同的面貌,完全不同的风格,如以古代罗马法学和近现代法学为参照系,那么中国古代确实没有法学可言。

但是,问题也出在这里,如上所述,法学是一个有机的整体,是一种由许多要素组合而成的体系,具有丰富多彩的形态,它不可能是一种模式,一种样态。我们不能以古代罗马或近现代西方的法学作为标准衡量世界其他国家是否存在法学,认为凡是与其相同者,就是法学,不同者,就不承认是法学。中国古代法学与古代罗马法学以及近现代西方法学的不同,不是是还是不是法学的区别,而是法学形态的区别,就像文化一样,我们不能说中国的文化与西方的文化不同,就否认中国文化的存在。

事实上,法学的完善形态只是在现代社会才存在。古代罗马的法学,其实也存在诸多缺憾。比如,即使是它的最为发达的私法学,它的许多概念术语也是很原始的。它没有"法人"这一对商品经济来说是至关重要的概念,也没有"法律行为"这一对法律主体的活动和法律关系的形成而言是极为重要的概念,这两个概念都是迟至19世纪初叶德国历史法学派崛起后,由德国法学家胡果(G. Hugo,1764～1844年)提出,并经由其弟子萨维尼(F. C. Von Savigny,1779～1861年)和

① 据西方学者考证,公元1世纪前后罗马法学家仅著名者(有名有姓且留下作品者)就有200余人。See F. Schulz, *History of Roman Legal Science*, Oxford, 1946, pp. 226－241.

普赫塔（G. F. Puchta，1798～1846年）以及祁克（O. F. von Gierke，1841～1921年）等人的阐述，才发展起来的。但在罗马法学中没有“法人”和“法律行为”的概念，责任并不在罗马法学家，因为当时还没有创制出这两个概念的条件。

此外，古代罗马，没有宪法学、行政法学和刑法学，也没有法医学，没有法史学、法社会学和比较法学，因为所有这些学科都是近代以后，随着社会的发展、文明的进步、国家机器的完善才一步步形成的。我们不能说因为罗马法学与近现代法学之间存在这种区别，就否认古代罗马存在法学。

事实上，无论是古代罗马法学，还是古代中国法学，都只是一种残缺的法学形态，因为它们都未完全具备法学形态所要求的全部要素。完整意义上的法学形态是近代以后才在西方出现的，而且这种完整也是一个变化的概念。从今人的眼光看来是完整的，以后人的眼光来观察就可能是残缺的，因为法学的发展永无止境。

这里的问题是，由于罗马法学是直接建立在简单商品经济之上的，它当中包含的体现商品经济发展规律的成分与近代建立在复杂商品经济之上的资产阶级法学之间有着内在的、必然的联系，所以，古代罗马法学与近现代西方法学之间有着诸多共同的东西，能够为后者所继承，而其法学形态也容易为人们所认同。而中国古代法学，因为是建立在封建的小农经济之上，所以到近代随着这种经济基础被资本主义商品经济所摧毁，建立在其上的法学形态便理所当然地为建立在资本主义商品经济之上的近代西方法学所取代。然而，这并不等于中国古代不存在法学，或中国古代的法学不是“法学”。

六、结　　语

法学形态的理论，具有重要的理论和实践价值。其意义不仅仅是在证明中国古代有否法学这一层面上，而且对我们加深认识、理解法学的内在结构、本质和发展规律，也都有重要的指导意义。

比如，通过对我国当代法学形态的分析，我们可以知道，我国的法学结构、法学体系并不十分合理，主要表现在理论法学研究的严重滞后。我国的法哲学研究、法史学研究和法社会学研究以及比较法学研究等,与发达国家相比都有很大的差距,尤其是我国的部门法学,理论和实践的脱节十分严重,研究水平也不高,几乎成了清一色的法典注释学。如何结合我国法制建设的实践,来探讨各个部门法中的理论问题,即创立一般所说的部门法哲学,将是摆在我们面前的一项重要任务。①

通过法学形态的理论,我们可以知道,在我国培养职业法学家队伍的任务十分迫切,提高法学工作者的主体意识和独立意识,提高法学工作者的创造性和探索精神,都是摆在我们面前需要抓紧解决的问题。

如何营造法学研究中的学术氛围,给予法学工作者以自由研究学术问题的权利,鼓励法学研究中的百花齐放和百家争鸣,提倡多种研究方法的并用,以及深入进行法律教育管理体制和教学内容等方面的综合改革等,也都是我们所应当关注的课题。

(原载《法学研究》1997 年第 2 期,收入本书时略有订正)

① 这方面,我们已经做了一些努力,如出版了陈兴良的《刑法哲学》(中国政法大学出版社 1992 年版)、徐国栋的《民法基本原则解释》(中国政法大学出版社 1992 年版)、王利明的《侵权行为法归责原则研究》(中国政法大学出版社 1992 年版)以及梁慧星的《民法解释学》(中国政法大学出版社 1995 年版)等。此外,最近李锡鹤的"论民法精神"(载《法学》1996 年第 7 期)一文,也在这方面做出了可贵的努力。

中世纪欧洲三大法学流派

从公元5世纪西罗马帝国灭亡，至17世纪近代资产阶级登上西欧历史舞台，在欧洲曾经有过三个大的法学流派争相竞妍，这就是注释法学派、评论法学派和人文主义法学派。这三个学派的成长、发展与衰亡，构成了中世纪欧洲法学发展的一条主要线索。本文即对此作一个比较简要的论述。

一、注释法学派

西方学术界一般认为，现代西方法学的历史渊源虽然是罗马法学，但其直接渊源则是在中世纪意大利由波伦那(Bologna)大学的教师伊纳留斯(Irnerius，约1055～1130年)领导的注释法学派(The School of Glossators)。[①] 该学派的代表人物，除了伊纳留斯之外，还有阿佐(Azo Portius，约1150～1230年)和阿库修斯(Accursius，约1182～1260年)。

伊纳留斯最初是一位自由学艺科目中的文法学教师。曾在罗马做过学习和研究，之后回到波伦那大学从事教授职业。11世纪末《学说汇纂》的手稿原本在意大利比萨城(Pisa)被发现之后，[②]伊纳留斯就埋头于对该古典文献的费力的勘察和注释工作，并将其成果传授给学生们。由于伊纳留斯注释、教授的是罗马法学的精华《学说汇纂》，活动的场所是波伦那大学，采用的又是注释方法，所以，人们就将由伊纳留斯以及其学生组成的学派称为“注释法学派”，或“波伦那法学派”。该学派形成的时间，据学者考证，大概是1088年前后。[③]

伊纳留斯之后，对注释法学派的发展作出巨大贡献的是他的学

---

① Fritz Schulz, *History of Roman Legal Science*, p. 100, Oxford, 1946.

② Hans Julius Wolff, *Roman Law, An Historical Introduction*, p. 186, University of Oklahoma Press, Norman, 1951.

③ Paul Vinogradoff, *Roman Law in Medieval Europe*, p. 56, Oxford, 1929.

生,如被称为四博士(quattuor doctores)的布尔加利斯(B. de Bulgarinis,约 11 世纪末~1166 年)、高塞(M. Gosia,约 1157 年去世)、雅各布斯(Jacobus,1178 年去世)和拉维纳特(H. de p. Ravennate,约 1170 年去世),以及再传弟子普拉坎梯努斯(Placentinus,约 1120~1192 年)和巴塞努斯(J. Bassianus,约 1190 年去世)等。[①] 但对注释法学派作出巨大贡献,并使该学派最终定型的则是阿佐和阿库修斯。

阿佐是巴塞努斯的学生,毕业后成为波伦那大学的民法学教授。他一方面继承了其老师的主流派立场,另一方面也注意吸收以四博士之一的高塞为代表的非主流派的成果,因此,使注释法学派在他手上达到了发展的顶点。他关于《查士丁尼法典》和《查士丁尼法学阶梯》的注释汇编和指导书不仅在意大利,而且在整个欧洲都赢得了广泛的声誉,成为出庭审案者所必不可少的宝书,因而当时流行着这样一句俗语:"不读阿佐的书,就不能登宝殿(法庭)"(Chi non ha Azo non vada a palazzo)。[②]

事实上,在阿佐的时代,注释法学已经经过了一百余年的发展,所以,各种对罗马《国法大全》注释的作品已是汗牛充栋。其中,有相当多的著作已经离开了对罗马法原著的注释,而只是对他们老师的注释作品的注释,因而把罗马法搞得更为复杂和混乱。阿佐为了弥补这个缺陷,决心对《国法大全》进行第二次注释。为此,他创作了关于《查士丁尼法典》等的注释集成。虽然,在阿佐的作品是否带有对其老师巴塞努斯等人的著作的剽窃这一点上,西方学者一直有争论。但其作品一面世,便受到了欧洲各国的广泛欢迎,这一点却是事实。甚至在大洋彼岸的英国,13 世纪著名法学家布雷克顿的名著《关于英国的法和习惯》(*De legibus et consuetu-dinibus Angliae libri quinque*,1250)中引用的罗马法资料,大多也是阿佐的作品。[③]

阿库修斯是阿佐的学生。他继承了其老师的事业,致力于对《国法大全》注释的汇编和总结工作。他的对自伊纳留斯以来约 150 年历代注释法学家的注释集大成的系列著作,内容涉及《国法大全》的每个

---

① [日]碧海纯一等编:《法学史》,东京大学出版会 1976 年版,第 86 页。

② 同上。

③ 上海社会科学院法学研究所编译:《法学流派与法学家》,知识出版社 1981 年版,第 239 页。

领域,被认为是对《国法大全》的标准注释书。该作品的影响及于欧洲各地,直至中世纪后期。在有些地方,如德国等地则一直延续至17世纪。当时还产生了这样的格言:“得不到注释承认的,法庭也不承认”(quod non adgnoscit glossa,non adgnoscit curia)。而这里所说的注释,就是指阿库修斯的注释。阿库修斯的作品面世以后,以前的各种注释书便逐步不为人们所重视,人们或者以阿库修斯的著作为准,或者是照抄照搬、重复阿库修斯的注释,注释法学派也开始走向衰落。

(一)注释法学派的活动及其特点

注释法学派的活动,主要是对《国法大全》进行说明、解释和阐述,其方法是对原典进行文献学的批判和文法学、逻辑学的说明,以从学术上重现古代罗马法律经典的原貌。具言之,注释法学派的活动在方法上具有如下几个特点。

第一,运用所谓“经院方法”(Scholastic method)来处理当时注释法学派所能接触到的一切罗马法文献。经历了长达几个世纪的黑暗停滞之后,从11世纪开始,希腊、罗马知识开始复兴。而推动这种复兴的基本方法和主要工具,就是“经院方法”,它由形式和普通的逻辑分析概念和三段论推理结构的辩证程序组成,着重于对古代罗马法各种文献、各种规定以及各个章、句、词的考证、注释、解明、概括和阐述。这一工作,“是波伦那大学法学教师们全神贯注的主要任务之一”。①

第二,对古代经典文献的文字作出解释。注释法学派继承了中世纪西欧早期文法学校采用的方法,专心致志地对罗马法文献的文字进行注释(glosses)。注释最初只是通过当时人们熟悉的词或意义相近的词对原典中疑难的词汇进行简短的解释,即将古代的语言翻译成为当时的语言,注在每个词下面或行与行之间,称“行间注释”。随着注释活动的开展,学者们开始有了自己的创新意识,对个别字、词的注释发展成为对一句话的注释,而后又发展成为对一个原则、整段内容乃至一个法律的阐述,但这种注释在行间里无法写下来,于是,学者们就自然而然地将注释扩充至栏外,在每页文字的上下左右空白处,作出注释,这种注释就称为“边缘注释”。②

① Paul Vinogradoff, *Roman Law in Medieval Europe*, p. 58, Oxford, 1929.

② Ibid.

第三,转述罗马法原典的内容的概要,并说明该原典自身。随着注释活动的展开,即使是原著的行间、页边等也都已无法满足撰写大段注释的需要,于是,学者们开始编纂注释著作。在这方面,注释法学派运用了四种方法:

(1)绪言和题材。前者是某种讲义和著作的开头部分的绪言,遵循修辞学的规则,说明其作者、动机、成立、方法以及目的。后者是该讲义和著作所涉及的知识领域和对原著的一般说明,也遵循修辞学的规则,阐述该原著的名称、对象、方法和目的,以及其在哲学体系中的位置。两者在当时都是一种通行于学术界的做法。

(2)章的导论。是对各章所涉及的法律问题的前言,既有对该章所涉课题的说明,也有关于各章之间关系的阐述。此外,还有对该章所处理的资料的分类进行的概括性叙述。

(3)法律条文的说明。类似于一种比较短的导论。是对法律条文(lex)和敕法(诏令,constitutio)的引导说明。另外,在比较长的节之前,也设置有这种引导说明。也有一些说明,是对法律条文中的事例的概括解释,如这种事例是编纂法典时就有的?还是后来新增加的?抑或是据此所下的判断?等等。

(4)对原著内容的说明。它一般从举出与原著规定不同的文字入手,接着通过改写、下定义和举例说明等来解决难读难懂的语句,最后划定法律上判断的范围以及处理问题的基础(有时也常常通过引用其他章句来解决这种问题)。

第四,提示法源内部的整序联系。主要有:

(1)提示相关的章句以及新的敕令的选编引用文。以某一章句与其他章句的整个关联为基础,将其共同的内容抽出来,是一种相关章句的引用荟集。这种引用对为解决问题而进行论证有着重要的意义。

(2)关于法律条文的问题。这是在当《国法大全》中出现两处彼此矛盾的章句时产生的。目的在于指出原典中的矛盾之处,区别两者各自涉及的不同领域,以消除这种不同,即"解决矛盾"。

(3)区分和鉴别。在中世纪法学还没有能够形成一个统一的体系时,学者在彼此相关的意义上,发展起了许多小范围的体系,此时使用的就是区别的方法。它通过对原典中的某一概念的层层区分,来达到理解和把握该概念以及相关课题的目的。[1]

(4)论证。将《国法大全》中的多数章句作为解决其他法律问题的论据而使用。多数的论证都是从诸多的章句中引导出来的。中世纪的注释法学家在各章句的释义中,都言及其中包含的论证,再将这种论证定式化,并在其后附上与此相当的其他各章句。通过这种论证的方法,注释法学派从中引导出各种普遍的法律原则,它是法学家解决《国法大全》原典没有解决的法律问题和法律事件的非常重要的工具。[2]

第五,挑出各章句中的各种法律问题进行讨论。这种法律问题主要是事实性问题。法学家们对与某种章句的解释相关,就与该章句有关系的某种要件,而在原典中未被决定、遗留下来的问题展开讨论。但这种讨论只停留在对法律要件和法律效果的简要说明,并附以引出的章句的限度。当就某个法律问题的解决,学者间出现分歧、展开争论时,就将其见解和提出见解的学者的名字附上。与此相对,由实际生活中发生的法律案件,但在《国法大全》中未有规定者,则以特别讲课的形式,在一定的场所进行讨论。[3]

(二)注释法学派的学术成果

通过上述方法,注释法学派在《国法大全》的注释研究方面取得了丰硕的成果,推出了各类法学文献。

第一,释义文献。形式上分为讲义录和复习讲义两类。其内容是对《国法大全》以及其他罗马法的渊源的各个部分,按法律条文的顺序进行的释义文献。这里,为了解明原典,使用了典型的上述经院法学的方法。即使在法律教育中,在教师的讲义和复习讲义中,也都使用了这种方法。从而在学术界形成了一种固定的模式。比如,"各章的导论"和"法律条文的说明"是作为对章的标题和对法律条文的注释而记载下来。而对原典内容则作为注被写在行与行之间或栏外边上。有时也标上各种记号,或作者的略称代号。在这些释义文献中,阿佐和阿库修斯的释义最为庞大、系统和完备,代表了注释法学派的最高

---

① Paul Vinogradoff, *Roman Law in Medieval Europe*, p. 59, Oxford, 1929.

② [日]碧海纯一等编:《法学史》,东京大学出版会 1976 年版,第 91 页。

③ 同上。

水平。两人的释义在内容和形式上都大同小异,虽然也都包含有若干的矛盾,但在对《国法大全》的整体进行统一的注释方面具有共同的特征。

第二,概述文献。概述文献与释义文献一样,是一种比较重要的法学文献。是对罗马法律渊源或者文献的某一章(如《敕法汇纂》第九卷第一章“不能告诉者”)为对象的概括性叙述。这种叙述也是遵循修辞学的理论进行的。比如,在概述“诉”时,就要遵循“对谁起诉”—“对什么起诉”—“在什么范围内”—“什么时候”—“关于裁判官的职务”的模式。[①] 就概述文献是对《国法大全》的内容进行概述这一点来讲,它与释义文献以及后来的注解是不同的,但它仍然适用前述经院法学的各种方法。

第三,简述和专题简述。前者是对各法律条文或章进行的简洁的论述,后者则是就某一专门问题的简要说明。这种简述的最重要要素是立法上的问题和判决,因而与释义文献是不同的。

第四,作为独立著作的《法定格式问题集》。它是各种法定格式的汇编,也是以罗马法渊源中的各章之顺序编排而成的。在这一点上,它与前述论文性的概述互相关联。

第五,《鉴别》。它不是法律文献的某个部分,而是一种独立的对某些法律问题和渊源形式进行辨别和分类的著作形式。分为三种:(1)各种“鉴别”的汇集,主要采自各种注释作品。(2)独立的“鉴别”。是法学家作为独立的著作形式写成的作品。(3)论文。是法学家从各种分散的章句中,选出一些法律问题,以此为对象进行概括性论述的著作。

第六,《论证汇编》。不仅采集释义文献中的论证,也汇集各种个别的论证的事例。其中,有按照《国法大全》的顺序编排的,也有按照独立的体系编排的。对司法实际工作者有重大的参考价值。

第七,《异见集》、《辩论集》和《建议集》。前者是围绕某个案件事实的法律效果的争论,是各种不同的见解,实际上也是关于事实问题的学者间的争论记录。《异见集》的编集大体开始于12世纪,大部分被包含在注释法学派的讲义和释义文献中,12世纪中叶以后也出现了

---

① [日]碧海纯一等编:《法学史》,东京大学出版会1976年版,第94页。

独立的版本。《辩论集》是对与某个案件的法的判断相关的事实问题，根据修辞学的各项规则，从法律渊源角度进行论证，在提供判断的基础的同时又予以详细论述的著作。《辩论集》与《建议集》大体相同，只是前者是在辩论开始时编纂的，故还未有结论，而后者则是在辩论结束时汇集，故有了比较肯定的意见。[①]

（三）关于注释法学派的评价

注释法学派的产生、罗马法的复兴并不偶然，它是当时西欧社会进步以及政治、经济和文化条件发展的必然产物。

10 世纪以后，西欧的社会生产力有了显著提高。农业上的原始耕作方法逐渐为二圃制和三圃制所代替。铁犁的广泛使用、荒地和森林地带的开垦，不仅使谷物的产量增加了，而且园艺、果艺和葡萄种植业以及手工业也得到广泛发展，农业的劳动生产率比以前大有提高。这种状况使手工业和农业的分离成为必然的趋势，使商品的交换也广为发展。各个交通要道、关隘、渡口以及城堡和教堂附近，逐渐兴起市集，城市开始出现。随着城市的出现，比较大的市场开始形成，各种行会组织和商人公会也开始活跃，城市人口不断增加，终于在社会上崛起了一个新兴的阶级，即市民阶级。

在新兴的商品经济的发展面前，原有的各种具有分散性、封建性和简陋性的法律规范如习惯法、封建地方法和教会法等开始不能够适应形势发展的需要，社会在寻求一种统一的、详备的专门调整商品经济关系的法律体系，而罗马法正是这样一种法律，“因为在罗马法中，凡是中世纪后期的市民阶级还在不自觉地追求的东西，都已经有了现成的了。”[②]注释法学派的崛起、罗马法的复兴，正是适应了这种社会的需要。

到中世纪后期，西欧各国的文化发展也取得了长足的进步。除了西欧各国本身科学的发展以外，8 世纪以后阿拉伯人的入侵，将东方各国创造的诸多丰富发达的文化带进了西欧，如中国的造纸术、指南针、火药，印度的数字、十进位法，阿拉伯自己的医学和数学，以及开设图

---

① 关于注释法学派的方法和文献，中文资料可参见戴东雄著：《中世纪意大利法学与德国的继受罗马法》，台湾三民书局 1981 年版，第 60 ~ 72 页。

② 《马克思恩格斯全集》(第 21 卷)，第 454 页。

书馆、学校等的做法带进了西欧。这些,也都为西欧兴办法律学校、复兴罗马法乃至随后而起的文艺复兴运动提供了文化基础。此外,西欧各国的君主在与封建割据势力的斗争中,需要利用市民等级的支持和罗马法的理论论证,也是罗马法复兴的原因之一。

事实上,在意大利、法国、德国等地,人们对罗马法并不陌生。虽然,西罗马帝国灭亡之后,在各地新建立起的日耳曼诸国中因适用日耳曼法而使罗马法在西欧地区趋于消亡,但由于日耳曼各国奉行的是属人主义,所以,对其属地内的罗马法仍继续适用。同时,罗马帝国灭亡后,各地的教会仍保留着罗马的法律文献(The church"lived Roman Law")。[①] 此外,在西班牙和法国南部,罗马法学家保罗等人的作品都享受着相当的权威。[②] 这些,都使罗马法在西欧的复兴成为理所当然的事。

在中世纪西欧,特别是意大利,对经典作品进行文法学的勘察、注释和研究,是一种通行的方法。这种方法,最早来源于古代希腊,之后罗马人模仿希腊,作为让自由人学习的技艺 artes liberales(即"自由学艺",与奴隶进行的生产技艺相对),开设文法学、辩证法、雄辩术(修辞学)、算术、几何学、音乐以及天文学。这七门学科中,前三者在初等学校学习,称"三科"学校,后四者在高等学校学习。[③] 罗马帝国灭亡后,这种学校和研究方法曾一度消失,但到 10 世纪时三科学校又重新兴起,法律(主要是教会法、日耳曼习惯法如伦巴第法和少量罗马法)的教育也被包含在这三科(主要是修辞学)之内。至少,在波伦那大学之前,在意大利北部伦巴第(Lombardy)的各个城市、法国东南部普罗旺斯(Provence)、意大利东北部港市拉文纳(Ravenna)已开始运用文法学的方法对法律进行注释和传授。[④] 因此,可以说,注释法学派的兴起在方法论上也是有其历史基础的。

正是在上述诸种社会条件的孕育之下,注释法学派应运而生,它

---

① Hans Julius Wolff, *Roman Law, An Historical Introduction*, p. 184, University of Oklahoma Press, Norman, 1951.

② Ibid.

③ Franz Wieacker, *Privatrechtsgeschichte der Neuzeit unter besonderer Berucksichtigung der deutschen Entwicklung*, Gottingen, 1952. [德]F. Wieacker 著:《近世私法史》,铃木禄弥译,创文社 1978 年版,第 38 页。

④ Paul Vinogradoff, *Roman Law in Medieval Europe*, p. 43, Oxford, 1929.

掀起了一场轰动意大利、继而席卷整个西欧大陆的罗马法复兴运动，为西欧法学的兴起和发达作出了巨大的贡献。

第一，注释法学派将法学从修辞学中分离出来，成为一门独立的、系统的科学。在伊纳留斯活动之初，法律教育仅仅是波伦那大学教育中很小的部分，被归在上述“自由学艺”中的修辞学科目之下，并无独立地位。由于《国法大全》体系庞大，内容繁多，矛盾和冲突之处也为数不少，因此，进行这件工作并非易事。随着对《国法大全》的注释、讲授和研究活动的展开，需要教师有渊博的学识和专心致志的信念，而作为伊纳留斯的学生，同样也必须倾注其全部时间和精力，使他们除了集中学习《国法大全》之外，已无精力去学习其他课程。这样做的结果，就使法律这门课程越出了修辞学的范围而逐步演化成为一门专门的科目，法学教师与法学学生也和其他教师和学生相区别，成为一个专事法律的阶层和职业，法律教育也从自由学艺教育中分离出来，成为一个独立的领域。这样，一门独立的学科——法学（或注释法学）形成了。它成为近现代西方法学的历史原型。

第二，通过对罗马法律文献的注释、解明和传授，为后世法学的发展奠定了基础。注释法学派最先预见到罗马法的真实价值。他们把《国法大全》作为优于粗俗的习惯法和法院实践的成文理性，作为维持现存生活秩序的一种指导规范来研究；他们重视原始资料的解明，成功地使《国法大全》为人们所熟悉，他们的注释，为后期注释法学派研究罗马法提供了大量的基础资料；他们并不将自己局限于《国法大全》之各个部分的只言片语上，而是对通篇进行全面的注释、解明和讲授。包括将查士丁尼的四部法典（《查士丁尼法典》、《法学阶梯》、《学说汇纂》和《查士丁尼新律》）合称为《国法大全》（Corpus Iuris Civilis，也称《民法大全》），是他们的首创。因此，历经几个世纪挫折的古代罗马法学，经过注释法学派的辛勤劳动，终于重新显露出璀璨的光芒，成为近代西方法学的历史基础。正是在这个意义上，注释法学派的创始人伊纳留斯被后世学者誉为“法的明灯”（1ucerna iuris），该学派也被视为近现代西方法学的先驱——他们建造了一座由罗马法学通向近代法学的桥梁。

此外，由于注释法学的发展，也推动了当时教会法令和日耳曼法律的汇编、整理、研究和教育活动。与伊纳留斯大体同时代的意大利一所修道院附属学校的教会法教师、修道士格拉梯安努斯(Gra tianus,也译为格拉奇,约 1179 年去世),就参照注释法学派的方法,对当时现行的教会法源进行汇集、整理,写下了《矛盾之教会法令调和集》,并将其作为教会法教育的教科书,从而促进了教会法学的成熟;在意大利各地,随着法科大学的相继设立(1222 年,创设了巴特瓦大学;1224 年,设立了那波黎大学),注释法学的发展,学者们也开始运用其方法研究起当时的日耳曼法、伦巴第法,并推出了一批日耳曼法汇编和注解文献,推动了日耳曼法学的发展。

当然,注释法学派也有诸多缺陷,如该学派发展到后期,只注重注释其老师们的作品,离开了罗马法原著;忽视 13 世纪以后西欧各国商品经济的新的发展,仍满足于原封不动地恢复查士丁尼的法律;由于以注释书代替罗马法原著,在注释法学派的后期,阻碍了罗马法复兴运动的进一步深入发展,等等。正是在克服注释法学派这些缺陷的基础上,形成了后期注释法学派,从而掀起了西欧历史上罗马法复兴的第二个高潮。

二、评论法学派

评论法学派(The School of Commentatores,亦译为“注解法学派”),即后期注释法学派(The School of Post-glossators),因为其代表和核心人物是巴尔多鲁,故有时也称“巴尔多鲁学派”(Bartolist),是继前述注释法学派而在意大利崛起的一个重要的法学流派。

(一)评论法学派的形成

评论法学派兴起于 13 世纪后半叶意大利波伦那大学,其早期代表人物有姆凯劳(D. Mugello,1253 ~ 1298 年)、阿尔伯特鲁斯(Albertus Gandinus,1310 年去世)、萨拉梯埃(Salathiele,约 1274 年去世)、帕塞盖里(R. Passagerii,1300 年去世)、乌恩佐拉(p. de Unzola,1312 年去世)和奇诺(Cinus de Pistoia,约 1270 ~ 1336 年)。姆凯劳除了发表有大量的关于法律实务的论文外,还创作了《论〈罗马法〉“第六集”中的各项法律原则》(De regulis iuris in Sexto)等作品,对罗马法和教会法的日益紧密的关系作了清楚的说明;阿尔伯特鲁斯对特定法律领域中的一些基础性问题,如条例法和刑法等问题作了深入研究;而萨拉梯埃、乌恩佐拉等人,则对古代罗马部门法中的公证人制度进行了解释和说明。与注释法学派的作品相比,评论法学派的著作一方面,坚持了对罗马经典著作进行注释的方法,另一方面,开始将注释和研究的对象与社会上的一个个问题和司法实践活动互相结合,从而在注释法学派衰退的同时,也使罗马法复兴出现了一种新的发展趋势。[①]

推动评论法学派进一步发展并使该学派的活动达到兴盛的顶点的是巴尔多鲁(Bartolus de Saxoferrato,1314 ~ 1357 年)和他的学生巴尔杜斯(Baldus de Ubaldis,1327 ~ 1400 年)。

巴尔多鲁出生于意大利安科纳(Ancona)省一个名叫萨素弗拉多(Sassoferrato)的小镇上。14 岁开始在意大利中部教皇领地城市佩鲁贾(Perugia)学习法律,还先后请过几位家庭教师,其中对他影响最大的是奇诺(Cinus)。[②] 随后,巴尔多鲁去了波伦那大学。在那里,他分别向布梯加留斯(Buttigarius)、雷纳留斯(Rainerius)、奥德拉杜斯(Oldradus)、贝尔维素(Belvisio)学习法律,同时担任比萨(Pisa)等地的法律顾问。[③]

根据德国法学家萨维尼在《中世纪罗马法史》中提供的材料,巴尔多鲁于 1334 年 11 月 10 日取得了法律博士的学位。[④] 1343 年,巴尔多鲁回到佩鲁贾从事罗马法的教学活动,他的讲课受到如此好的评价,以至于全意大利的学生都集中到了他的门下。其中,有相当的学生后来都成为出类拔萃者,如巴尔杜斯就是其中之一。[⑤]

由于巴尔多鲁英年早逝(1357 年去世,时年 44 岁),因此,其作品在生前没有公开出版,只是以讲义和手稿的形式在其学生中间流传。15 世纪中叶以后,巴尔多鲁的著作开始陆续面世,主要有:《〈学说汇纂〉评注》(Commentarius in tria Digesta,1470 年)、《罗马前期法典九卷评论》(Commentarius in libros IX Codices priores,1478 年)、《罗马后

---

① [日]碧海纯一等编:《法学史》,东京大学出版会 1876 年版,第 101 ~ 102 页。

② Sir John Macdonell and Edward Manson, *Great Jurists of the World*, p. 49, Boston, 1914.

③ Ibid.

④ Ibid.

⑤ Ibid. ,p. 50.

期法典三卷标准评注》(Commentarius Super libris III posterioribus Codicis,1470年)以及各种讲义集和精选录等。①

巴尔多鲁的活动和作品,对西方法学的发展起了极为巨大的作用,西方学者一般都认为,巴尔多鲁"是中世纪后期一位最富盛名的法学家,享有任何其他法学家都未曾享有过的权威,直至中世纪末。"②他对当时法学界的影响是如此之大,以至于出现了这样的谚语:"如果一个人不是巴尔多鲁主义者,他就不能成为法学家(Nemo iurista nisi Bartolista)"。③

巴尔杜斯出生于佩鲁贾,师从巴尔多鲁,毕业后先后在佩鲁贾、波伦那、比萨、帕多瓦(Padova)、佛罗伦萨等大学教授法律,同时兼任帕多瓦市的法律顾问和对外使节。④ 在巴尔杜斯的学生中,有一位后来甚至成了格列高利十一世(R. de B. Gregorius XI,1370~1378年在位)。巴尔杜斯一生著述甚丰,水平也不亚于其老师巴尔多鲁,其中最有名的是《〈学说汇纂〉第一部评注》(Commentarius ad Digestum vetus,于1616年出版)。他被认为是中世纪欧洲最博学和多产的学者之一,他不仅是一位杰出的罗马法学家,而且也是一名教会法学家、封建法学家。他的讲义和注释作品,涉及上述三个法域的各个方面。他的著作,给了人们一个中世纪法律的整体图像,因此直至17世纪仍被多次再版。他在其著作中提出的"建议"(consilia),多达2060项(而巴尔多鲁才361项)。正因为如此,他和其老师巴尔多鲁一起,被并称为中世纪著名法学家中的"双璧"。

(二)评论法学派的学术成就

评论法学派的工作,主要是通过引进辩证法的方法即逻辑推理的方法,来解决注释罗马古典法律文献中以及社会实践中遇到的问题。他们的教学和研究成果表现在如下几个方面。⑤

第一,释义文献,即解明现存的罗马法经典的含义。评论法学派

① Sir John Macdonell and Edward Manson, *Great Jurists of the World*, p. 55, Boston, 1914.

② Ernst Andersen, *The Renaissance of Legal Science after the Middle Ages*, p. 10, Copenhagen, 1974.

③ [日]碧海纯一等编:《法学史》,东京大学出版会1876年版,第102页。

④ [日]若曾根健治:"巴尔杜斯法理论的一斑",载《熊本法学》第28号。

⑤ [日]碧海纯一等编:《法学史》,东京大学出版会1876年版,第106~115页。

抛弃了注释法学派那种单纯对个别词、句进行注释的方法，而是按照法律条文的顺序对经典文献进行评注，其对象是《国法大全》中的各个部分、中世纪皇帝法、伦巴第习惯法、封建地方法等。在进行评注时，他们往往在作出自己的注释的同时，广泛引用各著名法学家的语录和观点。评注一般以在大学中讲授的关于罗马法原典的讲稿为基础，同时也包括了一些专著和讨论集。

除了一些分散的个别性评注外，评论法学派的著作的大部分是在继承注释法学派的方法的基础上写成的，它们遵循和反映了如下模式：(1)对作为法律渊源的罗马法原典的区分；(2)对内容作出概括性叙述；(3)为阐明原典而编写的教学用案例集；(4)为帮助学生理解原典而作出的字句说明；(5)汇集重要的法律观点的论点集；(6)对上述提示的解释存在异论时，试图以"区别"和"理由"来消除矛盾的法源辨明集；(7)与对法律渊源的解明研究相连，以设问的形式来解决其他各种问题的设问集。

在这些作品中，有些是注释法学派已经作出努力并取得巨大成就的，有些则是评论法学派加以改造并发扬光大的，如案例集的编纂等。另外，评论法学派在从事对罗马法原典进行注释时，没有像注释法学派那样严格拘泥于原典，有时会根据自己的兴趣以及社会的影响而脱离原典，写成自己的作品。

第二，解决文献，即关于罗马法原典的解说文献。包含"设问"(quaestiones)和"建议"(consilia)，以及法学家进行实务活动(解决特定的法律问题)的程序。

作为文献形式的设问，在注释法学派中，由于经常进行"讨论"(disputationes)这种特别的授课方式因而得到发展，该学派的最后一位代表阿库修斯(Accursius，约1182～1260年)去世以后，这种发展并未停止，评论法学派崛起后也继承了这种做法，但他们又有新的创新。即举行"讨论"之外开始编辑设问集。设问的内容，主要是提出论据和反证，经过推敲讨论，提出解决的方法。其过程具体为：案件(Casus)——法律问题(quaestio)——赞成或反对的论据——解决(solutio，解答)。设问是在注释罗马法原典过程中形成的一种著作形式，它将注释中遇到的一个个问题抽出来，通过设问程序予以确定，而后汇集而成。

建议，是法学教师提出的关于司法实践中的问题的学术性建议，其方法与设问程序相同。这种建议，在注释法学派时代还很少，但到了评论法学派时代就大量出现了，所以，也是后者区别于前者的一大特点。正是在这个意义上，评论法学派有时也称为“建议法学派”(Konsiliatoren)。法院在审理案件时，接受法学教师的建议这种做法，在12世纪后半叶已开始出现，到13世纪后便形成为一种制度，开始受到一些条例和敕令的规制。建议的出现，与12世纪以后意大利政治生活中党派相争、王权与教会权力的矛盾，法学教师因而大量充任政府以及法院的法律顾问相关联。当时，建议虽然在原则上对法官没有约束力，但他们在审案实践中则往往以建议作为判决的理由。建议的作出，一般是针对某个案件，引用各种法律渊源，提出自己的看法，进行逻辑论证，排除各种可能的反证，最后得出解决问题的结论(solutio，解答)。

第三，论文文献。是对释义文献的总结性研究。阿库修斯以后，法学家越来越关心对一个个法律课题，尤其是对司法实践具有指导意义的课题进行概括性研究，写出论文。13世纪后半叶出现的关于条例理论的《条例设问集》(Quaestiones statutorum)和关于刑法适用的《恶行论》(Tractatus de Maleficiis)，可以说是这种论文的最初形态。杜兰梯斯(G. Durantis，1237～1296年)对以往的诉讼法学成果进行总结，撰写的《法庭鉴》(Speculum iudiciale)是13世纪后半叶最重要的论文。此外，上述关于公证人的论文，也是该时期的作品。

在西方，论文(tractatus)这种文献，早在古罗马时代就已出现。到了中世纪，注释法学派在对罗马法经典进行注释的同时，也开始创作一些论文，但论文的大量出现以及进入论文创作的繁荣期，则是在阿库修斯去世、评论法学派崛起以后的事情。论文一般以应受法律规制的特定社会问题为对象，其结构原则上不遵照原始经典文献的顺序，而是针对一个同样的问题，将各种法律渊源结合汇集在一起。虽然不十分系统，但已有了较为深入的探讨和研究。

（三）评论法学派的学术特点及其历史贡献

13世纪中叶以后，在西欧，各个国家的城市不断兴起，商品经济进一步发展，社会关系也更为复杂，迫切需要有一种统一的比较完整的法律体系来调整。罗马法在意大利的复兴，给当时的司法界带来了新的生机和希望。但注释法学派却未能意识到社会的这种进一步变化，仍然埋头于对《国法大全》的注释、整理和汇编之中。评论法学派改变了前者的做法，针对社会发展的新情况作出了符合时代需要的反应，从而使自己的活动带有了鲜明的时代特色。

第一，在方法论上，评论法学派通过引入辩证方法，即逻辑推理的方法，给罗马法注释和研究注入了新的活力。在注释法学派那里，开始重视的是古代经典文献的字、句、章和节的释义（主要是将古代语言翻译成为当时的语言），随后在注释原典的基础上，又逐步形成了八个操作技巧、三个作业程序，前者为“制作序言、分析问题、概括内容、设定案件、读出含义、出示理由、附上注释、提出反论”。后者分为“批判性的作业程序”，即读出原典的含义，如有不同的原典版本，则提出此版本，决定取舍；“分析性的作业程序”，即对原典中发现的各种问题进行分析、设定案件、举出理由；以及“综合性的作业程序”，即论述相关联的问题、引用各种典籍和判例，概括内容要点，形成普遍性原则，采用类推，等等，并将这三种程序结合起来。[①]

同时，注释法学派通过“区别”（distinctio）和“扩张”（amplificatio）以及“限定”（1imitatio）等讨论或技巧，来构筑注释书的体系。评论法学派一方面吸收了上述注释法学派的方法论中的许多优点，同时又有自己的发展和创新，如评论法学派常用的一个方法就是提出一个命题，然后进行推理，再运用特别的例证检验以得出结论。有时不能得出结论时，便通过诡辩之方法使之成立。如他们在对“法律的适用原则”作辩证分析时就作出了如下的推理：（1）罗马法是通用的，所以对外国人（外族人）也是相同的；（2）制定法（Statutory Law）作为一种例外，则被限定在那些隶属于制定这种法律的主权国家的臣民和案件。从这两个原则，他们进一步推出了如下的结论：（1）一项仅仅规范（本国）人的法令不施行于外国人；（2）一项涉及物的法令，也作用于外国人（如同作用于本国人一样），因为物（Things）应该被置于该国的立法权之下；（3）对人有约束力的一项法令，可以对走到任何地方的该国公

① ［德］F. Wieacker 著：《近世私法史》，铃木禄弥译，创文社 1978 年版，第 62 页。

民有追及效力。[1]

评论法学派通过这种方法,使他们可以不受罗马法原典的约束,便于构筑自己的理论体系。诚如西方学者所指出的那样,评论法学派丢弃了对经典著作的注释的形式,取而代之更为综合、更加科学的方法,来单独处理法的各个部门,将调整同一法律关系的各种原则汇集在一起。[2]

第二,与注释法学派相比,评论法学派更为重视面向社会实际。在注释法学派的观念中,查士丁尼的《国法大全》是与《圣经》并列的古代文化经典,是写下来的理性,也是人类信仰的基点,必须无条件服从。受这种观念的约束,他们紧紧地扣住罗马法原典,不敢越雷池一步,只是在注释《国法大全》的事业中刻苦奋斗。评论法学派则不然,他们适应社会发展的需要,开始投身于当时政府和法院的实践活动,并努力使罗马法文献能够为实际生活服务。在评论法学派的代表人物中,奇诺、巴尔多鲁、巴尔杜斯等人都在执掌教鞭的同时,担任着政府和法院的法律顾问,有些还直接任法官和律师。同时,他们通过提出各种建议,干预政府的立法和法院的审判活动。此外,在当时王权和教皇权力的争执中,评论法学派也积极参与其中,或出谋划策,或充当使节,从而使其名声大噪。总之,注释法学派重视的是如何让查士丁尼《国法大全》能为当时的人们所理解,他们的着眼点是《国法大全》本身;而评论法学派则考虑到了时代的要求,他们开始将罗马法的原则适用于当时意大利的经济生活、政治生活以及婚姻和家庭生活等领域,从而将罗马法转化成为能够为法院所接受的活生生的意大利法。

评论法学派面向实际,是中世纪注释法学发展的必然趋势,即(1)如果该学派一直停留在注释前人著作和法典上,它就会没有出路而自然趋于消亡;(2)由于注释法学派的努力,其弟子已遍布西欧各国司法界。这为评论法学派向法律实务进军奠定了客观基础。

第三,与注释法学派只埋头于对罗马法原典的注释和研究不同,

---

① Sir John Macdonell and Edward Manson, *Great Jurists of the World*, p. 53, Boston, 1914.

② Ibid. ,p. 48.

评论法学派已跳出了这种框框，他们开始重视对教会法、封建法、日耳曼习惯法以及中世纪城市法的注释和研究。比如，评论法学派的大师巴尔多鲁就是从罗马法、教会法、封建法和习惯法中汲取营养，从而向当时的社会奉献出一套能够适用于整个西欧的普通法。[①] 事实上，在注释法学派中，一方面，已经有一些学者如布尔加利斯、巴塞努斯、阿佐和阿库修斯等，开始承认地方习惯法是重要的法律渊源。[②] 但另一方面，由于该学派的创始人伊纳留斯以及其弟子高塞、普拉坎梯努斯都否定习惯法的第一法源性，加上该学派的主要精力在于注释、研究罗马法原典，编纂注释著作，因此，对罗马法以外的法律渊源未能作出进一步的阐述和研究。

评论法学派在参与司法实践的过程中，深深感到封建法、习惯法和教会法对当时社会生活的巨大影响力，因此，在对《国法大全》进行评注的同时，也开始编集、注释、研究上述封建法等法律渊源。正是评论法学派的这一活动，使罗马法与封建法、习惯法以及教会法等互相结合在一起，从而形成了欧洲大陆的"普通法"(Gemeines Recht)，使罗马法的复兴进入了一个新的发展阶段。

第四，与注释法学派相比，评论法学派更加注重对法律现象的学理分析。这一特点在巴尔杜斯的作品中表现的尤为突出。比如，对"法源自何处"这一问题，注释法学派也有一些论述，如普拉坎梯努斯就说过："所有的法，如同河川来自于泉水一样，也来自于正义。……另一方面，正义所以称为正义，正是因为所有的法是依存于正义的缘故。"[③]阿佐也说：所有的法……均来自于正义。即正义所要求的也是法所要追求的。……因为，正义所以称为正义，正是因为所有的法是依存于正义的缘故。基于此，法从正义而来。[④]

巴尔杜斯一方面继承了这些先学的观点，认为法来自于人类的习性(habitus)，而这种习性就是正义。但巴尔杜斯并不满足于此，他进

---

① Sir John Macdonell and Edward Manson, *Great Jurists of the World*, p. 51, Boston, 1914.

② Ernst Andersen, *The Renaissance of Legal Science after the Middle Ages*, p. 20, Copenhagen, 1974.

③ [日]若曾根健治："巴尔杜斯法理论的一斑"，载《熊本法学》第28号。

④ 同上。

一步对正义作了详细分析，他认为，对正义，应从两个方面考察：(1)从抽象的角度来考察正义，即正义在其自身中，限制了所有立法者自身制定法律的行为，在这方面，体现了正义的本质。此时，正义是法的母亲、产生法的原因；(2)对正义进行具体的考察，即正义通过立法者，成为可能适用于特定的各个案件的规范。此时，正义与法是同一种事物，具有同样的性质。①

又如，对自然法这一问题，中世纪法学家在继承古代希腊和罗马时代成果的基础上，都有所涉及，但巴尔杜斯的论述，远比注释法学派来得详细和精致。巴尔杜斯在对《学说汇纂》第一卷第一章第一节的评注中，先从分析自然法中的自然的含义入手，指出，"所谓自然，是通过神的知识被引入各个事物的、有生命的各个事物的所有态(proprietas)，所谓自然，是神的态势和秩序，因此，也是各个事物的状态。"②根据这种定义，他将自然分为三类："自然意图之物"(intentio naturae)；"感觉性生命中自然本性运动的自然"；"知识生命中自然本性运动的自然。"第一种不是法律学而是自然哲学研究的对象。第二、第三种则是法学家研究的对象，其具体事例如人类的结合(男女结合、家族)等。③ 在对自然的含义、分类作出论述的基础上，巴尔杜斯对自然法下了一个定义："所谓自然法，是基于自然的使所有动物一致的规则，""是对所有从神的摄理(divina providentia)中显现和派生的、从完全的自然事物中产生的动物而言，彼此相通的规范。"其调整对象最典型的有三大类：雌雄的结合、婚姻、后代的抚养。④

此外，巴尔杜斯对市民法和万民法也作了非常详细的论述。可以认为，评论法学派在评注《国法大全》、运用罗马法原则解决当时社会问题的活动中，恢复和发展了罗马的法理学。

综上所述，评论法学派在评注、阐明罗马法学经典文献，运用罗马法解决中世纪后期西欧社会出现的各种法律问题，变革传统的法学方法论，挖掘、整理、改造当时的各种法律渊源如习惯法、教会法、封建法以及中世纪城市法等各个领域都作出了巨大的贡献。它在注释法学

---

① [日]若曾根健治："巴尔杜斯法理论的一斑"，载《熊本法学》第28号。

② 同上。

③ 同上。

④ 同上。

派活动的基础上,进一步将中世纪法学向近代推进了一大步。

当然,受当时历史的局限,评论法学派也存在许多缺陷,如他们过多地运用人为的逻辑推理方法,因而使他们离原始资料越来越远。尤其是到了该学派的后期,注释之上的注释、评注之上的评注,使他们的某些作品与罗马法的原典大相径庭。人们已经搞不清,经过他们"力liT -"过的罗马法典籍,哪些是罗马法学家的,哪些是他们的。这些缺陷,受到了16世纪兴起的人文主义法学派的激烈批判,也为近代德国历史法学派等资产阶级法学派所克服,西方法学也从中世纪过渡到了近代。

总之,注释法学派和评论法学派的活动,开始使法学摆脱神学的束缚,成为一个独立的领域,它既是罗马法学在新形势下的复活和发展,同时也拉开了近代西方法学发展的帷幕。

三、人文主义法学派

人文主义法学派(Legal humanism),是意大利和法国15~16世纪一个重要的法学流派。该学派的兴衰,不仅构成西欧中世纪后期文艺复兴运动的重要组成部分,也为罗马法在意大利和法国的复兴、运用乃至融入法国习惯法、最后为资产阶级立法(特别是1804年《法国民法典》)吸收架设了一座桥梁。

(一)人文主义法学派的形成

人文主义法学派诞生于中世纪后期的意大利。主要创始人是阿尔恰托(Alciati,1492~1550年)。他出生于意大利的米兰,曾在意大利帕维亚(Pavia)大学和波伦那大学学习法律。毕业后,于1514年在米兰任律师。1518年,他离开意大利赴法国阿维尼翁(Avignon)大学执教,1529~1535年在法国人文主义法学的中心布尔日(Bourges)大学执教。在那里,他培养起了一批弟子。晚年回到意大利。阿尔恰托早在青年时代就积累了丰富的历史知识和坚实的文学修养,从而为其从事法学研究打下了扎实的基础。还在学生时代,他就发表了《评查士丁尼法典后三卷》一书,从而崭露头角。他并不满足于评论法学派的观点和方法,在其教学和研究生涯中,开始反对该学派的活动。他推崇注释古代文献时的简朴和纯正的风格,力主对法律原则问题的自由推论,强调系统地阐述法律观点。阿尔恰托的作品数量虽然不多,但由于他的观点、方法和立场,他理所当然地被认为是意大利人文主义法学派的代表人物。同时,阿尔恰托虽是意大利人,但将自己的观点和方法带进了法国,并在布尔日大学培养出众多的弟子。所以,他也被认为是法国人文主义法学派的创始人。

法国人文主义法学派的主要代表和核心人物,是居亚斯(Jacques Cujas,1522～1590年),又名居亚修斯(Jacobus Cujacius),[①]他出生于法国图卢兹(Toulouse),父亲是一位漂洗匠。他先在自己的家乡跟随阿尔恰托的学生、巴黎高等法院院长弗利埃(A. Ferrier)学习法律。在这一点上,他是非常幸运的,因为他一开始就遇到了一位非常优秀的教师。在图卢兹,居亚斯阅读了当时所能找到的所有注释法律的作品,并和他的学生一起,频繁地参加当时的一些公开争论。但此时,居亚斯主要致力于学习和研究古代语言(主要是希腊语)、历史、哲学、伦理学、修辞学、语言学和诗歌。[②] 1547年,他开始讲授《法学阶梯》,并且马上吸引了当地的一些富家子弟。也是从此时起,他开始批判当时在法学界占主导地位的评论法学派。1555年,居亚斯应邀赴布尔日大学,接替鲍道恩(Baudouin)的教席,后者因宗教观点而被迫离开法国去了德国。[③] 布尔日大学当时拥有一批有特色的优秀教授,如阿尔恰托的学生、《法律大全》的编者康特(Le Conte),历史学派的代表德埃伦(Douaren)和德纽(Doneau)以及劳塞尔(Loysel)、埃劳尔特(p. Ayrault)、拉古考(F. Ragucou)、西斯纳(N. Cisner)和庇索(p. Pithou)等。[④]

居亚斯在布尔日大学时,开始出版其一系列伟大的著作,如关于《法学阶梯》和保罗(Paul)的学术观点的笔记,关于《学说汇纂》的注释和评论以及对《查士丁尼法典》的注释等。这些作品使他一跃成为当时最伟大的法学家,"他的作品使他获得的声望如此之高,以至于当

---

① Sir John Macdonell and Edward Manson, *Great Jurists of the World*, p. 89, Boston, 1914.

② Ibid., p. 90.

③ Ibid.

④ Ibid.

时的一位法学家穆鲁斯(M. V. Maurus)曾这样说,‘从居亚斯的著作中引用一些片言只语已无必要,因为当时的居民每个人手中都已有了居亚斯的作品。’”[①]在以后的几年中,居亚斯基本上在布尔日、巴伦西亚橙(Valence)、阿维尼翁等大学执教。

居亚斯一生著述甚丰,他的庞大的作品集,几乎都是关于罗马法原始文献的注释研究。这些作品中最重要的是,对帕比尼安著作的评述(在他死后出版),以及全部关于罗马法的《校对修正评注全书》(Observationum et emendationum libri XXVIII,28卷,从1556年起到他去世时止陆续出版)。后4卷,是在他死后由庇索出版的。[②] 除了这些关于罗马法的作品之外,居亚斯还留下了他的就职演说集和一些关于封建法(feudal law)和教会法(ecclesiastical law)的著作。对当时法兰西民族法律中比较重要的部分,如习惯、王室法令、巴黎高等法院的判决和命令等,居亚斯虽然未作出专题论述,但他经常将这些法律渊源融入他注释罗马法的作品之中。[③]

法国人文主义法学派的代表人物,除了阿尔恰托、居亚斯以外,还有德埃伦、德纽、霍特曼、鲍道恩和迪穆林。

德埃伦(F. Douaren,1509~1559年),是阿尔恰托的学生。在有了一段司法实践的经验以后,担任了布尔日大学的教授。在学术观点上,他与居亚斯相左,并为了一些方法和见解的不同而经常发生争吵。德埃伦的著作(主要是对《学说汇纂》的评注),是用优雅的古典风格写成的,具有很高的文学价值,即使是他的对手对此也极为尊重。他比居亚斯更为重视司法实践。他对巴尔多鲁学派(评论法学派)及其他们的一些方法进行了尖锐的批判。他是最早从前辈(评论法学派)的胡乱注释中将法学独立出来的人之一。

德纽(H. Doneau,1527~1591年),是德埃伦的学生。他先在布尔日担任教授,尔后,由于他在宗教观点上与当时的正统教派天主教不合,不得不伪装逃离法国,去日内瓦、海德堡、莱顿等地,最后客死他乡。德纽是16世纪一位最有建设性的法学家。与居亚斯不同,他没

---

① Sir John Macdonell and Edward Manson, *Great Jurists of the World*, p. 91, Boston, 1914.

② Ibid., p. 95.

③ Ibid., p. 96.

有致力于法律的历史研究方面，而是着眼于古代罗马法教科书的实际意义和当它们被编入查士丁尼《国法大全》时它们所表示的真实含义。因此，德纽更严格地说是一名法律实际工作者。对他来说，罗马法仅仅是法律，是在民事或社会公共事务方面不变的向导，因此，罗马法应被当作一个系统的古代历史文献，应被加工成一个完备的几何学的产品。他常常在一个专题之下，重新处理罗马法素材，作出一些新的编排，进行系统化的工作，抽出各项法律原则，并进行三段论的逻辑推理，有时则求助于辩证法的技巧和学究式的分类，还喜欢用两难推理来说明问题。但他不是一名评论法学派，不是巴尔多鲁的信徒。

霍特曼（F. Homaan，1524～1590 年），生于巴黎。在奥尔良大学学习法律后，去法院工作。尔后在巴黎讲授法律。由于他参加了新的教派，受到天主教的迫害，不得不逃往瑞士。1555 年，他赴斯特拉斯堡大学讲学，在那里，他结识了也由于宗教上的原因而被充军在那里的鲍道恩。不久，霍特曼开始小有名气，并在其朋友的帮助下，于 1563 年回到祖国，在巴伦西亚橙大学讲授法律。1566 年，又取代居亚斯，担任了布尔日大学的教授。但不久，由于受到宗教的迫害，不得不（如同德纽一样）再次离开法国。[①] 与居亚斯的风格不同，霍特曼并没有严格地运用考古学、哲学和历史学来研究法律，而是注重注释本身，从古典法学家那里引证例子。除研究罗马法之外，霍特曼还写了关于法国封建法和公法的著作。他是最早主张各个民族应有主权观念的人之一，在他于 1567 年用法语出版的一本小册子中，他要求立法和司法实践相统一。他的贡献主要在于将罗马法研究与法国本民族法的研究结合了起来，从而为法国法和法国法学的发展开辟了道路。

鲍道恩（F. Baudouin，1520～1573 年），生于艾勒斯（Arras），在卢维扬（Louvain）大学学习法律之后，成为迪穆林的秘书。1546 年起在巴黎从事法律教学活动，尔后历任布尔日、斯特拉斯堡、海德堡、巴黎以及昂格尔（Angers）等大学的教授。他是加尔文（J. Calvin，1509～1564 年）的朋友，对新教持友好态度。和居亚斯一样，鲍道恩属于法

① Sir John Macdonell and Edward Manson, *Great Jurists of the World*, p. 104, Boston, 1914.

的历史学派,他曾明确说,“法学存在于历史之中”。[1] 但他与居亚斯不同,他往往只是在他的某些论文的末尾作一些历史的总结,而不是将历史学的方法全部融入法律研究之中。他试图追踪罗马法的起源,在他关于《十二表法》的论著中,他曾自己问自己:这些条文为什么在这个意义上被设定,而不是在那个意义上?[2]

迪穆林(C. Dumoulin,1500 ~ 1566 年),生于巴黎,在奥尔良等地学习了法律之后,先在巴黎从事司法实务工作,但并不成功。之后,他去了斯特拉斯堡大学,在那里教授法律。1557 年,他又回到自己的家乡巴黎。在宗教上,他信奉加尔文主义。在学术上,他呼吁法学应当是一门在当时频繁的神学和政治的斗争中的缓和物,他主张法律与公共事务和司法实际的合作。他继承了巴尔多鲁学派的方法,对居亚斯的对手、巴尔多鲁的徒福卡德尔(Forcadel)也很尊敬。迪穆林的主要贡献是他出版了研究巴黎习惯法的一系列名著。

这些著作显示了迪穆林的博学,虽然文字不太好懂。在这些著作中,他调查并收集了数量众多的法国习惯和惯例,指明了进一步统一法国立法的基础。他对法国习惯法所作的工作,如同居亚斯对罗马法所作的工作一样,为 18 世纪法国著名私法学家朴蒂埃的著作的面世以及 1804 年《法国民法典》的颁布开拓了道路。

(二)人文主义法学派的特点

作为取代评论法学派而登上历史舞台的人文主义法学派,在思想观念、政治立场、研究方法和学术风格上都具有一些自己的特点。

第一,人文主义法学派的指导理念和思想基础是人文主义思潮。“人文主义”一词,来源于拉丁文“humanus”(人类的)或“humanitas”(人类性),其基本含义包括两个方面:一是指与神学相对立的人文学科;二是指关于“人”的学说。[3] 人文主义思潮首先在意大利的佛罗伦萨兴起,随后便迅速蔓延到西欧各国,其主要代表有但丁(A. Dante,1265 ~ 1321 年)、彼特拉克(F. Petrarch,1304 ~ 1374 年)、薄伽丘(G.

---

① Sir John Macdonell and Edward Manson, *Great Jurists of the World*, p. 105, Boston, 1914.

② Ibid.

③ 蒋永福、周贵莲、岳长龄主编:《西方哲学》(上),中共中央党校出版社 1990 年版,第 181 页。

Boccaccio,1313～1375年)、瓦拉(L. Valla,1407～1457年)、爱拉斯谟(Erasmus,1466～1536年)以及拉伯雷(F. Rabelais,1495～1553年)等人。人文主义学派的基本立场和理念是用人性否定神性,以人权反对神权,用享乐主义反对禁欲主义,用理性反对蒙昧,用个性自由思想批判封建专制主义,用平等观念反对封建等级制度。

人文主义思潮兴起后,不仅在哲学、文学、艺术、历史研究中掀起了巨大的旋涡,也给当时的法学研究带来了一种全新的观念,使其具有了自己的理性基础。如人文主义法学派的创始人阿尔恰托和居亚斯,都试图用自己拥有的人文主义思想来改造当时的法学研究,他们努力使法律研究从神学中解放出来,成为一门世俗化的学问。此外,德埃伦、德纽、霍特曼、鲍道恩以及迪穆林等人,也都将他们当时接受的人文主义思想以及新的宗教观,运用于自己的学术研究之中。在人文主义法学派的努力之下,当时法学界开始重视法律中的公平、正义和理性,强调个人的平等、自由和权利,以及法律中的人性。而这些,正是区别于评论法学派的一个重要方面。

第二,与上述一点相关,人文主义法学派由于信奉新的思想和新的宗教(如加尔文教、路德教等),反对传统的天主教会和教义,试图将法律从神那里解脱出来,所以,他们中的绝大多数人都被当时的教会视为异端而惨遭迫害。如德纽、霍特曼、鲍道恩等人,就是因为反对当时的教会而被迫逃离法国,最后客死他乡。人文主义法学派的这种政治立场和政治处境,使他们的作品也带上了强烈的反对封建专制和愚昧的色彩。这也是该学派与注释法学派和评论法学派不同的地方,后两者许多人本身都是当时基督教会的高级教士,有些人则是在教会的支持下开展学术研究的。

第三,在研究的内容上,人文主义法学派既强调纯正,又重视创新。他们摒弃了评论法学派脱离罗马法原始文献的做法,提出了"回到罗马法原文"的口号。他们比评论法学派更加具有历史主义的观点,更加重视对罗马法原文和罗马法历史特点的阐述。他们的目标是要重新发现罗马时代的罗马法。比如居亚斯,他不仅反对巴尔多鲁学派对《国法大全》的任意解释,而且还认为,即使是查士丁尼的《国法大全》本身,也在许多方面曲解、割裂了罗马古典时期法学家的作品的真实性和完整性。所以,他认为他的使命,就是要恢复这些经典作品的历史原貌。他的不朽著作即28卷的《校对修正评注全书》,原本就是校对、修正罗马著名法学家保罗、乌尔比安、莫蒂斯迪努斯、马赛鲁(U. Marcellus)、尤利安、斯卡喔拉等人的作品的手稿。人文主义法学派的这种努力,也大大拓展了当时法律研究的范围和领域,使被评论法学派引入狭谷的罗马法复兴运动出现了"柳暗花明又一村"的景象。

第四,在研究方法上,人文主义法学派跳出了评论法学派的那种就法典注释法典,就法律研究法律的框框,而是引进了当时所能掌握的各种科学方法,如哲学的、文学的、考古学的、历史学的以及比较的方法等,从而使法律研究成为整个科学研究以及文艺复兴运动的一部分,为法学重新成为一门科学奠定了基础。

在人文主义法学派之前,人文主义者已经对评论法学派进行了尖锐的批判。如但丁指责他们满足于文字上和以自我为中心解释法律,背离新的关于真理的科学标准。彼得拉克抱怨他们无视或反对其他学科的援助,浪费自己的精力于徒劳无益的工作中。薄伽丘则更加明确地断言法律已不再是科学。人文主义者推崇罗马法,但不是查士丁尼的《国法大全》,不是评论法学派的那种模糊的、湮没古人智慧的注释,而是那些表现古人成熟的智慧和优美语言的罗马法的原始文献。① 正是在这些先驱者的影响下,人文主义法学派在方法上作出了巨大的改革,在收集、整理和注释罗马法原始文献方面作出了自己的努力。

同时,人文主义法学派在条文解释上也进行了新的探索,采用了概括式解释和一般的方法,实际需要已不再是唯一考虑的内容,而更加重视体系的科学性和完整性。比如,居亚斯在其著作中就尖锐地批判了那些无知的实务家和他们在法院中作出的虽然已被认可了的判决。因为这些判决"是建立在偏见、个人想法、狭窄的观点、错误的概念以及不确定的原理之上的"。居亚斯毕生的目标就是要"使法律成为一门合理的科学"。②

(三)人文主义法学派出现的历史原因

人文主义法学派的出现,不是偶然的。一方面,它是西欧文艺复兴运动的组成部分,是人文主义思潮的产物。如前所述,人文主义是

① 王兵著:《论罗马法的复兴》,1986年打印稿,第19页。

② Sir John Macdonell and Edward Manson, Great Jurists of the World, p. 99.

文艺复兴的指导思想，是封建社会内部逐渐形成的新兴的资产阶级的世界观和历史观。人文主义者在科学的各个领域进行的一系列变革，不仅为当时科学的发展开辟了广阔道路，而且也为法学的变革创造了条件。另一方面，当时西欧的文化发展状况，也为人文主义法学派的形成创造了条件：当时关于宗教问题的争论，使人们摆脱了权威崇拜，创造了一种适宜于自由讨论的学术环境；东罗马帝国的陷落使很多博学多才的人才流落到意大利和法国等地，他们随身携带了图书馆的藏书和艺术品，复兴了希腊和罗马文化；印刷的发明使得知识以前所未有的速度传播，促进了知识的相互融合；民族语言的形成，也为文学、艺术和科学的发展提供了传播思想的工具，给学术研究以新的推动力。①

人文主义法学派的兴起，也是罗马法复兴运动的必然产物。如前所述，罗马法复兴运动始于11世纪中叶的意大利波伦那大学，最早登台的是注释法学派。由于该学派只注重注释查士丁尼的《国法大全》，不适应时代发展的要求，所以在13世纪后半叶为评论法学派所取代。而后者在将逻辑推理方法引入法律研究，在将《国法大全》适用于西欧的社会实际的同时，也带来了任意曲解《国法大全》的弊端，使罗马法复兴运动步入狭谷。

正是在克服评论法学派的客观形势的感召下，人文主义法学派应运而生。他们一方面继承了注释法学派和评论法学派的传统，另一方面又大胆地纠正了前两者尤其是评论法学派的缺陷，通过将人文主义这一新的世界观引入法学研究，他们在思想观念、研究方法、具体操作技术等方面，都使当时的法学研究的面貌焕然一新。他们既克服了注释法学派只在查士丁尼的《国法大全》中做文章的缺陷，开始投身于当时的社会改革运动；同时，又通过对罗马法学家原始文献的认真校对、修正，恢复了被评论法学派搞乱了的罗马法的真正面目。而这一步工作的完成，便在罗马法和近代资产阶级法之间架起了一座桥梁。所以，虽然由于信奉巴尔多鲁学派的法院的抵制、教会方面的敌视和冷漠（因为人文主义者大都是新教徒）等原因，人文主义法学派在当时司法实践中的普及没有评论法学派那么广泛和彻底，但该学派对当时法学理论界的影响则是巨大的，对西方法学发展的贡献也是不容忽视的。

---

① 王兵著：《论罗马法的复兴》，1986年打印稿，第18页。

《万国公法》与清末国际法

虽然，有不少学者认为，中国古代春秋战国时期已经有了国际法，[①]但学术界的基本看法，都认为具有独立体系的国际法是西方近代文明的产物，是19世纪40年代以后传入中国的法律部门。[②] 由于在中国传统的大一统的封建社会内并没有孕育国际法的政治、经济和文化基础，因此，就中国近代国际法的整个法域来说，几乎都是从西方移植进来的。而从鸦片战争至辛亥革命这半个多世纪中国移植西方国际法的过程而言，最重要的就是《万国公法》的翻译出版以及在此前后中国被迫与西方列强签署一系列不平等条约的痛苦的（国际法的）实践。

一

自从公元前221年秦始皇建立中央集权制的帝国开始，中国就一直处于一个统一的国家状态。虽然其间也出现过国家分裂为几个部分（三国魏晋南北朝、五代十国等）的现象，但整个帝国总是被维持了下来，并遵循着支配帝国生存的基本原则："溥天之下，莫非王土；率土

---

① 主张此观点的民国时期的主要著作有徐传保编著的：《先秦国际法之遗迹》（中国科学公司1931年版）、陈顾远著的：《中国国际法溯源》（上海商务印书馆1931年版）等。最新著作中持此观点的有怀效锋、孙玉荣编的：《古代中国国际法史料》（中国政法大学出版社2000年版）。

② "近代国际法的来源在于西方文化"［王铁崖："中国与国际法——历史与当代"，载中国国际法学会主编：《中国国际法年刊》（1991），中国对外翻译出版公司1992年版］。"国际法作为法律的观念，自成一个特殊体系的法律，并在国际关系中具有现实的约束力，则是由近代欧洲产生，并逐渐发展起来的"（程鹏："西方国际法首次传入中国问题的探讨"，载《北京大学学报》1989年第5期）。"中国传统的文化品格以及中国所处的世界秩序都无法从我们自己的传统里产生出近代国际法观念"（郑文举、王玫黎："国际法观念与中国法的近代转型"，载《天府新论》1999年第1期）。此外，关于此观点还可参见王铁崖主编：《国际法》，法律出版社1981年版，第12页；曹建明、周洪钧、王虎华主编：《国际公法学》，法律出版社1998年版，第2页；王维俭："普丹大沽口船舶事件和西方国际法传入中国"，载《学术研究》1985年第5期。

之滨,莫非王臣。”[①]在帝国统治者的观念中,帝国是无所不包、不可分割的,在世界上无竞争者,也无平等者。它构成一个世界秩序,其参加者之间存在种种关系,但不是独立国家的关系。[②] 与春秋战国时期不同,在漫长的历史上,中国是只有“国”而无“际”的。[③] 因此,就没有任何发展国际法的基础。

当然,中华帝国也要与周边地区的国家发展关系,但这一周边地区,在西面和南亚被山脉、沙漠和海洋所隔绝,形成了一个封闭的社会。这个地区内的国家多数是弱小的;它们在文化上受中国的影响,在政治上以一种特殊关系从属于中国。它们形成了一个以中国为核心的松懈的国际社会。这就是所谓以中国为中心的世界秩序。[④]

然而,从鸦片战争开始,中国传统的世界秩序再也维持不下去了。西方列强用枪炮打开了中国国门,迫使帝国的统治者放下“高贵的”身份,低声下气地、痛苦屈辱地与“西蛮”、“东夷”打交道,订立了一个个不平等条约。而原来“朝贡”的附属国(如琉球、安南、缅甸、朝鲜等)也一个个离中国而去。[⑤]

1842 年 8 月 29 日,清政府与英国签订了中国历史上第一个不平等条约——《南京条约》,承认割让香港给英国,中国向英国偿付 2100 万元赔款,开放广州、厦门、福州、宁波和上海五港为通商口岸,并在该五个口岸建立英国领事馆,中国与英国官员之间展开交往。[⑥] 之后,其

---

① 《诗经·谷风之什·北山》。

② 王铁崖:“中国与国际法——历史与当代”。载中国国际法学会主编:《中国国际法年刊》(1991),中国对外翻译出版公司 1992 年版。

③ 陈顾远著:《中国国际法溯源》,上海书店 1991 年版,第 2 页。

④ “中国世界秩序的特点之一是优越性和层次关系。它不是领土主权国家所组成的,同时它也不仅仅是一个帝国。它的组成一方面是作为中央权力的中国,占着以文化优势为基础的优越地位;而另一方面是附属成员国,它们在不同程度上从属于中央权力。中国从而被称为‘中央大国’,并在精神的意义上包括全部宇宙,称为‘天下’,而这个世界秩序的其他成员被视为臣民。关系是不平等的,所有愿与中国发生接触的国家必须是顺从的、服从的。它们必须接受自己的低卑地位和‘中央王国’的优越地位。”见王铁崖:“中国与国际法——历史与当代”,载中国国际法学会主编:《中国国际法年刊》(1991),中国对外翻译出版公司 1992 年版。

⑤ 关于“朝贡”制度,详细请参见前引郑文举、王玫黎:《国际法观念与中国法的近代转型》。

⑥ 费正清编:《剑桥中国晚清史(1800~1911)》,中国社会科学出版社 1985 年版,第 232 页。

他西方列强也相继通过同样的手法(以武力或武力相威胁),迫使中国与其签订了一系列不平等条约,如《中美望厦条约》(1844 年 7 月 3 日)、《中法黄埔条约》(1844 年 8 月 13 日)、《上海英法美租界租地章程》(1854 年 7 月 5 日)、《中俄瑷珲条约》(1858 年 5 月 28 日)、《中英中美通商税则善后条约》(1858 年 11 月 8 日)、《中英北京条约》(1860 年 10 月 24 日)、《中俄陆路通商章程》(1862 年 3 月 14 日)等。

至 1863 年《万国公法》翻译出版前夕,中国与西方列强签订的不平等条约已达 24 个,从这些条约中获得各种特权的国家有比利时、丹麦、法国、英国、挪威、德国、葡萄牙、荷兰、俄国、瑞典、美国 11 个国家,他们通过不平等条约所攫取的各种特权包括领事裁判权、固定的低关税、租界和租借地、使馆区和使馆卫队、驻军、警察、外国人管理海关和邮政、航行、免除直接税、偿付赔款、筑铁路和采矿、发行货币、传教、兴办独立的教育机构等。

正是在上述中国与西方列强签署不平等条约、一步步沦落为帝国主义的殖民地的过程中,一方面,是清王朝中一些较为聪明者试图通过掌握国际法知识来与西方列强讨价还价,尽可能多地保住其统治利益。另一方面,也是因为西方的一批政府官员和传教士希望通过在中国传播其国际法思想和制度,让中国遵循他们的价值观和法律规范来行事,不要"乱来",以维护其在华的特权和利益。因此,近代西方国际法的思想和原则开始传入中国,并于 1864 年翻译出版了西方国际法的代表作《万国公法》。

二

《万国公法》一书,译自美国著名国际法学家亨利 · 惠顿(Henry Wheaton,1785 ~ 1848 年)于 1836 年出版的《国际法原理》(*Elements of International Law*)一书,翻译者是美国传教士丁韪良(William M. P. Matin,1827 ~ 1916 年),于 1864 年(同治三年)冬在总理各国事务衙门资助下由丁韪良所创办的教会学校崇实馆刊印发行。

事实上,早在《万国公法》一书出版前,中国政府和学术界就已经开始了将西方近代国际法引入中国的工作。① 如1839年中英鸦片战争前夕,林则徐(1785~1850年)担任钦差大臣、受命赴广州查禁鸦片时,为了“知己知彼,百战百胜”,获取关于“夷邦”的情报,以停止和取缔英国对华鸦片贸易,就让他的下属收集西方国际法的著作,并请美国传教士伯驾(Peter Parker)和袁德辉将瑞士著名国际法学家瓦特尔(也译作“滑达尔”,E. De Vattel,1714~1767年)的著作《万国法》中的一些章节译为中文。② 这些译文后来收录在魏源(1794~1857年)的《海国图志》一书中,③在当时,曾对林则徐采取坚决的禁烟立场,并与英国商人进行有礼有节的外交斗争发生了重要影响。④ 由于鸦片战争的惨败,以及林则徐的被撤职查办,引入西方国际法的工作没有能够继续下去。

19世纪60年代,在中国活动的西方政府官员和传教士开始了翻译介绍西方国际法的工作。在丁韪良之前,当时在中国海关工作的英国人赫德(Robert Hart,1835~1911年)已经将惠顿这部著作中关于使节权的内容译出,供总理衙门参考,以说服清廷派遣驻外外交代表。丁韪良接手此项工作以后,得到了赫德和美国公使蒲安臣(Anson Burlingame,1820~1870年)的全力支持,遂在比较短的时间内译出了全部内容。译稿送给一些高级中国官员阅看,得到赞扬,认为它适合于中国对外新关系的要求。经总理各国事务衙门章京陈钦、李常华、方濬师和毛鸿图等修饰润色之后,予以印行。第一版印300本,发给各个省,供地方使用。⑤ 从《万国公法》的凡例中得知,当时参加翻译的除了丁韪良之外,还有江宁何思孟、通州李大文、大兴张炜和定海曹

① 关于西方国际法究竟何时传入中国,学术界有不同的四个观点:一是认为17世纪40年代由传教士马丁·马提尼(Martin Martini)传入;二是认为17世纪80年代在中国与俄国签订《尼布楚条约》时传入;三是认为1839年由林则徐组织人翻译传入;四是认为19世纪60年代由丁韪良传入。程鹏详细考证清末史料后认为1839年由林则徐传入一说较为确切。见前引程鹏:《西方国际法首次传入中国问题的探讨》。笔者也同意程鹏的观点。

② 王维俭:“林则徐翻译西方国际法著作考略”,载《中山大学学报》1985年第1期。

③ 《海国图志》卷八十三中对这些译文有所记载。原文可参见前引程鹏:《西方国际法首次传入中国问题的探讨》“附录一:滑达尔各国律例,米利坚医生伯驾译出”。

④ 王维俭:“林则徐翻译西方国际法著作考略”,载《中山大学学报》1985年第1期。

⑤ [美]丁韪良著:《花甲忆记》。转引自王铁崖:“中国与国际法——历史与当代”,载中国国际法学会主编:《中国国际法年刊》(1991),中国对外翻译出版公司1992年版。

景荣四人。①

《万国公法》的正文前有清政府官员张斯桂和董恂作的序,及七条凡例。在张斯桂的序中,首先阐明了翻译此书的目的:

英、美、法、俄为世界四大强国,但并非天生就强,而是靠自己奋斗。英、法首先开始搞工业革命,搞海运贸易,制造机器,从而迅速崛起。俄罗斯积弱久矣,但通过学习西欧,也迅速赶了上来。美国原来只不过是英国的一个殖民地,通过独立战争,实行共和,并妥善处理好了国内外关系,也成为强国。现在地球上不下数十国,能生存下来,都在于遵守盟约,遵循《万国律例》(即《万国公法》)一书。故西方各公使、大臣、水陆主帅、领事、翻译、教师、商人、税务官,均将此书奉为圭臬。"今美利坚教师丁韪良,翻译此书,其望我中华之曲体其情而俯从其议也。我中华一视同仁……凡重译而来者,莫不畏威而怀德,则是书亦大有裨于中华用储之,以备筹边之一助云。"

董恂的序也强调了翻译此书的宗旨:"今九州外之国林立矣。不有法以维之,其何以国?此丁韪良教师《万国公法》之所由译也。"

在凡例中,译者进一步对惠顿的经历作了介绍,并对此书的书名作了解释:

是书原本出自美国惠顿氏选缮。惠氏奉命驻扎普鲁士首都多年,间尝遍历欧罗巴诸国,既已深谙西今书籍,更复广有见闻,且持论颇以不偏著名。故各国每有公论,多引其书以释疑。端奉使外出者,无不携在案头,时备参考,至派少年学翻译等职,亦每以是书作为课本。

是书所录条例,名为《万国公法》。盖系诸国通行者,非一国所得私也。又以其与各国律例相似,故亦名为"万国律例"。

《万国公法》的翻译出版,对中国来说无疑是一个非常重大的事件。它是在中国正式出版发行的第一本系统完整的西方国际法著作,它从框架体系、结构内容、制度原则、概念术语乃至思想观念等各个方面,将西方的国际法移植进了中国,从而对中国法律界产生了巨大的影响。

① 见《万国公法》"凡例"。同治三年镌,京都崇实馆存版,现藏华东政法学院图书馆。

三

《万国公法》给中国人带来的首先是一个全新的关于国际法的体系。之前,在清末的一些启蒙思想家的作品如魏源的《海国图志》(1843 年)、冯桂芬的《校分庐抗议》(撰写于 1861 年)中,虽然也涉及一些国际法的知识,但都只是一些支离破碎的内容。而《万国公法》一书,则比较系统完整地将西方国际法体系带到了中国人面前。从《万国公法》来看,该书有 4 卷,共 12 章,231 节。

第 1 卷　释公法之义、明其本源、题其大旨

第 1 章,释义明源。有本于公义、出于天性、称为天法、公法性法犹有所别、理同名异、大用、公法总旨、公法源流等 12 节。

第 2 章,论邦国自治自主之权。有何者为国、君身之私权、民人之私权、主权分内外、外敌致变、易君变法、释自主之义、进贡藩属所存主权、会盟连横等 25 节。

第 2 卷　论诸国自然之权

第 1 章,论其自护自主之权。有自护之权为大、以法国为鉴、葡国有争英管制之、埃及叛土五国理之、比利时叛五国议之、他国与闻或临事相请或未事有约盟邦互保、立君举官他国不得与闻、西(班牙)葡(萄牙)立君英法与闻之等 16 节。

第 2 章,论制定律法之权。有制律专权变通之法、植物从物所在之律、古禁外人购买植物、动物从人所在之律、内治之权、遇案之应由法院条规而断者则不行、船只行于大海均归本国管辖、审案之权各国自秉、四等罪案审罚可及、法院定拟傍行于疆外、审断海盗之例、疆内植物之争讼审权可及、疆内动物之争讼审权可及、以他国法院曾断为准、疆内因人民权利等争端审权可及、断案之法与兴讼之例有别等 21 节。

第 3 章,论诸国平行之权。有分尊卑出于相许、得王礼之国、得王礼者分位次、互易之方、公用之文字、君国之尊号、航海礼款等 7 节。

第 4 章,论各国掌物之权。有掌物之权所由来、民物亦归此例、民物听命于上权、权由征服寻觅而来者、管沿海近处之权、长滩应随近

岸、捕鱼之权、管小海之权、大海不归专管之例、疆内江湖亦为国土、同航大江之例等16节。

第3卷 论诸国平时往来之权

第1章,论通使。有钦差驻扎外国、何国可以通使、国使等级、信凭式款、全权之凭、训条之规、牌票护身、莅任之规、延见之规、交好礼款、国使权利、纳税之规、路过别国、礼拜不禁、领事权利、国使卸任、召回国使等24节。

第2章,论商议立约之权。有盟约款式、约据章程、擅约准废、谁执定约之权、因约改法、被逼立约、恒约不因战废、常约存废、保护之约、合兵之盟、立约助兵、相护之例、交质以坚信、中保之例、主持公论之学等19节。

第4卷 论交战条规

第1章,论战始。有用力伸冤、强偿之例、战前捕物二解、定战之权、公战之权、战有三等、宣战之始、敌货在我疆内者、敌物在疆内者不即入公、债欠于敌、与敌贸易、合兵之民通商敌国、不可与敌立契据、敌民居于疆内者、西人住于东土者、商行设于敌国、身在敌国行在局外、敌国土产属地主时即敌货、领照于敌国等23节。

第2章,论敌国交战之权。有害敌之权至何而止、互换俘虏、何等人不可杀害、敌人之产业、抄掠敌境、水陆捕拿不同一例、何人可以害敌、船无战牌而捕货者、民船领战牌者、被捕之货可讨与否、夺回救货之例、审所捕之船归捕者本国之法院、局外之法院审案、领事在局外之地者不足断此案、守信于敌、停兵之约、停兵之权、自何时遵行、停兵期满复战、投降约款、护身等票、凭照与敌贸易等28节。

第3章,论战时局外之权。有解局外(中立)之意、局外之全权、局外之半权、局外之权被约限制、在局外之地不可行战权、经过局外之疆、沿海辖内捕船、追至局外之地而捕者、借局外之地招兵备船即犯法、局外之船于大海如何、战时禁物、封港犯封、局外者借敌人之兵船载货、局外之船借敌人之保护可捕拿等32节。

第4章,论和约章程。有谁执和权惟国法所定、立和约之权有限制、和约息争、和约自何日为始、犯条悖约、和约争端如何可息等8节。

以上由《万国公法》所开启的国际法的框架体系,基本上涵盖了近代西方国际法的全部内容,即从国际法的主体、客体、渊源,国际法和国内法的关系，条约，外交与领事关系，领土和海洋法，到国际争端的和平解决，战争法，战时中立法等各项内容，基本上都已经涉及，而这一框架体系与中国传统的世界秩序观以及知识体系完全不同，它带给当时中国人以强烈的新鲜感和冲击波也是显而易见的。这一框架体系，不仅影响了清末中国近代国际法的创立，而且也为民国时期中国国际法的发展奠定了历史基础。

四

《万国公法》带给中国人的第二笔财富是它引入了西方近代国际法的基本原则，而这些原则在以前，也是中国人所未曾接触和了解的。

（一）尊重各国主权原则

《万国公法》在前3卷中，用比较多的篇幅，详细说明了各个国家所享有的独立自主的权力，这种权力，就是主权："治国之上权，谓之主权。此上权，或行于内，或行于外。行于内，则依各国之法度，或寓于民，或归于君，论此者，尝名之为'内公法'，但不如称之为'国法'也。主权行于外者，即本国自主，而不听命于他国也。各国平战、交际，皆凭此权。论此者，尝名之为'外公法'，俗称'公法'，即此也。"①

各国所拥有的主权，除对外行使者须得到国际社会认可外，其对内者，并不是他国所给予而是各个国家自身就具有的。即使是新建的国家，"虽他国未认，亦能自主其内事。有其国，即有其权也。即如美国之合邦，于1776年间，出诰云：'以后必自主自立，不再服英国。'从此其主权行于内者，全矣。"②

《万国公法》指出，国家主权主要包括保护本国（包括领土、人民、财产）的权力，对自己的领土、资产、人民的支配权，以及独立的立法、行政、司法权，等等。

首先，国家主权体现为自护之权。"诸国自有之原权，莫要于自护。此为基而其余诸权皆建于其上。就他国论之，则为权之可行者；就己民论之，则为分所不得不行也。此权包含多般。盖凡有所不得已

① 《万国公法》卷一，p. 17B。

② 同上，p. 18A。

而用以自护者皆属权之可为也。使其抵敌以自护可为,则招军实、养水师、筑炮台,令庶民皆当兵勇,征赋税以资兵费,亦属可为也。"①

其次,国家主权体现在对内行使充分的统治权方面:"各国自主其事,自任其责,均可随意行其主权,惟不得有碍他国之权也。其国法(所谓国法者,即言其国系君主之、系民主之,并君权之有限无限者,非同寻常之律法也)或定或改或废,均属各国主权。"②"自主之国,莫不有内治之权,皆可制律,以限定人民之权利、分位等事,有权可管辖疆内之人。无论本国之民及外国之民,并审罚其所犯之罪案,此常例也。"③具言之,有三个方面:

一是立法权。由主权国家的议会制定法律。《万国公法》举了美国的例子:"合邦制法之权,在其总会(议会),总会有上下二房。在上房者,为各邦之邦会所选;在下房者,为各邦之民人所举。总会执权……可定内外通商章程,定外人人籍之统规,定亏空银钱之统规……定水陆捕拿之规……制法令,以成合盟所任之职。凡此,均属总会之权。"④

二是行政权。由主权国家的君主或总统行使。仍以美国为例:"其主权职事,如此之繁,即有合邦之首领,以统行之。首领乃美国之语,所称'伯里玺天德'(President)者,是也。其登位也,系各邦派人,公议选举。所派之人,亦为各邦之民,遵循其邦会之定例,而公举者也。"⑤

三是司法权。在美国由上法院(联邦最高法院)行使,"并以下总会所设之法院,所有于犯合邦律法盟约之案,听其审断。故总会,并各邦会制法,均归合邦之法司。"⑥

最后,国家主权体现在对国内财产的支配方面。"凡自主之国……定疆内产业、植物(所谓植物者,即如房屋田亩不能移动之类,不独树木然也)、动物,无论属己民、属外人,皆得操其专权。"⑦

---

① 《万国公法》卷二,p. 1B。
② 同上,p. 12B。
③ 同上,p. 23B。
④ 《万国公法》卷一,p. 34B。
⑤ 同上,p. 35A。
⑥ 同上。
⑦ 《万国公法》卷二,p. 17A。

《万国公法》对上述国家支配产业的情况从两个方面作了说明："其一,原本于各国自主之权,即各国疆内自操专权,以制法行法也。故凡疆内产业、植物、动物、居民,无论生斯土者,自外来者,按理,皆当归地方律法管辖。且疆内行止举动、契据事件,莫不归其所制也。各国疆内,即有权以定植物、动物,如何授受之例,可定疆内之人,何等分位,何等权利,可断契据事件之或行或废,并立契据者之分所当为,及疆内兴讼之例等情。其二,无论是已民与否,非现住疆内者,各国不能以律法制之……(即)此国有权以制疆外人物,则彼国虽在己之疆内,亦不得专操其权,而各国之权利,不得均平,有是理乎?"①

(二)国与国之间平等往来原则

《万国公法》指出:从尊重国家主权原则推衍开来,各个国家,不分大小,均应享有平等交往之权。虽然世界各个国家在国体、政体的形式方面各有差异,因而在交往方面出现一些不同的称号,也显现一些不同的礼节,但各个国家的国际地位平等则是不容置疑的。为了较好地处理好各个国家之间的关系,《万国公法》提出了一些可操作性的方法。

第一,互易之法。即"各国或轮流而得首位,或抽签而得之。即如立约时,此本开端并盖关防,系此国在先。彼本则系彼国在先。及互换时,则各得其所居先之本以存,此数国之礼也。维也纳国使会,定条款云:诸国用互易之礼者,其使臣位次先后,惟以抽签而定。"②

第二,循法国字母之次序,而签字画押。

第三,在盟约国家数量较多,条约文本不能全部使用各自文字时,可采用一种各国认可的通用文字。如欧洲较早时期使用的拉丁文,随后使用的法语、德语、意大利语,以及近期英美法系国家使用的英语等。

在处理国与国之间平等交往问题上,外交使节的派遣是一个重要内容。《万国公法》指出:"自主之国,若欲互相和好,即有权可遣使受使,他国不得阻抑。若不愿遣使,他国亦不得相强。"而这种通使之权,"在君主之国,无论其权之有限无限,通使之事,大抵归国君定夺;在民

① 《万国公法》卷二,p. 18A。
② 同上,p. 63A。

主之国，或系首领执掌，或系国会执掌，或系首领国会合行执掌。”①

在国际法形成之初，派往外国的使节并无规范的等级。随着国与国之间关系的发展，经“诸国公议，分别使臣品级，以为款待之制。现今使臣，分为四等：第一等使臣，系代君行事。其余三等，系代国行事。第一等使臣，应以君礼款待，一若其君亲来者。”《万国公法》并对各等使臣的礼遇、凭证、觐见之规等作了比较详细的说明。

在阐述国与国之间平等交往原则时，《万国公法》对外交特权问题也作了比较详细的说明。“国使至外国者，自进疆至出疆，俱不归地方管辖，不得拿问。缘国使既代君国行权，即当敬其君以及其臣，而不可冒犯。其驻扎外国，权利与在本国等。所谓‘不在而在’也。其继业鬻产，均照本国律法，若有子女，生于外国，亦为本国人民。任国使以如此旷典者，盖不如此，即难以一事权焉。此国遣使，而彼国接之，即为默许其但服本国之权而已。和好时，本国所给护身牌票，或所往之国，倘有战争，给予护身牌票，均可证其职位，而免人拿问也”。不仅是国使本人，即使是“国使之妻子，及从事员弁、记室、代书、佣工、器具、私衙、公馆，皆置权外，他国不得管辖。”②

《万国公法》指出，只有在出现如下四种情况时，才可以剥夺国使的外交特权：

第一，“在彼国公署，若有讼狱，而国使竟甘涉其事，则就其事而听彼国管辖，可”。

第二，“若他国使臣，原系本国之人，而本国尚未弃管辖之权，自应仍服管辖”。

第三，“若准本国之臣，兼为他国之使，复回本国，则其人仍服本国管辖，明矣”。

第四，“若使臣谋害所驻之国，事至危急，即可收其人，并其文凭卷册，送出疆外”。③

---

① 《万国公法》卷三，p. 1A、p. 2A。

② 同上，p. 6B、p. 7A。

③ 同上，p. 7。但在惠顿写作《万国公法》时代，对领事尚无特别外交保护：“领事官不在使臣之列，各处律例及和约章程，或准额外赐以权利，但领事等官，不与分万国公法所定国使之权利也。若无和约明言，他国即可不准领事官驻扎其国。故必须所往国君准行，方可办事。若有横逆不道之举，准行之凭即可收回，或照律审断，或送交其国，均从地主之便。至有争讼罪案，领事官俱服地方律法，与他国之人民，无所异焉（卷三，p. 11B）。”

（三）遵守国际公约和双边条约原则

在国与国之间进行交往时，多国之间或两国之间往往会制定一些公约或条约。为了维持国际间的秩序和稳定，国际社会一般都要求各个缔约国能够严格遵守这些公约或条约，这一原则也经过《万国公法》的阐述而传入了中国。

《万国公法》指出："凡自主之国，如未经退让本权，或早立盟约，限制所为，即可出其自主之权，与他国商议立约。""约盟既商定画押，倘无必俟互换明言，则立当遵行，而不待互换矣。"[①]

盟约有两种，一种为恒约，"乃是永远流传，一经成立，即君王更换，国政变迁，其约必不废焉"。另一种为常约，是"随常之约也。即和约会盟，通商航海各议"。[②] 这种常约，约内虽云永远奉行，然屡屡被废，其废之原因主要有四：国家灭亡、国体大变、立约之国失和、约内限定时期已过。[③]

五

《万国公法》在将西方国际法基本原则带入中国的同时，还将西方的国际法以及法治、宪政的观念带了进来。这些观念表现为：

第一，中国只是世界之一部分的观念。如前所述，在鸦片战争之前，中国人奉行的传统世界秩序观一直认为，中国是世界乃至宇宙的中心，中国之外没有可相匹敌的国家，有的只是周边的蛮、夷、狄、戎等不开化的小国，它们都只是中国的附属。而《万国公法》的翻译出版，开始改变了中国人的上述观念。

在《万国公法》正文的卷首，画有东半球和西半球两张地图。笔者核对惠顿原著，发现原著中并无这两张地图，它们是译者丁韪良创作添入的。作为在中国活动的美国传教士，丁韪良比惠顿要更了解中国国情。他在翻译时感觉到，添入这两张地图，一方面，可以使当时的中

① 《万国公法》卷三，p. 14A、p. 17A。

② 同上，p. 19A、p. 20A。

③ 除了上面所讲的三个大的原则之外，《万国公法》还对引渡原则、领土和领海原则、公海原则、和平共处尽力避免战争原则、中立国家保持中立原则、战争中必须遵守国际惯例原则等作了阐述。

国人对世界有一个直观的概念;另一方面,也可以加深对西方国际法知识和观念的理解。丁韪良在地图旁指出:“地之为物也,体圆如球,直径约三万里,周围九万里有奇。其运行也,旋转如轮,一转为一昼夜,环日一周,即为一年,内分东西两半球。其陆地分五大洲。”在东半球者,有亚细亚、欧罗巴、亚非利加三大洲,内有中国、日本、缅甸、印度、波斯、英国、法国、俄罗斯、奥地利、西班牙、葡萄牙、荷兰、意大利、土耳其、埃及等数十个国家。在西半球者,有北亚美利加和南亚美利加两大洲,内有美利坚、墨西哥、巴西、秘鲁、智利等多个国家。

作者这里,当然不仅仅是向我们介绍西方地理学知识(虽然这种知识对一直奉行天圆地方之中国人来说也是一种极具冲击力的),而是通过对世界地理的概括说明,阐述了一种新型的世界秩序观,即任何一个国家,都不是世界的中心;任何一个国家,都只是世界的一个组成部分。这种观念,对改变中国固有的以“华夷”为基础的传统的世界秩序观是极有影响的,它迫使中国面对现实,并使一部分有远见之中国人进一步放眼世界,励精图治,争取让中国在国际社会中占有一席之地。

第二,自然法观念。自然法,惠顿用的是 Natural law,丁韪良将其翻译成“性法”。惠顿指出:“天下无人能定法,令万国必遵;能折狱,使万国必服。然万国尚有公法,以统其事,而断其讼焉。”那么,这种公法是从哪里来的呢? 惠顿认为,公法来自于各国的公议,以及各国的共同遵守。①

惠顿指出,公法之学,创自荷兰国际法学家格劳秀斯(H. Grotius,1583~1645 年)。② 格劳秀斯认为,公法分为两种,一种是规范人类早期(无国无君、人们天然同居时)活动的行为规则,这就是自然法。另一种是将这种自然法推广至人类进入文明社会、有了阶级和国家之后,使其在各国交往中得到适用,这样形成的规则,即各国公议之法。不管这两种法的具体内容有何不同,其基础都是来自人的自然本性。“人生在世,有理有情。事之合者当为之,事之背者则不当为之。此乃

① 《万国公法》卷一,p. 1。

② 创立国际法学的格劳秀斯的《战争与和平法》一书,已经由笔者组织人员翻译为中文出版(上海人民出版社 2005 年版)。

人之良知，一若有法铭于心，以别其去就也。与性相背者，则为造化之主宰所禁；与性相合者，则为其所令。人果念及此，便知其为主宰或禁或令，自可知其为犯法与否。”因此，所谓自然法，并不是其他东西，“乃世人天然同居当守之分，应称之为天法。盖为上帝所定，以令世人遵守。或铭之于人心，或显之于圣书。”①

惠顿接着还对霍布斯等其他西方法学家关于自然法和国际公法的思想作了详细介绍和评论。最后归纳道：“凡此辩论，千言万语，总归一致，乃诸国情理，所当引者，并交际往来，所惯行者，合成公法。此外，别无所谓公法也。”②这样，惠顿虽然是为了阐述自然法与国际公法的关系，但在阐述过程中，也将自然法的思想和观念，通过《万国公法》一书，传入了中国。而这种自然法思想，对信奉“法律是皇帝的创造物”，甚至“国法乃皇帝的家法”的中国统治者而言，是一种全新的观念。

第三，民主共和的观念。在《万国公法》一书中，由于作者在介绍各国国内法时，也系统阐述了西方国家的国体和政体，如君主制、民主制，自主国、半自主国，主权取决于君、取决于民，等等。因此，在《万国公法》中，除了近代国际法的观念之外，资产阶级民主和共和国的思想观念也得到了传播。

当然，在《万国公法》中，只出现了“民主”一词，尚无“共和国”之称呼（惠顿在著作中使用了 Republic，但丁韪良没有译出。凡 Republic 之处，丁韪良都译成“民主之国”）。而且，《万国公法》中出现的“民主”，在大多数场合，并不是作为一个专有名词“民主”（Democracy）来使用，而是作为动词来使用，即强调国家由人民“主之”，意思是“由人民当家作主”，与由君主掌握实权的君主制国家相对应。如 1797 年，荷兰七省有变，法国征服之，将其改为共和国时，《万国公法》称其为“易其国法（国体），而改作民主之国”；提到美国之宪法时，称“美国合邦之大法，保各邦永归民主”；等等。③ 但由人民（当然，这里的人民，主要指资产阶级）作主，国家的事情由人民之公意而决定这样一种共和国的思想观念，随着《万国公法》一书的翻译出版而逐步进入中国人的头脑之中。

---

① 《万国公法》卷一，p. 2A。

② 《万国公法》卷一，p. 5A。

③ 《万国公法》卷一，p. 20A、p. 27B；卷二，p. 13A。

第四，法治的观念。法治是西方的一个文化传统，也是西方近代法律观念的核心内容。在惠顿写作《万国公法》的1836年，法治作为一项治国原则，已经深深地扎根于西方人的观念之中。在《万国公法》一书中，作者在讲到国家主权时，就强调以法治国是其主要表现；在讲到各国参与制定国际公约和双边条约（盟约）时，作者强调法治的重要性，即公约和条约都必须经过国内法的认可；在讲到国内法和国际法的制定、贯彻和实施时，也强调必须遵循各国的众议和各国人民的公意（这一点恰恰是西方近代法治的核心）；在讲到目前世界国家众多，国体和政体各异时，作者进一步强调，无论是君主之国家，抑或是民主之国家，尊重人民的公意、依照法律办事应当是一项基本原则。

这样，通过《万国公法》一书，中国人尤其是其先进的知识分子，不仅获得了尊重国家主权、各国平等相处、互不干涉内政等国际法知识和观念，也学到了西方法律文化的核心内容——法治的观念，它强调法律是人民公意的体现，而非仅仅是君主的意志；主张法律必须是一种良法，必须符合自然法的要求和人类的理性；强调每一个国民包括国君都必须遵守法律，在法律规定的限度内进行活动；等等。而这一切，大不同于中国古代法家所倡导的“法治”，对当时的国人而言，是一种全新的知识和观念。它对后来康有为、梁启超发动“戊戌变法”，以及孙中山等人发动“辛亥革命”，都是有影响的。

第五，三权分立的观念。惠顿在《万国公法》中，在介绍各国尤其是美国的政治和法律制度时，对三权分立的制度和观念也作了详细阐述，如立法权归国会掌握，行政权归总统行使，司法权由法院执掌，等等。而这些内容，对熟悉孟德斯鸠的分权学说以及美国1787年联邦宪法确立的三权分立体制的美国作者惠顿，以及同是美国人的译者丁韪良来说，都不算什么新鲜内容，是习以为常的事情，但对一直生活在封建大一统国度内，立法权、最高行政权和司法权归皇帝，基层的行政权和司法权都由一个官吏执掌的中国国民来说，则是一件非常新鲜的事情。虽然，在《万国公法》翻译出版之前，关于三权分立的学说和制度，已经传入中国，[1]但比较详细、具体的阐述，《万国公法》则是第一

① 魏源在《海国图志》“英吉利国总记”和“弥利坚即美里哥国总记”等篇中，曾对英美两国的三权分立的政治体制作了介绍。

次。因此，通过《万国公法》，中国人对三权分立有了更加深入的了解。

六

作为第一部系统的外国法学著作，《万国公法》也为中国输入了许多专门的法律概念和术语。虽然，由于受译者的法律素养和中文水平的影响，《万国公法》创造的许多概念术语对后世影响不大，许多则根本没有流传（此点后面再作分析），但也有许多内容，则一直使用至今，有些则奠定了某些学科的专业用语基础。

从《万国公法》一书来看，丁韪良创造的汉字法律术语有：万国公法、性法、公师、法师、主权、权利、责任、法院、人民、[1]国体、赔偿、自治、限制、章程、邦国、政治、选举、司法、争端、国会、制宪、领事、利益、管辖等。下面，我们对部分用语略加分析，以明示其对中国法和法学发展的贡献。

（一）“万国公法”（简称“公法”）

“万国公法”，是惠顿原著中“International law”一词的译文。虽然，丁韪良将 International law 一词译为“万国公法”并不确切，但这在当时已属不易。因为，国际法（International law）或国际公法（International public law）的形成、定型，在西方也有一个过程。

中世纪时，西方人讲到国际法时，用的是罗马时期使用的拉丁语 Jus gentium（万民法）。一直到格劳秀斯创立近代国际法这一学科时，表达国际法一词用的仍然是 Jus gentium。1650 年，英国牛津大学教授苏世（Richard Zouche，1590 ~ 1660 年）在其《万国法的解释和一些有关的问题》一书中，开始使用 Jus inter gentes（万国法，英语为 Law of nations）。之后，Law of nations 一词在西欧曾流行过一阵子。1789 年，英国著名法律改革家边沁（J. Bentham，1748 ~ 1832 年）在其《道德及立法原理绪论》一书第十七章中，正式使用了 International law 一

① 在丁韪良之前，中国政府的文件中曾有一次出现了“人民”的用法，即 1842 年 8 月 29 日《中英南京条约》中有一处使用过“华英人民”，但在以后直至《万国公法》出版时为止的中外条约中使用的都是“民人”、“人”的汉字。因此，《南京条约》中出现“人民”一词当属偶然（该条约其他地方也都用“民人”），而丁韪良则将“人民”作为法律术语正式使用。

词。边沁解释说,Law of nations 一词不仅平凡无意义,而且容易被人误解为国内法,因此,使用 International law 一词要更好一些。从此以后,International law 一词遂成为西方表达国际法这一学科以及法域的通用术语。①

与西方人探索国际法的用语相仿,在中国,最早表达国际法时用的都是万国公法或公法。包括明治维新前后的日本学者,开始接受国际法时,也是使用万国公法一词的。因此,当丁韪良《万国公法》一书传入日本,被其翻刻时,对书名“万国公法”未加任何变动。19 世纪 70 年代,日本学术界始有人将 International law 一词译为日文汉字“国际法”。但直至 20 世纪初叶,在日本出版的法律词典中,仍将 International law 同时译成“万国公法”、“公法”、“国际公法”、“国际法”。②

“万国公法”一词,虽然因清末中国法学界接受日本学者的汉字译文“国际法”一词而逐步消亡,但“公法”一词的用法保留了下来,尤其是“国际法是关于调整国家之间的法律关系的公共法律”这一观念开始在中国生根发芽,并为中国近代国际法的诞生提供了基础。

(二)“性法”

“性法”,译自惠顿的 Natural law。如上所述,该词现在通译为“自然法”。虽然,对现代中国人来说,“性法”一词的译法有些怪,但在当时的中国人看来,这种译法是抓住了自然法的本质。因为在传统中国人的观念中,“性”一词,表达的是人的本性,人的原始的最初的本原。中国古代的经典都阐述过这一点。如《论语·阳货》曰:“性相近也,习相远也”;《孟子·告子》曰:“生之为性”;《荀子·性恶》曰:“凡性,天之就也,不可学不可事”;《荀子·正名》进一步展开曰:“生之所以然者谓之性”,“不事而自然谓之性”。因此,作为一种上帝赋予的、与人

① 刘达人、袁国钦著:《国际法发达史》,商务印书馆 1937 年版,第 16 ~ 18 页。

② 上海商务印书馆民国元年版《英法德日政法名词表》“Hostile international law”词条。此外,日本受《万国公法》的影响,还可以从日本学者信夫淳平如下一段话中看出:“一千二百多年以前,日本几乎全盘借用了中国法律。现在它又第一次引入了国际法,但不是直接从其原产地,而是间接地从它的再出口国引入。确实,正是通过由丁韪良翻译的中文国际法作品(《万国公法》),使德川幕府后期日本的政治家和学者第一次看到了西方万国公法(law of nations)的原则。”参见 J. ShinObu, Vicissitudes of International Law in The Modern History of Japan, *The Journal of International Law and Diplomacy*, Vol. L May 1951 No. 2.

的出生一起产生的、管束人世间一切生灵的法律,用"性法"是一个很好的译法,在某种程度上也可以说是掌握了自然法的真谛。

正因如此,当《万国公法》一书传入日本之后,"性法"一词也在日本流传开来。包括法国巴黎大学教授保阿索那特(G. E. Boissonade, 1825~1910年)在日本的讲稿《自然法》和《法哲学》,日本人将其译成日文时,用的也都是"性法"的名称。正是在"性法"的译文的基础上,日本学者进一步将其译成"自然法",从而不仅对中国近代国际法,而且对中国近代法理学的形成和发展也产生了不小的影响。

(三)"主权"

"主权",译自惠顿书中的 Sovereignty 一词。如上所述,它是指近代民族独立国家具有的对本国人民的统治权,对本国财产(领土、领海与在其之上的各种资源)的支配权,以及在对外事务中独立自主行使自己的权利、表达自己的意愿、不受他国干涉地进行各种活动的权力。

在中世纪西欧,主权主要是指封建领主对自己领地的统治权。中世纪后期,法国等国的君主合并各封建领主的权力并取而代之,形成一种独立于罗马教皇之外的最高统治权力,这被近代资产阶级学者称为"主权"。随着资本主义在西欧各国的胜利,无论是法、美等共和国,还是英、德等君主立宪国,都以资产阶级的民主政治诠解国家对内对外的权力,从而形成了近代国家的主权概念。惠顿在《万国公法》一书中使用的就是这种意义上的主权概念。而作为一个美国人,丁韪良对"主权"的内涵有着透彻的理解,因此,在翻译 Sovereignty 一词时,没有用"皇权",也没有用"帝权",而是用了"主权"。而"主权"一词,不仅其概念对中国人来说是新鲜的,而且其内涵对中国人来说也是非常有吸引力的。因此,"主权"一词,不仅成为中国近现代国际法中的基本概念,也传入日本,为日本国际法学界沿用至今。

(四)"领事"

"领事",译自惠顿书中的 Consul 一词。是为保护本国和本国国民在驻在国商业、经济和文化上的利益,由国家任命的驻外机构。[1]

领事制度起源于中世纪十字军东征时期,当时,意大利的商业都

---

[1] 日本国际法学会编:《国际法辞典》,外交学院国际法教研室译校,世界知识出版社1985年版,第798页。

市在中东地中海沿岸的居留地任命了行政长官，称 vicomte，它就是 Consul 的前身。从 15 世纪开始，意大利、英国、荷兰等欧洲国家之间开始互设领事，领事制度遂成为当时各国商业交往中的重要制度。至近代，由于民族独立国家的成立，领土主权观念的确立，领事审判权的废止，常驻外交使节的制度化和普遍化，领事的地位一度下降，到十七八世纪，领事制度已不太受到人们的注意。19 世纪以后，随着各国贸易往来的频繁，领事制度重新受到人们的重视，并逐步形成为现代国际法制度上的一项重要内容。惠顿在 1836 年创作《万国公法》时，恰值领事制度不怎么受人重视的时期，故领事在《万国公法》中的地位并不怎么高。但尽管如此，惠顿仍然对领事制度作了比较详细的论述。

领事，早在 1843 年 10 月 8 日中英签订《虎门条约》时就已经涉及，但当时汉语用的是“管事”。在 1844 年中美签署《望厦条约》时，就将“Consul”一词译成了“领事”。之后，在各中外条约中，都使用了“领事”这一用语。因此，在《万国公法》中使用“领事”一词并不是丁韪良的首创，丁韪良的贡献，在于既不用“执政官”，[①]不用“管事”，也不用“外事官”，而是用“领事”这一汉语将 Consul 一词的中译文固定了下来，而且使其流传的面更加广泛（因为，当时能够看到上述条约的汉文本的人并不多）。从而为中国、日本国际法学界一直沿用至今。

此外，丁韪良关于“权利”、“人民”、“政治”、“责任”、“选举”、“司法”、“自治”、“国会”、“管辖”、“利益”、“赔偿”、“争端”等汉语词汇的选择，也都是颇具匠心的，不仅成为中国以后法律体系中的专门用语，也成为日本法学界的通用语。即使对 Court 一词的翻译，丁韪良的贡献也是巨大的。他没有选择汉语“议会”（Court 的本义是指中世纪日耳曼人的民众大会），没有选择“委员会”，也没有选择如同后来日本人选择的汉字“裁判所”，而是选择了在当时来说是一个全新的汉文“法院”。“法院”的使用虽然有些突兀，[②]但由于该词比较恰当地表达了审判官、控诉人、当事人以及证人在一起适用法律、解决纠纷、寻求公正这样一个场所的意思，比较符合中国人的将法律适用的方方面面汇

---

① “Consul”一词，在古罗马是指“执政官”。

② 魏源在《海国图志》中将英国的 Law House（法院）译成“律好司”。这里，“律”是意译，“好司”是音译。可见，魏源当时尚没有找到一个与西方的 court 和 Law House 相对应的合适的汉字用语。

集在一起的“法的庭院”这样一种逻辑思维,因而,后来很快就为中国人所接受,并沿用至今。[①]

当然,丁韪良在翻译《万国公法》时,也用了许多以现在的目光来看不很成功的用语。如将 President(总统)译为“首领”或直接音译为“伯里玺天德”,[②]将 Law(法律)译为“律法”或“法度律例”,将 Judge(法官)译为“法师”或“公师”,将 Federation(联邦)译为“合邦”,将 Diet(议会)和 Congress(国会)译为“总会”,将 House of Representatives(众议院)译为“下房”,将 Senate(参议院)译为“上房”等。[③] 这些法律用语,后来没有一个能够流传下来。

七

《万国公法》翻译以后,对中国政界、外交界及知识界的影响是巨大的。

从实践角度看,当时中国外交官员曾运用《万国公法》中阐述的国际法原理,成功地处理了一件纠纷,即“普丹大沽口船舶事件”。这对鼓舞当时中国政府引进西方国际法起了很大的作用。

事件的简单经过如下:1864 年 4 月,普鲁士公使李福斯(H. Von Rehfues)乘坐“羚羊号”(Gazelle)军舰来华,在天津大沽口海面上无端拿获了 3 艘丹麦商船。总理各国事务衙门当即提出抗议,指出公使拿获丹麦商船的水域是中国的“内洋”(领水),按照国际法的原则,应属中国政府管辖,并以普鲁士公使不释放丹麦商船清廷将不予以接待相威胁。在这种情况下,普鲁士释放了两艘丹麦商船,并对第 3 艘商船

---

① 一般而言,近现代中国法律体系中的用语,绝大多数都来自日文汉字,如“法学”、“法律”、“宪法”、“民法”、“商法”、“刑法”、“诉讼法”、“国际法”等,但有两个非常重要的用语“法院”和“律师”,则是近代中国人自己的创造,这是一个非常有趣的现象。对此,笔者将有专论予以考证。

② 在丁韪良之前,尚无将 Precident 译为“总统”的先例。1858 年中美《天津条约》汉文本中讲到美国总统时,用的也是音译“大合众国大伯里玺天德”。

③ 惠顿的原著即 1836 年版的《国际法原理》因为已成孤本,故笔者未能借到复印。本文使用的是 1936 年伦敦牛津版本,即 Elements of International Law, by Henry Wheaton, Oxford, London, 1936。值本文发表之际,特向为笔者借出复印此书的华东政法学院林燕平副教授和美国纽约大学(NYU)Joan Liu 教授表示诚挚的谢意。

赔偿1500元，事件和平地解决了。[1]

总理衙门在处理这一事件中，适用的就是惠顿在《万国公法》中阐述的国际法原则（当时《万国公法》已经译出，总理衙门的高级官员也已阅读此书稿）。它在上奏清廷的奏文中说明："此次扣留丹麦货船处所，乃系中国专辖之内洋"，"外国持论，往往以海洋距岸十数里外，凡系枪炮之所不及，即为各国公共之地，其间往来占住，即可听各国自便"。[2] 而在中国内洋扣留其他国家的船只，则是明显地侵犯了中国的主权。同时，普鲁士公使的做法，也违背了其签订的和约，而遵守条约也是国际法的基本原则。总理衙门就是以西方国际法上的这两个理由与普鲁士展开外交斗争的。[3]

第一次适用国际法使一件原本可能成为严重事件的外交纠纷得到顺利解决，这使总理衙门的高级官员乃至清廷相信西方国际法知识对清王朝的统治尤其是外交活动是有利的，因而比较快地批准了早已成稿的《万国公法》的刊印。同时，这一事件也鼓舞了丁韪良及其学生继续将西方国际法著作译成中文的热情。这些著作有德国学者马顿斯（Charles de Martens，1781～1862年）著：《星轺指掌》（1876年）；美国学者伍尔西（T. D. Woolsey，1801～1889年）著：《公法便览》（1877年）；瑞士学者布伦智理（J. C. Bluntschli，1808～1881年）著：《公法千章》（1879年，1896年出袖珍本时改名为《万国公法会通》）；国际法学会编：《陆地战例新选》（原文德文，1883年）；英国学者霍尔（W. E. Hall，1838～1894年）著：《公法新编》（1903年）等。[4]

从理论角度看，《万国公法》的翻译出版，帮助中国法学界加深了对国际法的了解，并加快了创建中国国际法的步伐。除了上述丁韪良及其学生翻译出版的成果之外，从19世纪70年代至1911年清王朝

---

① 关于"普丹大沽口船舶事件"的详细经过，请参阅王维俭："普丹大沽口船舶事件和西方国际法传入中国"，载《学术研究》1985年第5期。

② 《筹办夷务始末》（同治朝），第26卷，第33页，第29～30页。

③ 除了"普丹大沽口船舶事件"之外，清政府援引西方国际法成功维护中国权益的另一个例子是当时的"中秘条约事件"。即在中外订约之初，清政府既忽视保护中国的侨民，也接受了不少对中国不利的、片面的最惠国待遇条款。而在1874年秘鲁派使来华要求订立商约时，中国政府则运用国际法知识，要求秘鲁先改善华侨的待遇，签订了《中秘会议专约》；又要求采取双方互利的平等的最惠国待遇，签订了《中秘通商条约》。见杨泽伟："近代国际法输入中国及其影响"，载《法学研究》1999年第3期。

④ 程鹏："清代人士关于国际法的评论"，载《中外法学》1990年第6期。

被推翻这40多年间，中国还出版了40余本国际法的作品，它们主要为：[英]费利摩罗巴德著，[英]傅兰雅口译，俞世爵笔译：《各国交涉公法论》和《各国交涉便法论》（江南制造总局1894年版、上海书局1898年印行）；[英]罗伯林、傅兰雅著，汪振者译：《万国公法总论》（上海新学会1898年版）；[英]罗伯德著，傅兰雅译：《各国交涉便法论》（江南制造局1898年印行）；丁祖荫撰《万国公法释例》（1898年刊印）；[俄]腓列特芬马丁斯著，徐家驹译，手稿（1900年，存上海图书馆）；[法]铁佳敦著，吴启孙译：《支那国际法论》（上海作新社1902年版）；[日]岸崎昌、中村孝著，章宗祥译：《国际法》（东京译书汇编社1902年版）；王鸿年著：《国际公法总纲》（1902年著者刊）；[英]劳麟赐著，[美]林乐知译：《万国公法要略》（上海商务印书馆1903年版）；[德]雷士特著，商务印书馆译：《国际公法大纲》（上海商务印书馆1903年版）；蔡锷编译：《国际公法志》（上海广智书局1903年版）；[日]今西恒太郎著，江郁年译：《国际法学》（上海文明书局1903年版）；[日]沼崎甚之著，袁飞译：《万国公法要领》（译书汇编社1903年版）；吴振麟著：《局外中立国法则》（战时国际法调查局1904年版）；廖维勋编：《平时国际公法》（1905年著者刊）；叶开琼编：《平时国际公法》（湖北法政编辑社1905年版）；张福光编：《战时国际公法》（湖北法政编辑社1905年版）；陈嘉令编：《战时国际公法》（湖北法政编辑社1905年版）；[日]绪方雄一郎讲述，熊开先编：《平时国际公法》（上海商务印书馆1906年版）；[日]绪方雄一郎讲述，赵象谦译：《战时国际公法》（上海商务印书馆1906年版）；湖北法政编辑社编：《战时国际公法》（湖北政法编辑社1906年版）；程树德编：《平时国际公法》（上海普及书局1906年版）；谭传恺编：《平时国际公法》（政法学社1907年版）；陈鸿慈编：《平时国际公法》（天津丙午社1907年版）；金保康著：《战时国际公法及局外中立》（天津丙午社1907年版）；[日]有贺长雄著，严献章译：《战时国际公法》（东京清国留学生会馆1907年版）；[日]美浓部达吉著，熊范舆、金保康译：《战时国际公约》（天津丙午社1908年版）；[日]高桥作卫著，徐锷、郭思泽译：《（最近）战时国际公法论》（国际法学研究社1908年版）；马德润著：《中国合于国际公法论》（上海商务印书馆1908年版）；杨年编：《国际公法》（成都探源公司1908年版）；熊元襄、熊元翰编：《京师法律学堂笔记：平时战时国际公法》(顺天时报社 1911 年版);[日]中村进午著,陈时夏译:《战时国际公法》(上海商务印书馆 1911 年版)。①

以上国际法著作的特点主要有三:第一,绝大多数是译作,即使是有些中国人自己编的书,也都是基于外国国际法学家的讲义或著述;第二,前期翻译的主要是英、法、德等西方国家学者的作品,而后期则大多译自日本法学家的著作;第三,翻译引进国际法的指导思想是为了解决当时中国面临的政治危机,即主要是应对西方列强的以战争(武力)为后盾的各种外交冲突,故关于战时国际公法的著作占有很大的比重。

上述国际法著作的出版,基本上奠定了清末中国国际法的基础。一方面,关于国际法的框架体系得以确立;另一方面,西方国际法的基本制度、基本原则、思想观念和概念术语等也进一步深入中国法学界。此外,从开始翻译外国国际法著作到国人自己撰写国际法著作,中国在移植西方国际法的同时,开始了将国际法本土化的工作。这一点,从中国人自己拟定的几部国际法著作如:丁祖荫撰《万国公法释例》、王鸿年著《国际公法总纲》和马德润著《中国合于国际公法论》等几部著作中也可以看到。

八

《万国公法》的翻译出版,虽然在近代中国产生了巨大的反响,并由此引发了一场翻译引进西方国际法和国际法学的运动,出版了上述一大批成果,在中国初步奠定了近代国际法学科的基础。但中国国际法的成长道路,仍然是异常的艰难和痛苦。

中国政府尤其是清廷对国际法的各项原则还是半信半疑、矛盾摇摆的。一方面,清政府的官员从与西方国家办理交涉的实践中,逐渐认识到有必要了解西方在调整国际关系方面的法律原则、规则和规章

① 此外,该时期还出版了一些国际私法的书,主要有李广平编著:《国际私法》(译书汇编社 1903 年版);郭斌编:《国际私法》(湖北法政编辑社 1905 年版);刘庚光、肖鸿钧编:《国际私法》(政法学社 1907 年版);中村进午著,袁希濂译:《国际私法》(上海中国图书公司 1907 年版);傅疆编:《国际私法》(天津丙午社 1907 年版);仁和编:《国际私法》(上海群益书社 1911 年版)等几种。

制度,如当时的重臣文祥,就曾向美国驻中国公使蒲安臣(Anson Burlingame)提出,希望他能“推荐一种为西方国家公认的权威性的国际法著作”。[①] 清政府对外事务的总管奕䜣在给同治帝的奏折中也称:“窃查中国语言文字,外国人无不留心学习……往往辩论事件,援引中国典制律例相难。臣等每欲借彼国事例以破其说,无如外国条例,俱系洋字,苦不能识。……外国有通行律例,近日经文士丁韪良译出汉文,可以观览。……检阅其书,大约俱论会盟战法诸事……衡以中国制度,原不尽合,但其中间亦有可操之处。……臣等公同商酌给银五百两,言明印成后,呈送三百部到臣衙门,将来通商口岸,各给一部,其中颇有制伏领事官之法,未始不无裨益……”[②]

另一方面,清政府及其官员虽然在当时有限度地接纳了西方的国际法,但不相信国际法是支配国家之间关系的规则,认为它的用处只是在利用它作为“制伏领事官”之法,或者可以用来“以备筹边之一助”。因此,为《万国公法》作序、对其大加赞赏的董恂受到了批评,被指责为讨好夷人。总之,国际法是外来的,与中国的体制不合。如果采用它,就意味着放弃中国传统的世界秩序和破坏朝贡制度,它被疑为一种陷阱。[③]

从西方列强的态度来看,也不是每个国家和所有要员都支持将西方国际法的知识传入中国的。当时,对丁韪良的翻译工作最为支持的是英国公使卡鲁士(F. Bruce)、英国受聘担任中国海关总税务司的赫德和美国驻华公使蒲安臣、美国驻上海领事乔治·西华德(George Seward)等,但当时美国代办和法国代办则对此项工作持否定乃至反对的立场,他们担心中国人懂得国际法就可能使其利用它来与西方列强进行有礼有节的法律斗争,甚至会给西方国家带来各种麻烦。[④]

就中国的知识阶层而言,对西方国际法的传入也是持矛盾态度的。一方面,他们十分重视国际法,甚至也成立了国际法研究会,埋头

---

① 前引程鹏:“西方国际法首次传入中国问题的探讨”,载《北京大学学报》(哲学社会科学版)1989 年第 5 期。

② 《筹办夷务始末》(同治朝)卷二十七,第 25 ~ 26 页。

③ 王铁崖:“中国与国际法——历史与当代”,载中国国际法学会主编:《中国国际法年刊》(1991 年),中国对外翻译出版公司 1992 年版,第 22 页。

④ 王维俭:“普丹大沽口船舶事件和西方国际法传入中国”,载《学术研究》1985 年第 5 期。

于西方国际法作品的翻译和引进工作，孜孜以国际法的教育和传播事业，为创建中国国际法学科而呕心沥血、努力奋斗。另一方面，则是看着西方列强在高举着尊重各国主权、互不干涉内政、互不侵犯他国领土、以和平方式处理国与国之间的纠纷等国际法的旗号之下，将一个个不平等的条约强加于中国人民头上，[①]在中国侵占领土，夺取租借地，设立租界、划分势力范围，驻扎军队，剥夺关税自主权，控制铁路、邮电等事业，攫取各种经济特权。[②] 他们不时地发出疑问：这样的国际法公正吗？这样的国际法对中国人民有用吗？[③]

在上述矛盾中，尤其令中国人痛苦和愤怒的是西方列强强加给中国人民头上的领事裁判权制度。一方面，按照西方国际法的原则，各主权国家地位平等，各自享有独立的司法权；另一方面，各西方国家又利用不平等条约，首先是英国（1843 年《中英五口通商章程》），随后是美国、法国、瑞典、挪威、俄国、德国、葡萄牙、西班牙、丹麦、荷兰、比利时、意大利、日本、秘鲁、巴西、墨西哥等也都相继在中国建立了领事裁判权制度。[④] 按照该制度，华洋混合之民事案件，由中外官员各自调处；如调处不成，则由中外官员会同讯断；华洋混合之刑事案件，中国人由中国地方官按中国法律审断，外国人由各本国领事按其本国法律审断；纯粹外人案件，或外人混合案件，中国官员均不得过问。[⑤]

领事裁判权制度严重损害了中国的司法权乃至整个主权，使西方国际法在中国的传播，以及中国正在形成的国际法，出现了严重的理论脱离实践的现象。国际法的理论要求尊重各国主权，而领事裁判权制度又损害着中国的主权。诚如我国著名国际法学家王铁崖所言：1842 年以后西方列强强加于中国人民的不平等条约制度，破坏了中国

---

① 从《万国公法》翻译出版，至 1911 年清王朝覆灭，各帝国主义国家又强迫中国与其签订了 113 个不平等条约和规章，从这些不平等条约和规章中获取各种特权的国家从原来的英、法、美等 11 个国家，进一步扩大为 20 个（增加了奥地利、意大利、西班牙、瑞士、巴西、墨西哥、秘鲁、日本、古巴 9 个国家）。

② 杨泽伟："近代国际法输入中国及其影响"，载《法学研究》1999 年第 3 期。

③ 中国近代著名启蒙思想家郑观应的一段话，可以说是这种心态的代表：帝国主义对中国人民的所作所为，"种种不合情理，公于何有？法于何有？""由是观之，公法仍凭虚理。强者可执其法以绳人；弱者必不免隐忍受屈也。是故有国者，惟有发愤自强，方可得公法之益；倘积弱不振，虽有百公法何补哉？"（《盛世危言·公法》，1894 年）。

④ 吴昆吾著：《不平等条约概论》，商务印书馆 1933 年版，第 9～13 页。

⑤ 同上，第 10～11 页。

传统的世界秩序观，但“它并未被以主权国家体系为基础的近代国际秩序所代替，而代替的是新的一种不平等条约的秩序。中国对外关系所适用的不是国际法原则和规则，而是不平等条约。”[①]也就是说，对帝国主义列强而言，当时国际法的主要任务是保障和补充不平等条约的执行。[②] 正是在这样一种矛盾的、痛苦的心态下，清末中国的国际法艰难地向前迈进着。[③]

九

尽管如此，《万国公法》的传播、中国近代国际法形成和发展的痛苦历程，仍然具有重要的启蒙意义：一方面，它使中国人民认识到，“弱国无外交”，要做到国与国之间的真正平等，首先必须增强自己的国力，[④]在当时，就是要推翻帝国主义的统治，包括废除其强加给中国人民头上的领事裁判权制度。

另一方面，西方国际法知识的传播，以及帝国主义者“只要中国建立起完善的法律制度，吾等可以撤除治外法权（领事裁判权）制度”的许诺，[⑤]进一步激励着中国统治阶层和知识分子为健全中国的法制而努力。从一定程度上讲，1901 年开始的清政府的修律活动，就是与此相关的一个步骤。

---

① 王铁崖：“中国与国际法——历史与当代”，载中国国际法学会主编：《中国国际法年刊》（1991 年），中国对外翻译出版公司 1992 年版，第 22 页；李育民著：《近代中国的条约制度》，湖南师范大学出版社 1995 年版，第 6 页。

② 杨泽伟：“近代国际法输入中国及其影响”，载《法学研究》1999 年第 3 期。

③ 关于清代官员及其学者对当时西方国际法的看法，详细请阅前引程鹏：“清代人士关于国际法的评论”，载《中外法学》1990 年第 6 期；夏泉：“试论晚清早期驻外公使的国际法意识”，载《江西社会科学》1998 年第 10 期；刘悦斌：“薛福成对近代国际法的接受和运用”，载《河北师范大学学报》（社会科学版）1998 年第 2 期；前引杨泽伟：“近代国际法输入中国及其影响”，载《法学研究》1999 年第 3 期。

④ 这一点连处处屈从西方列强之意的清王朝最高统治者之一奕䜣（1833 ~ 1898 年）都有深切的认识：“洋人之向背，莫不以中国之强弱为衡”，倘若我能自强，器利兵精，则中外可以相安无事，“否则，我无可恃，恐难保无轻我之心”。参见（清）宝鋆等修：《筹办夷务始末》（同治朝）（第 25 卷），台湾文海出版社 1971 年版，第 2 页。

⑤ 1902 年 9 月 5 日签订的《中英续议通商行船条约》第 12 款规定：“中国深欲整顿本国律例，以期与各西国律例改同一律，英国允愿尽力协助，以成此举，一俟查悉中国律例情形及其审断办法及一切相关事皆臻妥善，英国即允弃其治外法权。”见王铁崖编：《中外旧约章汇编》（第 2 册），三联书店 1959 年版，第 109 页。

此外,《万国公法》的翻译出版,不仅将西方国际法尤其是主权意识引了进来,促使中国自己国际法的诞生和发展,[①]也将西方资产阶级的法律制度和法律观念引了进来,使长期生活在封建专制下的中国人民开始了解西方世界,懂得诸如民主、平等、自由、权利、法治、选举等重要政治和法律制度、观念,从而为接下来的"戊戌变法"、"辛亥革命",以及轰轰烈烈的反帝、反封建运动奠定了政治法律基础。

(原载《法学研究》2001 年第 2 期,后作为点校本《万国公法》(中国政法大学出版社 2003 年版)一书的"点校者前言",收入本书时对内容略有订正)

① 马德润在其所著《支那帝国对于万国公法团体论》(上海商务印书馆 1908 年版)一书中第 3 页的一段话,充分表明了《万国公法》中所阐述的国家主权意识对中国人的影响:"夫人之视吾支那也,竟有等之于半开化或全未开化之国家者。夫人之评定吾支那也,在万国公法之交际中实则不过一部分仅能依约章所载之点而可援用万国公法者也。而抑知为此说者,既不得偏据泰西一方文明之立点以为折衷,亦不得仅据政治上之关系而为定论也。势必即万国公法团体之原则,按诸法学之立点,大公至正,以定其位置果尔。吾知支那与万国公法一切之关系早已为法理中之所共认,即支那于泰西所谓万国公法团体者亦早升堂入室而无余蕴已。"

比较法在近代中国

——一个学说史的考察*

比较法(法文 droit comparé,英文 comparative law,德文 rechtsvergleichung),有时也称“比较法学”,是指对不同国家或不同地区的法律理念、制度、原则乃至法律用语等进行比较研究,发现蕴涵在其中的一些共同性要素,以实现各国、各地区之间法律的沟通、交流和融合,使其获得更好地适用的一门学问。它既是一种法学研究的方法,也是一个法学学科,是近代西方社会进步、文化发达、法律昌盛的产物。①

与学术界就比较法在西方的形成、发展和演变,以及其在当代中国的发展等方面推出诸多成果相比,我们对比较法如何传入中国,如何在近代中国得到传播,为此传播作出贡献的有哪些法学家及其作品,近代中国比较法研究的总体评价等的研究就非常少,至今尚未有系统的成果面世。② 针对这一现状,笔者不揣浅陋,将自己对上述问题的研究成果向学术界作一个汇报,以求教于诸位同仁。

一

比较法在近代中国的传播和发展,大体经历了三个阶段。

第一阶段,从 19 世纪 30 年代至 1901 年修律变法。这一阶段,作

* 本文系上海市重点特色学科建设项目研究成果之一,项目编号:T1001。

① 关于比较法的定义,国内外学术界有各种不同的观点,笔者的这一定义只能说是一家之言,提出来仅供学界同仁一起探讨。

② 中国学术界,对比较法在中国历史上的发展的论述,主要有沈宗灵的《比较法总论》(北京大学出版社 1987 年版。1998 年出修订版时,书名改为《比较法研究》)中第一编第二章第四节,孙琬钟的《比较法在中国:历史与发展》、潘汉典的《比较法在中国:回顾与展望》(均载江平主编《比较法在中国》(第 1 卷),法律出版社 2001 年版)。但前两者的论述都极为简略,仅两三个自然段,不足 500 字。后者即潘汉典文,虽然比前两文的内容要丰富一点,但仍然比较简单,且比较多地集中在立法和法律教育方面,涉及比较法学说史的非常少。

出贡献最多的是丁韪良、林乐知等西方的传教士和魏源、林则徐、徐继畬等一批最早睁眼看世界的先进的中国人。他们对西方列国政治法律制度的介绍,虽然比较研究的程度不是很深,还没有达到本文所论之比较法的程度,但他们在作品中,还是表达了各国法律制度的优劣等差,起到了"横向比较"、"择其善者而从之"的比较法研究之效果。

第二阶段,从1901年清末修律至1911年"辛亥革命"清王朝灭亡。这一阶段,一方面,是日文汉字"比较法"("比较法学")一词被学界引入中国(本文第二部分将作详细论述)。另一方面,通过对各国法律的翻译、比较,促进了中国近代最早的系统的立法事业,先后制定出了《钦定大清商律》(1903年)、《大清刑事民事诉讼法草案》(1906年)、《大清民律草案》(1911年)、《大清新刑律》(1911年)等一批重要法律及草案。① 此外,在这一阶段中,比较法的教育也得到了发展。这种教育虽然和我们所说的严格意义上的比较法研究尚存在差距,但其对推动比较法在近代中国诞生还是起了巨大作用的。② 最后,在这一阶段中出现了两位著名的中国比较法研究先驱:沈家本和梁启超。他们翻译、介绍、传播外国法律的活动,对第二阶段比较法的诞生作出了很大的贡献。③

第三阶段,从1912年中华民国建立至1949年国民党政府被推翻。此阶段,有五件大事促进了中国近代比较法的进一步形成和发展。

第一,出版了一批比较法的著作。如王宠惠著《比较民法概要》(1916年),王家驹著《比较商法论》(1917年),李祖荫的《比较民法·

---

① 何勤华、李秀清著:《外国法与中国法——20世纪中国移植外国法反思》,中国政法大学出版社2003年版。

② 如1903年,清政府颁布了《奏定学堂章程》,法政教育开始勃兴,法政学堂数大量增加。在这些法政学堂尤其是1906年成立的京师法律学堂中,由于当时中国法理学和部门法学知识的缺少,绝大多数的教材用的是从外国(主要是日本)引进的编译教材,教员也大多是从日本请来的专家。这种教育,不管从教材的内容,还是老师的知识背景来说,营造的都是一种外国法与比较法研究的氛围。

③ 沈家本的主要贡献表现为在修律中"参考古今,博稽中外",并积极组织力量,翻译英、美、法、德、日等各资本主义国家的法律,进行详细的比较,作为修律的蓝本,以"择其善者而从之"等方面;而梁启超则致力于对西方各种法学思潮和法律制度的介绍和宣传,以及对中外法律思想和法律制度进行比较研究,从而大大开阔了人们对外国尤其是西方世界的视野等方面。

债编通则》(1933 年),王世杰与钱端升合著《比较宪法》(1936 年)等书。此外,还有少量的比较法译著也得以出版,如意大利学者密拉格利亚(Luigi Miraglia,1846 ~ 1903 年)的《比较法律哲学》(1940 年版)等。①

第二,发表了一批比较法的论文。根据笔者的调查统计,该阶段我国共发表比较法的论文约有 150 余篇,其中主要为:张志让:《英德契约法之比较》(1923 年),梁仁杰:《英法陪审制度之比较》(1923 年),孟之英:《五大法系比较观》(1923 年),孙祖基:《英美婚姻法与中国婚姻法之比较观》(1924 年),胡长清:《假释制度比较论》(1925 年),朱志奋:《我国契约法与英美契约法之比较观》(1932 年),田炯锦:《欧美各国选举制度之比较观》(1933 年),孙晓楼:《近代比较法学之重要》(1933 年),张企泰:《约定违约金之比较研究》(1934 年),汪桂芳:《各国监狱制度之比较》(1934 年),张鼎昌:《比较法之研究》(1937 年)等。②

第三,比较立法的事业有了进一步发展。从 1912 年至 1949 年,在比较各国立法得失的基础上,中华民国各届政府先后制定了《中华民国临时约法》(1912 年 3 月 11 日),《中华民国宪法》(1923 年 10 月 10 日,北洋政府;1946 年 12 月 25 日,南京国民党政府),《中华民国刑法》(1935 年 7 月 1 日施行),《中华民国刑事诉讼法》(1928 年公布施行,1935 年、1945 年两次修订),《中华民国民法》(1930 年 5 月 5 日施行),《中华民国民事诉讼法》(1935 年 2 月 1 日)等大法,以及《土地法》(1930 年)、《银行法》(1931 年)等主要的法律。这样,在国家管理以及国民生活的一些主要领域,都有了法律的支撑和规范。

第四,比较法教育有了显著发展。各公立、私立的法政专门学校和法学院,扩大了外国法律课程范围,除设国际私法、国际公法两门课程外,还增加了罗马法,并将比较法制史定为选修课。③ 为了取得较好的教学效果,各大学还聘请了外国法学家到中国主讲这些课程,他们中对中国法律有一定研究的,如日本学者冈田朝太郎(1868 ~ 1936

---

① 该书已由李秀清点校,中国政法大学出版社于 2005 年重新出版。

② 这些论文的详细出处,请参见何勤华、李秀清主编:《民国法学论文精萃》(全 6 卷),法律出版社 2003 ~ 2004 年版。

③ 参见《法政专门学校规程》(教育部部令)第 5 条,载《民立报》1912 年 11 月 13 日。

年），美国比较法学家罗炳吉（C. S. Lobingier，1866～1956年），英国传教士毕善功（Louis Rhys Oxley Bevan，1874～1945年）等人，则进行了中外法律的比较讲授。1938年，国民政府正式颁布了法学院共同课目表，要求法学院共同课和专业课均分必修和选修两种。共同必修课有三民主义等9门。专业必修课23门，专业选修课中开设了比较法学课程：比较法学概论，比较民法，比较刑法，比较司法制度。标准正规的比较法学课程在中国法学教学中登台。①

第五，创办了比较法学会与杂志。1913年，在上海成立了中国的第一个比较法学组织——比较法学会，著名法学家王宠惠当选为首任会长。② 1947年，任比较法学会会长的是杨兆龙，他还当选为国际比较法学会理事。在此过程中，比较法杂志也开始亮相学术界，最早的是东吴大学法学院的《法学季刊》（后改名《法学杂志》，创刊于1922年）。同时，东吴大学法学院的英文版《中国法学杂志》（China Law Review，1922～1940年），也是一个比较法论坛。而1900年12月创刊的《译书汇编》（两年后改名《政法学报》），在发表西方政法论著方面更为积极、更为集中，如该刊第一期、第二期就刊发了法国学者卢梭的《民约论》、孟德斯鸠的《万法精理》，德国学者伯伦知理的《国法泛论》、海留斯烈的《社会行政法论》，以及英国学者斯宾塞尔的《政法哲学》等名著（均为连载）。

二

在比较法的传播、发展过程中，汉字“比较法”（比较法学）一词也开始出现。

如前所述，在传统中国的法律研究中，虽然已经使用了比较的方法，但一直到清末，尚没有出现“比较法”这一名词。汉字“比较法”（比较法学）一词最早是在日本出现的。

1868年明治维新以后，日本贯彻富国强兵的国策，开始了全面学

① 王中立、马芳城：“近代中国的比较法学教育”，载《比较法研究》1991年第3期。

② 这是华东政法学院李秀清教授于2005年3月3日晚，电话请教潘汉典教授所了解到的情况。

习西方列强的运动。在法律领域,一方面,派遣留学生赴欧美各国学习;另一方面,又聘请欧美法律专家到日本指导立法,传授法学。在这一过程中,首先,是西方先进的法和法学与日本传统法发生了剧烈的冲突;其次,是就日本的立场而言,急于要比较西方各国法律的优劣,找出最适宜日本模仿的对象。这样,日本的比较法研究得到了发展。1884 年,日本东京帝国大学教授穗积陈重(1855 ~ 1926 年)提出了著名的"世界五大法族说",将世界各国的法律划分为五大法律家族(法系),即印度法系、支那(中华)法系、回回(伊斯兰)法系、罗马法系和英国法系,在世界上率先提出了法系理论,并强调"优法存、劣法亡"的观点。至 1900 年前后,对法律作比较研究已经成为日本各法理学专著和教材中的重要内容。①

应该重视的是,日本展开的比较法研究之运动,又恰恰处在近代西方比较法诞生的过程之中——西方各国比较法的组织、团体以及研究活动基本上也都是在这一时期出现的。② 而在这一运动中,法国又走在了最前面。世界上第一个比较立法讲座(1831 年)、第一个比较刑法讲座(1846 年)、第一个比较立法学会(1869 年)等都诞生在法国。1900 年,在法国召开了第一次国际比较法大会,出席大会的法学家提交了 70 多篇论文,对比较法的概念、性质和目的等进行了深入的讨论,它标志着近代比较法的正式诞生。

由于日本参与了近代比较法诞生的过程,因此对近代西方表达"比较法"之最早的法语"droit comparè"一词的领会、理解、把握得也比较准确。他们认为用汉字"比较法"或"比较法学"一词来对译"droit comparè"一词可能最为恰当。这样,在明治三十年(1897 年)前后推出的一批法学通论和法理学作品,如织田万、户水宽人、矶谷幸次郎等人分别所著的《法学通论》之同名著作中,都一致使用了日文汉字"比较法"和"比较法学"一词。

那么,"比较法"和"比较法学"一词在日本出现以后,又是如何传入中国的呢?具体说明该词是于某年某月在中国出现,是一件困难的事,但可以确定的是该词与"民法"、"刑法"、"诉讼法"、"法理学"、

---

① 何勤华著:《20 世纪日本法学》,商务印书馆 2003 年版,第 41 页。

② 沈宗灵著:《比较法研究》,北京大学出版社 1998 年版,第 21 ~ 23 页。

"法学通论"等名词一起，大体是在1900年前后传入中国的。我们可以先从1840年鸦片战争前后，中国所创办的一批中文杂志查起。在上述中国最早的中文杂志《东西洋考每月统记传》以及19世纪中叶以后魏源、梁廷枬、徐继畬、王韬、郑观应、伍廷芳等人的作品中，都没有比较法一词。上述两位比较法先驱梁启超和沈家本，是清末撰写法律论文最多的大师，但在他们的著述中，也没有使用比较法一词。

经笔者考证，汉字"比较法"(比较法学)一词最早在中国出现是在1902年2月，该月出版的《译书汇编》上刊登了由户水宽人撰写的《法律学纲领》一文。此文的第五章，标题就是"比较法学"。其主要内容为：

甲国之法律，与乙国之法律相比较，在昔已不乏其例。……若伊太利之还苦氏，法国之孟德斯鸠氏，罗列诸国之法律，附以评论，尤极比较法学之能。在十九世纪之下半期，英国之梅因氏，尤为热心从事；今日德意志之可辣氏亦同。实为斯学之泰斗也。

所谓比较法学者，亦分二种如下：

第一，不但研究文明诸国之法律，亦及野蛮诸国之法律；不但今代之法律，亦及古代之法律。错综考订，方知法律沿革之大势。梅因氏，可辣氏，是得此中三昧，故名溢欧土也。

第二，即将诸国之法律，对照比较，尤宜取其长而舍其短。

以上二者，一为考法律之沿革，一为推究法律哲学，又极运用之妙，各不相同。故比较法学，一名之下，系以两项，是否适当，尚属疑问。

就余所见，法律之比较者，不过为研究法律之方法。所谓方法者，研究法律沿革及法律哲学为要耳，非有特种之学问也。欧洲学者，以此别立一科，未见其识之卓也。

从以上简略论述中，我们可以得知：在日本学者的观念中，一是比较法学自古就有，只是在近代开始发达而已；二是比较法学的内涵，既包括横向的，也包括纵向的比较；三是比较法学只是一种法律研究的方法，而不是一门学问。这是汉字"比较法"(比较法学)第一次传入中国时的面貌，也是日本法学界对比较法之内涵的初步诠释。

在同年稍后出版的由我国著名史学家王国维翻译的《法学通论》(原作者系日本学者矶谷幸次郎,商务印书馆1902年版)[①]中,我们也看到了比较法学的内容。在该书绪论第六节"法学之性质"里面,作者指出:"就研究法学之方法,其自生区别,则有四种:(1)分析法学(Analytical Jurisprudence);(2)沿革法学(Histrical Jurisprudence);(3)比较法学(Comparative Jurisprudence);(4)推理法学(Speculative Jurisprudence)。"关于比较法学的具体内容,作者阐述不多,只有非常简略的200多字:

比较法学者,谓对照各国之法律,比较其性质之差异,与其发达之异同,以考究法律上之原理者也。譬如比较英法德三国之法律,德国凡于一切法律上事件,常归重国家;法国则多说社会;英国反之,用主权者之名称。如此之类,皆有理由。

德国自联邦新合,又有他种原因,故归权于国家之思想最发达。法国由社会依人民之契约而成立之说最盛行,故概用社会之文字。英国以主权之思想最盛,故法律必待主权者之力,始有其效。至比较用此等主义各国之法律,而究其异同,以研求其间之法理,为比较法学。属此学派者,意大利人皮可[②],法人蒙特斯鸠氏等,最有名。

与户水宽人的观点相比,矶谷幸次郎更强调了比较法学通过对各国法律之异同的比较,来"考究"法律之原理,这是两人的不同之处。但在认为比较法学是一种研究法律的方法上,两人的见解是一致的。

1907年(光绪三十三年),日本著名法理学家、行政法学家织田万(1868~1945年)的《法学通论》一书被译成中文出版(译者刘崇佑,商务印书馆版)。此书第一编法学,讲了四个问题,其中第三个即为"法学之各派"——归纳研究法学派,涉及四种学派:注释法学派,分析法学派,沿革法学派,比较法学派;演绎研究法学派,涉及自然法学派、哲学法学派等。

在解释比较法学派时,作者的用语也很简单:

---

① 该书已由中国政法大学出版社于2006年2月重新点校出版(何佳馨点校)。

② 维科(Vico,1668~1744年),意大利著名哲学家、法理学家和历史学家。

比较法学派者，以比较各种法律，辨其性质之异同而探究其原理者也。此法古虽亦有行之者，然以法人孟德斯鸠所著《法意》一书为最。盖采比较研究之法，而集大成，因之通常皆推为此派之祖。今法国学者，盛采此研究法，且有延及各国之况。

织田万认为比较法之目的是探究法律原理的观点，与矶谷幸次郎的论述相一致；而认为比较法主要是一种方法的看法，也和户水宽人、矶谷幸次郎的阐述大体相同。但这里有所区别的是，织田万比矶谷幸次郎更为明确地指出，比较法学是一个法学学派，归类在归纳研究法学派之中，其鼻祖则是法国的孟德斯鸠。

自1910年以后，除了日本的法学通论、法理学著作继续被译成中文出版、书中继续论述比较法学是一个法学学派的观点之外，国人编译、编写的法学通论类作品也日渐增多。在这些著作如孟森著《新编法学通论》（商务印书馆1911年版）、胡愿深编辑《法学通论表解，总论》（上海科学书局1912年版），以及民国时期最有代表性的法学通论类作品欧阳谿著《法学通论》，以及民国时期其他法理学者的著作（如王宠惠的《比较民法概要》等）中，基本上都照搬了上述三位日本学者书中的内容，有的（如胡愿深编辑《法学通论表解，总论》）甚至是一字不改地照抄了上述织田万的解释。

搬归搬，抄归抄，留给我们后人的一个历史事实是，日文汉字“比较法”和“比较法学”一词，以及日本学术界对该词内涵的理解，经过中国学术界的努力，从1902年以后，逐步引入了中国，成为中国汉语言法律科学中的一个重要组成部分。

三

在上述中国近代比较法的发展，以及日文汉字“比较法”和“比较法学”一词的传播过程中，一批比较法论著对此做出了特别重要的贡献，它们为中国近代比较法学科的形成奠定了基础。限于篇幅，这里仅对其中若干篇重要作品作些概略的介绍和评述。

《政法学报》癸卯年第2期(1903年1月28日出版)刊登的攻法子所著《世界五大法系比较论》一文,是笔者所发现的中国近代第一篇严格意义上的比较法论文。作者攻法子,生平事迹不详,是20世纪初叶比较活跃的法学家,除该文外,还发表有《论研究政法为今日之急务》(《译书汇编》1901年第9期、第10期)、《论国家》(《译书汇编》1902年第9期、第10期、第11期)、《政法片片录》(《译书汇编》1902年第11期)等作品。

在本论文中,作者依据日本学者穗积陈重的研究成果,不仅对世界五大法系的形成、历史沿革、主要内容、基本特征以及其影响等作了比较详细的论述,而且强调了法律对加强国家治理、比较法对完善法治的重要意义。作者的这些观点,即使在一百年之后的今天,仍然闪烁着智慧的光芒。其原话为:

今世之国家,所谓法治国时代是也。是故,其国之法律愈完备者,则其国愈平治;其国人民之法律思想愈发达者,则其国之地位必愈巩固。而国权、国势必愈扩张。反是者,则往往国无纪律,人昧权利,他国得而乘之,孱然几不能与世界各国并存。法谚曰:"无法斯无国家。"

然则[可见],法之与国家,其关系殆犹形之与影欤。人类结合之始,有社会而无国家,国家之成立,以法之发生为断。是故,世界未有法之不立,而能完成其为国家者也。

在上述五大法系中,罗马和英国两大法系不仅历史久远,而且生生不息,势力进入了全世界;印度及回回两大法系偏于宗教,与法律不相符合;支那法系,只讲道德,不讲法律,不明权利为何物,故法律之效用,几于无存也。支那法系之存在,只在沿革而已,已无永久存在之要素。

处此法治国之时代,而据一要素不备之法系,欲以应今日社会之用,盖戛戛乎难矣。故吾敢断言曰:支那不言法治则已,欲言法治,则惟舍支那固有之法系,而继受罗马及英国之二新法系,然后国民法律之思想得以渐次发达进步,法典可期其完成也。

该论文篇幅虽然不长，但作为中国历史上的第一篇比较法论文，无论是它提供的资料，还是提出的观点，对以后的比较法研究都具有重要的启蒙价值。

与攻法子的论文相呼应，张鼎昌的《比较法之研究》(载《中华法学杂志》，新编第1卷第9号，1937年版)一文，[①]进一步深化了对比较法总论的研究。张鼎昌，生平事迹不详。全文分比较法产生之原因、比较法研究之效用、比较法研究之方法、结论四个部分。

在第一部分比较法产生之原因中，作者指出，比较法的诞生，渊源于19世纪德国的历史法学派。因为在该派的观念中，包含了法律是以社会变迁为转移，由于社会现象、社会关系有异，所以法律也是各不相同的思想。承认各国法律之相异，就为比较法研究开辟了道路。但由于早期的历史法学派也深受"法律只能承认，不能创造"的思想影响，故比较法还不能充分发达。一直到耶林(Jhering)提出"法律是人类意志的产物"之思想时，[②]比较法才获得了实质性的发展。因为既然法律是人为的，而人类又是群居的，种种生活关系以及演化出的法律关系就有共同性。而既然人类之法律关系渐趋统一，将各国法律放在一起予以比较、予以研究，俾取长去短，就是顺理成章的事情。在此背景之下，由法国人萨莱耶(Saleilles)和朗贝(Lambert)倡导，比较法就作为一个法学学派而登上了世界舞台。

在讲清了比较法的诞生之后，作者着重对比较法研究的效用进行了分析。作者指出：以往的各个法学学派，即分析主义法学派、历史法学派、哲理法学派和社会学法学，虽各具优点，但也都有着不同的缺陷，有些甚至是很致命的缺陷。比如，分析法学派无法解决法律是主权者的命令，但主权者为什么又要服从法律的矛盾，也无法解释法律既是公意的体现，又为什么变成了个人(主权者)的意志，更不能说明作为主权者命令的法律如何来和权利本位观念相协调。历史法学派的缺陷在于过分注重法律的既往而忽视法律的现在，其注重习惯法的观点也与各国现行立法趋势相左。哲理法学派的不足是过于抽象，对

---

① 何勤华、李秀清主编：《民国法学论文精萃》(第1卷)，法律出版社2003年版，第524～536页。

② 耶林的原话为："法律乃是人为的有意识的；法律的历史，完全是一部人类思想史，其目的在于实现人类社会生活之改良。"

于法律上的各现实问题缺乏现实的批判和改善措施。而社会学法学则过于津津乐道于社会学方法,因而不免失诸狭隘也。

作者指出:正是在克服上述学派之缺陷的基础上,比较法应运而生。它认为法律是地理、人种之产物,故可以开展数种相异之法律间的实验比较研究,而且其范围也不狭隘,可以将各种法律纳入自己的视野,因而,兼具各学派之长而能补其不足,这是比较法研究的功效之一。

就法律之本质,各国法律学者都各持一说,其原因就是因为孜孜于一种法律观察而遂即求其本质,是以终难获有正论。而比较法研究则将各种法律观察之方法综合在一起,来推定法律之本质,其有功于法学,将来未可限量,这是比较法研究的功效之二。

法律之发展,有赖于法律之间的移植和借鉴,彼此间的取长补短,而这离不开法律的比较。即如孟德斯鸠的三权分立学说,也是在比较研究英、法两国法制的基础上创立的,这是比较法研究的第三个功效。

今日世界,国与国之间的交往,越来越频繁,这促成了国际私法问题(法律冲突)的发生,而要解决这方面的问题,前提就是要了解各国的法律规定,然后一一加以比较,才能择其所长,定统一之规范,缔结国际条约或公约,而比较法研究在这方面起着不可替代的功效。

比较法研究的第五个功效,是弥补各国立法的漏洞,因为社会事物包罗万象,永远不可能穷尽,对于法律不及之处,就要用法理来弥补,而法理是抽象的,其实就是各法律中带有普遍意义的原则,掌握这些原则,就要借助比较法的研究。

最后,作者对比较法研究的方法,如国别比较法、人种比较法、法系比较法、法律问题比较法等作了阐述,对比较法研究在法学发展上之地位作了分析,对比较法研究在中国的前景作了评述。作者指出:中国步入法治进程时间不长,需要处理的法律难题异常多,因此,有赖“我立法、司法、教育当局与我国之研究法学者,对于外国立法之调查以及比较法之研究,有所组织,设以讲坛,并广为搜罗专家,积极从事于此种学术之研究,俾以其所得,贡献国家。”

与攻法子和张鼎昌的作品,阐述的是比较法的基本问题、奠定了中国近代比较法总论的框架体系、历史与理论基础等相对应,李祖荫、王世杰、许鹏飞等人的研究成果则属于比较法各论的代表作品,它们的出版，构成了中国近代比较法各论的主要内容。

我们先来看一下李祖荫所著《比较民法·债编通则》(由北平朝阳学院于1933年出版)一书。作者李祖荫(1899~1963年)，湖南祁阳人，朝阳大学毕业后赴日本，获明治大学法学士学位。1930年回国后任燕京大学、北京大学讲师、教授。1939年回湘任湖南大学教授，讲授法理学和民法等课程。1941年担任法律系主任。1945年出任法学院院长。除该书外，还著有《民法概要》、《中华民法总则评论》、《法学方法论》、《清史刑法志注释》、《中国法制史》等。

该书在一定意义上，可以说是民国时期唯一的一本比较系统的比较民法著作，[①]全书以中华民国民法第2编"债"第1章"通则"为中轴，以法国、德国、日本、俄国、意大利、荷兰、美国、西班牙、葡萄牙、瑞士、瑞典、土耳其、泰国、比利时、智利、阿根廷、巴西、墨西哥、秘鲁、委内瑞拉、奥地利、印度、洪都拉斯等20多个国家的民法规范，以及美国纽约州民法典、瑞士马尔塔州民法典等10多个西方联邦制国家中的州民法典，英美国家民法学家的著作如英国甄克私(Edward Jenks)的《英国民法汇纂》等为参照系，对债的发生、债的标的、债的效力、多数债务人及债权人、债的移转、债的消灭等专题(从民国民法第153条至第344条，共涉及条文192条)作了详细的比较研究。最后，作为附录，该书收录了1930年5月5日施行的《民法债编施行法》。

在写作方法上，该书在运用各国资料，对每一款条文进行比较时，前面先都附上"某某之立法例"，以对该款所涉及内容作概念、历史演变等专题介绍。然后旁征博引，纵横驰骋，对债编总则展开非常详细的比较研究。随着作者的笔触，我们得以全方位地了解了各国关于债的总则的历史沿革及最新规定。因此，加上正文中对各国关于债的法律条文的系统比较，说该书是一部关于各国债法总则规定的百科全书，也并不过分。

非常可惜的是，至民国解体，一直没有看到作者所撰《比较民法》另外五卷书(民法总则编、债编分则、物权编、亲属编和继承编)的出

① 中华民国时期，除李祖荫之外，还有王宠惠、罗文干和胡长清等人发表了比较民法的研究成果，但他们的论述或者非常简略或者没有完成。对此详细请参阅何勤华著:《中国法学史》(第3卷)第7章第10节，法律出版社2006年版。

版。仅仅债编通则的比较,作者已经给了我们这么多的知识与启示,如果另外五卷也能面世的话,肯定又能成为我国近代法学史上的一笔重要财富。遗憾尚留,斯人已逝。只能寄希望于我国新一代的民法学家了。

由王世杰、钱端升著《比较宪法》(商务印书馆 1936 年版,分上、下两册)一书,是民国时期比较宪法学的奠基之作。[①] 该书站在世界宪法发展及其现行制度的视角上,围绕宪法的概念、公民个人的基本权利及义务、国家机关、宪法的修改等专题,展开了全方位的论述。里面既有西方国家宪法的起源与发展的描述,也有英、美、法、德、日等各先进国家现行宪法理念、制度和原则的介绍,还有西方宪法学界的理论观点的分析评述。就比较宪法这一领域,该书可以说在资料、理论阐述、方法等各个方面都达到了相当完美的程度。[②]

比如,就资料而言,该书在论述上述各个专题时,都尽可能地引用相关的外语原始文献,如关于主权,作者所举的参考书就有:Willoughby, The Fundamental Concepts of Public Law (1924); De Malberg, Contribution a la theorie generaie de l'etat(1920); Duguit, law in the Modern State (1919), Traite de droit constitutionnel (1924); Krabbe, The Modern Ider of the State (1922); Elliott The Pragmatic Revolt in Politics(1928)等十多种,其他各个专题也都一样,都有一个相关原著的参考书附录。同时,该书比较研究的各国宪法条文都是当时各国最新的宪法文本。而在评价各国宪法理论时,引用的也都是英、美、法、德等国的宪法学原著,如英美宪法学者戴雪(Dicey)、拉斯基(Laski)、菲纳(Finer)、古德诺(Goodnow),法国宪法学者狄骥(Duguit)、艾斯曼(Esmein)、伯努瓦(Gh. Benoist)、拉韦涅(B.

① 《比较宪法》一书,原为王世杰一人独著,1927 年由上海商务印书馆初版,分上、下两册,1928 年再版。1936 年,王世杰与钱端升合作,重新出版《比较宪法》后,除了在前五编中对某些章节有所扩充(如在第三编中增加了第四章"公民总投票",在第四编第一章"议会"中增加了第五节"议会制度与反议会制度"等)之外,主要是增加了第六编"中国制宪史略及现行政制"。它是将原来第五编第二章"中国制宪问题的经过"扩充而成。由于钱端升是民国时期著名的政治学家,对各国政制以及民国时期政治制度的历史变迁和基本内容十分精熟,加上该书增加了许多新的内容,故在他的加盟之下,《比较宪法》一书的影响更为扩大,并成为民国时期法学领域的一部经典作品。

② 关于对《比较宪法》一书的详细介绍与评述,参见何勤华著:《中国法学史》(第 3 卷)第 7 章第 8 节"二、代表作品评述(六)",法律出版社 2006 年版。

Lavergne）、拉沙佩勒（Lachapelle）、巴特利（Battelli）、雅恩森（Jannsen）、吉龙斯（St. Girons），德国宪法学家格雷斯（Hue de Grais）、克洛梯（Kloti）、施米特（Schmitt）等人的作品。

就理论阐述而言，该书也是很有特色的。作者先是广征博引，然后再对资料和论点逐项分析，层层辩明。比如该书第一章，作者选择的是人民的基本权利这一专题。对此，作者首先介绍各国宪法对基本权利的三种分类（消极权利、积极权利和参政权），随后阐述这三种权利的起源，以及早期与晚近立宪者对权利内涵的不同理解，然后强调作者本人的立场，即同意晚近立宪者将参政权也归入人民的基本权利的观点，接着再就这三种权利尤其是前面两种权利的核心——公民的个人自由作了详细论述，因而给人以很强的说服力。

就方法而言，该书除了自始至终贯彻着比较法的研究方法之外，还处处体现了尊重历史的方法和关注社会的实事求是的方法。比如，在说到保障人的基本权利时，作者指出，虽然法国等宪法曾规定人的身体不得为人所卖或自卖，中国历史上对买卖人口也一直予以禁止，直到1928年和1935年的民国刑法，都规定了对此行为要处以重刑。但买卖人口在中国“积习既深，铲除不易；在社会救贫事业，与劳工立法未具相当的规模以前，法律上的禁止，自不能收重大的效果”。

除了上述学术价值之外，该书最难能可贵的是，在国民党政府的专制统治之下，能够利用比较法的优势，通过对西方先进国家宪法的介绍，对一般作者不太敢触及的中国公民的个人基本权利给予了相当重视，不仅将其次序列于国家机关之前，而且给予了相当大的篇幅，予以详细论述。这就使得该书更有了一种历史的人文价值。①

1936年由商务印书馆出版的许鹏飞所著《比较刑法纲要》是民国时期比较刑法学的代表作。作者许鹏飞，生卒年月不详。法国底雄（Dijon，现译“第戎”）大学法学院毕业，获法学硕士学位，后入巴黎大学刑事学研究院继续学习。回国后任上海法政学院教授、上海法学院教授。除该书外，还著有《犯罪学大纲》（上海大学书店1934年版）等。论文有《刑事责任理论的检讨》（《法学丛刊》第2卷第2期，1933

① 杜钢建、范忠信：“基本权利理论与学术批判态度”，载王世杰、钱端升著：《比较宪法》，中国政法大学出版社1997年版。

年10月)等。

作为一部比较刑法的著作,该书从绪论起就开始了对各国各地区刑法的比较,即作者系统叙述了古代世界各刑法系统如埃及、西伯来、[1]印度、希腊和罗马的刑法的起源与发展,近代英美法系和大陆法系各国刑法典的编纂,等等。而进入正文以后,作者进一步对刑事责任,未遂罪,共犯,保安处分,累犯等十多个专题作了专深的比较研究。而用力最深的是对保安处分的比较研究。

比如,作者指出:保安处分的萌芽,早在19世纪中叶各国刑法中对未成年人和精神病人的特别处遇中就已经发生,但将其作为一项原则并规定于刑法之中,则是发端于由斯托司(Stooss)教授起草的1893年瑞士刑法草案。此后,奥地利刑法草案、德国刑法草案、意大利洛哥(Rocco)氏创意之刑法草案,以及波兰、意大利和中华民国刑法典,都在刑罚之外,规定了保安处分。

按照洛哥氏创意之刑法草案,保安处分分为对人身的和对财产的两种。对人身的又有剥夺自由的和不剥夺自由的两种。剥夺自由的保安处分为农场作业、劳动场所、监护处、精神病犯人治疗院、感化处五种;不剥夺自由的保安处分也有保护管束、居住限制、常习饮酒之禁止、业务停闭、驱逐出境五种。意大利刑法对上述保安处分虽作了一定程度的修改,但在主要方面保留了其内容。随后的波兰刑法,除了对未成年人有专章规定之外,对保安处分规定了疯人院、疗养院、监管所、强制工作处和监禁所五种。

作者指出,中华民国刑法一方面继承了上述国家的经验,规定了感化教育、监护、禁戒、强制工作、强制治疗、保护管束、驱逐出院七种保安处分的制度。另一方面又结合中国的具体国情,予以了适当的改良,如保护管束的措施,就是要依靠中国传统上非常强大的家族的力量,对当事人起改恶从善的工作。总之,作者之所以在此问题上花费了比较多的笔墨,就是认为保安处分对中国的刑事立法以及犯罪防治实践有着重要的借鉴意义。

由于中华民国刑法基本上是在移植西方各国刑法、追随世界刑事

① 即希伯来(Hebrew),以色列犹太人的祖先,公元前11世纪建国,至公元1世纪为罗马帝国所灭。

立法最新潮流的基础上编纂的,[①]因此,在解释民国刑法的各种专著和教材中,多多少少涉及一些外国刑法的内容。但是,像该书这样集中地、专题性地比较论述各国刑法的著作,在民国时期非常少见。因此,称该书开创了中国近代比较刑法学学科,笔者认为一点也不过分。

对比较法在中国近代的形成、发展进行梳理、分析、研究时,我们还必须提及龚钺所著《比较法学概要》(商务印书馆 1946 年版)一书,因为它是中国近代唯一的一本以"比较法学"命名的著作。但实际上,此书仅有比较法总论之名,并无比较法总论之实。

让我们先来看一下该书的框架体系:导言;第 1 篇,法学概念:包括法学之范围和主要法学派两章。第 2 篇,法律概念:包括自实质言何谓法律、自形式言何谓法律、法律之分类、法源 4 章。第 3 篇,国家与立法:包括政治社会、国家之主权、分权制度、法律之制定、法律适用之范围 5 章。第 4 篇,人:包括法律人格、自然人、法人 3 章。第 5 篇,权利与义务:包括权利之意义、权利与义务之关系、构成权利之要素、权利之分类、权利之分类(续)、时效 6 章。第 6 篇,行为:包括法律行为、侵权行为、犯罪行为 3 章。第 7 篇,司法组织:包括司法独立之意义、法院 2 章。第 8 篇,国际法律冲突问题:包括法律冲突问题发生之原因、本问题之法源、各种学说、关于法律冲突之几个实际问题 4 章。

从以上目录得知,该书实际上仍然是一本当时大量出版的法学通论类著作。作者在导言中指出:"本书定名为《比较法学概要》(Summary of Comparative Jurisprudence),盖阐明固有文化,兼采各国之长,本系我国近数十年来之立法政策。本书虽以我国法律为主,而间述各国法律,以资比较,足明了现今制度所本。"然而,从民国时期我国出版的法学通论类著作来看,几乎每一本都有介绍、比较、评述外国法律和法学内容的章节。

比如,我们就拿比该书早出版十多年的欧阳谿著《法学通论》(上海法学编译社 1933 年版)来说,它不仅在书中专设一款"比较法学派"(该书则没有),而且还专门对什么是"比较法学"作了解释(该书也没有),还对印度法系、回回法系、犹太法系、罗马法系、日耳曼法系、斯拉

---

① 何勤华、李秀清著:《外国法与中国法——20 世纪中国移植外国法反思》,中国政法大学出版社 2003 年版,第 425 页。

夫法系、中华法系七个世界性法系作了介绍（这些该书也都没有）。因此，作者尽管自称该书是比较法学著作，实际上与法学通论类著作并无大的区别。

再从内容上看，该书所阐述的问题，大体上也都是法律学的一些基础知识。如在第2篇，法律概念中之第2章"自形式言何谓法律"，主要涉及法律和形式，习惯法与成文法的区别，判例，成文法之种类，如成文宪法、立法机关制定的法律、行政机关的命令、国家元首的紧急命令等内容。在对西方法学流派的论述中，该书甚至比一般的法学通论类著作更为简略，如关于比较法学派，该书就没有涉及。对此，作者自己在导言中也明确地予以承认：

> 自本书之用途言之，约有三端：（一）泛论全部法律问题，俾学习法律者，对于法学全体，有一综合观察，庶几为分门别类的研究时，有触类旁通的愉快。（二）法学乃社会科学（Social Sciences）中一种科学，与其他社会科学，如政治学、经济学、教育学、心理学等，均有深切关系。肄习他种社会科学者，对于法学，须有相当认识，需要"法学通论"一类书籍为参证。（三）吾人日常生活，无时不与法律接触，在提倡法治的今日，法律实人人应有的常识，是以法学通论，足备社会一般人士之参考。

当然，该书虽然只是一本法学通论性质的作品，但由于它是民国时期唯一的一本冠以比较法学之名的著作，也由于该书在一般的图书馆中都没有收藏，读者很难看到，[①]加上该书在论述各个专题时，对各国的法学理论也有涉及，进行了比较。故本文仍然把它作为民国时期重要的比较法作品，向读者作了上述简略的介绍。

除了上述6部有代表性的比较法论著之外，还有一批学者也发挥了重要作用。这批学者，除了上述清末的梁启超和沈家本，以及上述6部重要作品的作者之外，还有许多，而贡献卓越的则有董康（出版有

① 该书在国家图书馆只有一册馆藏本，在上海图书馆没有收藏。笔者在华东政法学院整理民国时期法律图书时意外发现了此书。令人欣慰的是，该书现已由北京大学出版社重新出版（勘校者杨东霞，2008年6月版）。

《刑法比较学》,上海法学编译社 1933 年版);王宠惠(出版有《比较民法概要》,南京司法行政部 1916 年初版,1931 年再版);吴经熊(发表有《中国旧法制底哲学的基础》、《新民法和民族主义》、《三民主义和法律》、《法律之多元论》、《斯丹木拉之法律哲学及其批评者》等论文);丘汉平(发表有《现代法律哲学之三大派别》、[1]《舒丹木拉法律哲学述要》、[2]《从西半球的法学说到三民主义的法理学》[3]等论文);杨兆龙(撰写有《中国司法制度之现状及问题研究——与外国主要国家相关制度之比较》[4]等论文)等人。受本文篇幅所限,这里就不再一一展开了。[5]

四

通过以上的论述,我们可以对中国近代比较法的产生、发展及其状况作一些总结。从总体上评价,笔者认为中国近代的比较法研究,具有如下七个方面的特征。

第一,传统的法律比较与现代的比较法研究互相交叉。在中国,并不缺少法律比较的传统。但在两千多年的发展中,中国仅限于法律的"纵向比较"。虽然,在"春秋战国"时代,中国的学术界也曾有过对各诸侯国法律间的横向比较研究。但这种横向研究,至秦建立统一国家后就不再存在。此时,学术界对法律的比较研究虽然也在进行,但都是关于历代封建王朝法律之间的纵向的比较研究。如我国古代文献(断代史著作)中的《刑法志》,就是对以往各代刑法以及其他法律制度的概述和评论。

这种对法律的纵向比较研究,至清王朝末叶薛允升出版《唐明律合编》一书而达到最高水平。但是,这种比较以中国的地理位置和政

---

① 载《法学季刊》1927 年第 2 卷第 8 期。

② 载《法学季刊》1929 年第 3 卷第 2 期。

③ 载《东方杂志》1935 年第 32 卷第 1 号。

④ 上述论文,现都已被收入由杨兆龙著:《杨兆龙法学文集》(法律出版社 2005 年版)一书中。

⑤ 关于董康、王宠惠、吴经熊、丘汉平和杨兆龙等人上述作品的详细评述,参见何勤华著:《中国法学史》(第 3 卷)第 7 章第 6 节、第 7 节、第 11 节、第 15 节,法律出版社 2006 年版。

治、经济、法律文化与亚洲邻国相比之下具有先进性和自我优越感为心理特征，没有通览世界、博采众家的开阔胸怀，缺少对同时期其他国家法律的研究和借鉴，局限于一国法律范围之内，只是关心本国历朝的法律兴替，因而并不能使中国的法律有质的进步，与近代意义上的比较法或比较法学也是有质的区别的。笔者这里暂且称这种比较法为"中国传统的比较法"。

问题是，至中国近代，在西方的比较法传入以后，由于历史的惯性，上述传统的比较法并没有消失，而且又为一批优秀法学家的作品所继承发扬。如沈家本的《历代刑法考》，程树德的《九朝律考》，董康的《刑法比较学》，杨鸿烈的《中国法律发达史》等，都是这方面的精品。它们不仅构成了中国近代比较法律史学的基础，也丰富了中国近代整个比较法研究的内容。因此，传统的法律比较与现代的比较法研究互相交叉，是我们评价中国近代比较法发展的第一个应重视的现象。

第二，比较法的发展与近代中国学习西方、模仿列强的大背景息息相关。严格地讲，法律的比较，并不纯是学术研究发展的产物，它更是立法者意图制定良法的结果。事实上，在西方，比较法的历史也非常短，直到1900年在法国巴黎召开世界比较法学会时，才真正宣告比较法这门学科的诞生，而这个时候，中国的先进的知识分子已经在比较各国法律制度尤其是宪政、司法等项制度的得失，探索建立中国自己的法制模式了。林则徐（1785～1850年）、魏源（1794～1857年）、徐继畬（1795～1873年）、梁廷枏（1796～1861年）、王韬（1828～1897年）、曾纪泽（1839～1890年）、郑观应（1842～1920年）、伍廷芳（1842～1922年）、谭嗣同（1865～1898年）等人，就是这方面的先行者，而1898年爆发的"戊戌变法"，则是这一活动的高潮。

1901年以后，清政府又开始了模仿西方列强修律变法的活动，在沈家本的带领下，当时的修订法律馆几乎将世界上所有制定有成文法典的国家的法律文本都进行了比较，边翻译，边借鉴。因此，假如当时比较法不传入中国，按照中国自己的修律变法进程，中国也会发展起横向的比较法研究，而这不仅仅是简单地重复春秋战国时代的那种对诸侯国间法律的横向比较。笔者这么说，并不是要否定近代西方比较法传入中国对中国法律变革的推动作用，而是要说明中国近代对比较法研究的展开，首先是以学习西方、模仿列强的国策为大背景的。而近代比较法的传入，在客观上助长了这一国策的推行。

事实上，中国接受近代型的比较法，首先并不是从西方，而是从日本（此点下面将作进一步分析）。西欧的比较法研究，实际上是第一次世界大战之后传入的，这既与王宠惠、王世杰等一批留学欧美的学者的成长有关，更重要的是中国眼界更为开阔了，在立法上也更为自觉了，这一点，我们可以从民国政府的六法全书的制定中，从其所借鉴参考的各国法律文本中可以看得非常清楚。因此，概括地说，近代型的比较法研究在中国的成长，是中国作为一个东方的落后国家，一个受到西方列强凌辱的半殖民地国家，并希望摆脱这种落后耻辱地位的发展中国家的一种必然会出现的现象。

第三，受日本影响比较深，并在日本的引导下形成了中国近代的比较法（比较法学）。比如，上述攻法子的《世界五大法系比较论》，并不是受欧美国家的影响，而是直接取材于日本。它是在编译 1884 年穗积陈重发表“世界五大法族说”之论文的基础上写成的。又如，上述汉字“比较法”（比较法学）一词，也不是中国学术界直接从西语“比较法”翻译而来，而是先由日本学者将法语“droit comparé”一词，用日文汉字“比较法”对译，并在日本频繁使用基本定型之后，才由王国维、刘崇佑等留日学者引入中国的。

在接受日本影响方面，最能说明中国近代的比较法学说与理论体系模仿日本的事例，莫过于我们对“比较法学”一词之内涵的理解和阐述了。这里，我们可以将王宠惠和欧阳谿两位学者在其作品中对“比较法学”一词的阐述摘出，看看其与上述织田万等日本学者对此的论述是多么的相似。

王宠惠著《比较民法导言》（1931 年）：第二部分“比较法学之沿革”：

法学之派别有四，比较法学即其一也。四派起源之先后，曰自然法学派，曰分析法学派，曰历史法学派，曰比较法学派。……（在讲述了前面三个学派的沿革后，阐述道）比较之法，由来远矣。（叙述罗马《十二表法》的比较立法活动，万民法的产生）这些，不过应一时之需要，其内容多未完备，不足称为比较法学也。其主张比较方法以研究法学者，首推17世纪意大利国维科之《万国共同性质新科学原理》，而实行比较者，为法国孟德斯鸠之《万法精理》，盖自是而比较法学始渐萌芽矣。（接着，叙述19世纪下半叶比较法研究讲座和团体的纷纷建立）以故，比较法学，今犹在萌芽之时。呜呼，安得有历史法学派之萨域尼其人者，提倡斯学而光大之，使其卓然自立为一学派乎！

欧阳谿著《法学通论》（1933年）：总论第3章“法学研究之方法及学派”之第2节：“依归纳研究法之学派”。第2款：比较法学派：

比较法学派之意义（法律着眼于地理、人种、物产之事实，而于数种相异之法律，为实验比较上之研究者，是云比较法学），比较法学派发达之原因（如国家之对立、通商之旺盛、殖民政策之发达、语言之进步等。在比较法学中，更有二方面：其对于开明诸国之法制，为比较之研究者，是为比较立法学；其对于古今未开化民族法制为比较之研究者，为人种法律学），比较立法学，比较立法学之效用，人种法律学，比较法学派之研究法（具体分为三种：国别比较法、人种别比较法、法系比较法）。

这些论述，一看即知，其基本内容是从日本移植而来。中国近代比较法受日本影响比较深，也与当时欧美比较法传入中国的力度很小相关。在整个中国近代时期，从欧洲翻译过来的比较法论著就只有上述意大利学者密拉格利亚所著《比较法律哲学》一种，美国学者威格摩尔（H. J. Wigmore，1863～1943年）的比较法名著《世界法系概览》，也只有个别章节被译成中文，介绍进国内。[①] 所以，中国近代比较法的诞生依赖日本的态势，只是中国近代比较法移植现实的客观表现而已。

当然，笔者认为，从名词、概念，到理论内容，到思想观点，以及框架体系的照抄照搬，并不是一件丢脸的事，作为近代之后落伍国家的中国，作为一个对外没有主权、对内积贫积弱的半殖民地国家，中国，在比较法研究上的模仿和照搬，是一个必然要经历的过程。我们所要

① 如威格摩尔原著中的第3章“希伯来法系”曾被谢德风译成了中文，发表于1933年出版的《法学杂志》第6卷第6号，取名“希伯来法系考”。

强调的是，这一过程只能是一种暂时的现象，是一种不得已的权宜之计，不能让其一直持续下去。这是我们新一代法学家的使命。

第四，比较宪法、刑法和民法等部门法的研究比较多，比较法总论性质的研究比较少。

与第二点相联系，中国近代的比较法研究，比较注重实用，与中国的立法活动紧密相关。这从民国时期出版的比较法论著中可以看得很清楚。笔者经过调查，基本确定清末民国时期共出版比较法著作40余种，比较法论文150余篇。在这40余种著作中，比较宪法类有22种，[①]比较民法类有4种，比较商法、比较行政法类各有3种，比较刑法类有5种，比较劳动法和比较法总论还各有1种。

因此，在清末民国时期的比较法研究中，宪法类的著作最多，这清楚地表明了当时的比较法研究，为现实中国的制度变革和立法政策服务的实用性质。因为中国清末制度改革中，排在首位的就是学习西方的立宪政治。在19世纪末至20世纪30年代的近40年时间里，中国的立宪改革可谓热闹非凡，浪潮汹涌，从清政府宣布君主立宪，到派五大臣出洋考察西方宪政，到江苏、浙江、湖南等各省省宪的出台，到梁启超、王宠惠、汪荣宝、李超、席聘臣、何震彝、张知本、吴经熊等人的私人宪法草案的纷纷发表，到《钦定宪法大纲》(1908年)、《十九信条》(1911年)、《天坛宪草》(1913年)、《中华民国宪法》(1923年)等，都清楚地说明了当时政府和民间对立宪政治的非凡热情。即使是一些平时自视清高的非法学出身的大知识分子，如胡适、章士钊、张东荪、高一涵、罗隆基、蔡元培、瞿秋白、董修甲、陈独秀、钱穆等也都纷纷投入到议宪、立宪的行列中来。因此，比较宪法在当时比较法研究中最受尊崇，是当时社会现实使然。

第五，比较法理论研究缺少概论性、总括性作品。在上述40余部比较法著作中，总论性质的比较法著作只有上述龚钺所著的一部，而且这部著作也如前面所述，只是戴了一个"比较法学概要"的帽子，其内容实际上就是"法学通论"。所以，除了上述张鼎昌等人的几篇论文之外，整个清末民国时期，中国没有出版过一部带有总论性质的比较

---

① 不包括比较国会、比较选举(如[日]斋藤隆夫著:《比较国会论》，上海商务印书馆1917年版)等类宪法分论性质的著作。

法著作。这一特点的出现,既与当时中国急功近利地想把六法体系建立起来的指导思想、立法研究现状相关,也是当时世界各国的比较法研究形势在中国的反映。

众所周知,近代比较法诞生于1900年在法国巴黎召开的第一次国际比较法大会。但在20世纪上半叶,它的辉煌期还没有到来,[①]比较法研究的发达和繁荣,是从第二次世界大战以后开始的。1946年,英国学者格特里奇(H. C. Gutteridge)出版了《比较法——法律学习和研究的比较法导论》,拉开了战后比较法成为一门显学的序幕。之后,法国学者达维德(R. David)的《当代世界主要法律体系》(1964年)、康斯坦丁内斯库(L. J. Constantinesco)的《比较法概论》(1974年)、罗迪埃尔(R. Rodiere)的《比较法导论》,德国学者茨尼彻(A. F. Schnitzer)的《比较法律学》(1961年)、桑德罗克(O. Sandrock)的《比较法的思想与方法》(1966年)、茨威格特(Zweigert)和克茨(Kotz)的《比较法总论》,日本学者五十岚清的《比较法入门》(1968年)和《比较法学的历史与理论》(1977年)、大木雅夫的《比较法讲义》(1992年)等一大批著名的比较法理论著作陆续面世,从而使比较法研究进入了鼎盛的时期。

因此,比较法理论研究的不发达,并不是近代中国仅有的现象。我们再看一下我们的邻国日本的情况。日本比较早地诞生了比较法学。1884年穗积陈重提出"世界五大法族说",可以说先于西方世界提出了比较系统的法系理论,但之后,比较法研究并没有获得实质性的长足发展。日本比较法的进步主要是在第二次世界大战之后,1950年成立了日本比较法学会,1959年以后分别成立了日美、日法、日德三个法律学会,以开展双向的比较法律研究。同时,中央大学、早稻田大学和东洋大学的比较法研究所也在1958年之后陆续成立。各种比较法研究的杂志和课程,也都在这一时期出现。从而形成了日本比较法研究的黄金时代。[②]

---

① 在第二次世界大战以前,虽然出版了一些比较法论著,如上述美国学者威格摩尔的《世界法系概览》(1928年)和胡格(Hug)的《比较法的历史》(1932年)等,但前者将世界上16个国家和地区的法律体系称为法系并不科学,早在民国时期就被学者批评为"大而不当",而且对各个法系之间的比较也不是很充分;后者只是一篇论文,且谈的主要是历史。

② 何勤华著:《20世纪日本法学》,商务印书馆2003年版,第42~43页。

20世纪上半叶，全世界的比较法理论研究处于起步阶段，主要原因是第二次世界大战之前的世界，争霸、对立、抗衡、战争成为国际形势的主流，缺少比较法发展的基础和空间。只是到了第二次世界大战以后，一方面，美、苏两大势力的对立和“冷战”状态，使得了解对方、知己知彼成为西方主要国家的国策；另一方面，长期“冷战”局面的形成，使得双方的学术研究有了一个相对安定的环境。同时，50年代之后几次科技革命的浪潮又加剧了国际间法律交流的必要性和迫切性。此外，联合国的存在以及区域性国际组织的增加，也使各国间法律的沟通成为可能。这样，比较法研究的发达就成为第二次世界大战以后的必然趋势，而比较法理论研究的深入也同时成为这一趋势的重要组成部分。

第六，没有专门研究比较法的法学家，当时写有比较法的论著、对比较法研究作出贡献者基本上都是法理学、法史学或部门法学的学者。梁启超作为“变法巨子”和沈家本作为“修律大臣”的身份就不用说了，董康、程树德、杨鸿烈，是法律史学家；吴经熊，主要是法理学家；王世杰和钱端升，是宪法学家；王家驹、李祖荫、王宠惠、黄右昌、吴传颐、乐伟俊、朱志奋是民商法学家；宝道、许鹏飞和杨兆龙是刑事法学家；白鹏飞是行政法学家；而丘汉平，则在法理学、法史学、宪法学、商法学、国际法学等方面均有研究，纯粹从事比较法研究的学者一个也没有。这种法理学、法史学和部门法学的学者，涉足比较法研究的现象，是中国近代比较法发展过程中的一个突出特点。

形成上述特点的原因，主要有三个方面，一是中国近代比较法尚处在起步阶段，在理论探索、课程教学、成果出版、学术团体、学科建设等各个方面，都还没有形成一定规模和达到一定水准，构成自己特有的学术领域，所以，只能由其他法学学科的学者兼带着研究一些。二是与法学中的其他学科相比，比较法具有很强的方法论特征，它的最大贡献是比较，而比较本质上是一种方法，不是一门学科（比较法在作为一种方法被运用的同时成为一门学科，是20世纪70年代前后比较法研究充分发达、形成了自己独立的理论框架和研究内涵之后的事情）。既然是一种方法，那么，就可以为法理学和法史学以及各部门法学的学者所利用。三是比较法是法学领域中一门新兴的学科，相对于民法、刑法等古老而传统的学科而言，学术积累并不深厚。而按照学术发展的规律，凡是新兴的学科，其起步阶段的成果，一般都是由相近学科的学者所作出的，如同初期法社会学、法人类学的学者，几乎都是社会学、人类学、考古学、历史学的学者一样。

上述现象，也不是中国特有的。在法国，开创比较法学科的艾斯曼、萨莱耶和朗贝，前者是宪法学家，后两位都是民法学家。即使后来成为比较法学大家的达维德，原本也是一位民法学家。在德国，茨威格特和克茨都是私法学家和国际法学家。而在日本，开创比较法的穗积陈重，本身是法理学家、法史学家和民法学家（日本民法典三人起草小组组长）。因此，中国近代比较法研究的这一特点，既是中国近代比较法研究不发达的表现，在一定意义上，又体现出学术发展演变的一种客观规律。

第七，对先进法律理念的崇尚和对先进法律制度的追求，成为贯穿于中国近代比较法研究中的一根主线。无论是从上述比较法研究的成果还是法学家的活动，都可以很清楚地看到，中国近代比较法研究，崇尚的始终是西方先进的法律理念，追求的也是西方先进的法律制度。尽管这些先进的理念和制度，有的与中国的现实相差很远，有的甚至还有矛盾和冲突，但研究者们却一直孜孜于此，未曾动摇和气馁过。

比如，在比较宪法领域，虽然中国尚处在专制独裁的统治之下，研究环境是非常恶劣的，但学者们仍然积极引进西方先进的宪政思想，强调对人民权利的保障，并将其作为优良政府的标准，论著中处处高扬着人权的意识。① 在比较行政法方面，虽然成果不多，但依法行政成为论者的一个重要价值取向。在比较民法领域，学者们通过对各国民法的比较研究，不但让国人知道了各国民法上的制度和原则，而且把握了世界上最新的民事立法动向，以及民法理念上的每一个新的进步。通过比较刑法的研究，我们对当时世界上的立法潮流和理论进展，如废除死刑、保安处分、少年司法、犯罪的非罪化和处分的轻刑化

---

① 这一点不仅在上述王世杰、钱端升合著的《比较宪法》一书中得到了充分的体现，就是在丘汉平写的“宪法上关于人民之权利规定之商榷”一文中，也得到了强调。丘氏指出：“宪法上的几个问题，其中最关系四万万人民的生存的，要算人民之权利一章了。这个问题，从历史上说来，是宪法的重心。在法纪败坏达于极点的中国，我们的‘权利’早已剥夺无遗。不要说生存没有保障，一切的一切都没有保障。这是事实，不容否认。我们要研究人民的权利如何保障，就不可不注意这事实了。”参见何勤华、洪佳期编：《丘汉平法学文集》，中国政法大学出版社 2004 年版，第 311 页。

等做了宣传与普及。

因此，在中国近代，由于半殖民地社会的性质，我们在移植西方发达国家的法律方面，有着以西方法为重心，以西方法律理念为价值目标的倾向，但通过各个部门法领域的比较法研究，我们基本上树立起了建设中国法制的理念，即"择其善者而从之"。这一理念从清末沈家本修律一直延续至1949年民国政府退出大陆。上述各比较法研究作品中体现的是理论上的成就，而民国时期六法全书的制定颁布，则是实践上的果实。①

综上所述，中国近代的比较法研究，虽然已经取得了一定的成就，初步奠定了学科的基础，但由于受国内立法政策和研究环境，以及国际上比较法研究发展状况的影响，还带有不发达的种种特征。研究把握这些特征，既可以帮助我们加深对中国近代比较法的认识，也能为我们目前发展比较法这门学科提供必要的经验。应当明确，中国近代的比较法研究，虽然还处在学科建设的初级阶段，但与西方发达国家，尤其是与我们的邻国日本差距并不是很大的。我们的比较法研究的真正落后，是在20世纪五六十年代，即新中国成立之初"左"倾思想统治法学界的这一时期。因此，在当前建设社会主义法治国家的任务面前，总结以往法学发展的历史遗产包括中国近代比较法研究的历史成果，同样是我国法学工作者的一项伟大的任务。

（原载《法学研究》2006年第6期，收入本书时略有订正）

① 民国时期公布实施的《六法全书》，其主要规定在我国台湾地区基本上都一直在施行，就说明当时的法律移植和法律本土化是成功的。

改革开放与中国法学研究30年
——采访华东政法大学校长何勤华教授

自1978年实行改革开放之后，30年来中国的法学研究取得了长足的进步。我们不仅让一门原本非常孱弱的法学学科成长为一门显学，使它受到世人高度的关注，而且在与法学发展的相关各个方面，都取得了巨大的成果。那么，这一巨大的变化是如何一步步实现的？它中间又充满了哪些艰辛和努力？这是我们70年代、80年代后出生的法律人并不清楚但又非常想了解的。为此，我们采访了这一过程的亲历者和参与者之一，华东政法大学的校长何勤华教授，请他做一个简略但又比较全面的描述，使我们对其有一个直观的、活生生的认识与理解。

“我们从什么地方说起呢？”

《法制日报》记者蒋安杰（以下简称“记”）：何校长，你是北京大学法律系77级的毕业生，又一直工作在法学教学和研究第一线，可以说是近30年中国法学研究的亲身经历者和实践者，你能否向我们描述一下这30年中国法学研究的历程？

何勤华（以下简称“何”）：好的。只是这个题目非常宏大，要在一篇访谈中说清楚还不太容易。

记：是这样的。所以我们可以探讨一下我们这次访谈的角度。我的想法是近30年中国法学研究的发展，不仅仅体现在一般人都首先会想到的法学各个学科的发展上，还体现在法学教材和专著的出版，法学杂志的编辑，法学教育的改革，法学研究方法的多元化，法学领域百花齐放、百家争鸣局面的出现，以及学生素质的提升、法学书店的变化、法学教学手段的丰富、学术研讨会的多样化、法律院校的规模和学生人数的变化、法律诊所的兴起，判例的汇编和案例教学研究受到的重视等。你可以就这些方面30年中间所发生的变化描述一下就行了。

何:你这么一说,我的思路就清楚了。那我就从我身边所发生的一些印象最深的小事,比如教材和论著的变化说起吧。

记:好的。

“那时,法学的各门课程都没有正规的教材”

何:就教材而言,我们1978年2月入学时,法学的各门课程都是没有公开出版的教材的。如当时孙国华、罗玉中等教授给我们讲授的《国家与法的理论》(法理学),魏定人等教授的《宪法学》,杨敦先、张文等教授的《刑法学》,张国华、饶鑫贤两教授讲授的《中国政治与法律思想史》等课程,都只是油印的讲稿。

记:那有否连油印的讲稿也没有的课程呢?

何:有的。我记得很清楚,当时的《现代西方法律哲学》这门课是沈宗灵教授给我们上的,就没有油印的讲义,或者说在参考书和教材方面连一片纸都没有。另外,说出来可能许多年轻人都无法想象,像《民法》这么一门重要的法学主干课程,现在在一些法律院系中,都要分成民法总则、物权法、合同法等好几门课来上,关于民法学的教材也不下100多种,但在当时,我们北大法律系77级的民法课,总共只有24个课时,也没有教材和讲义。当时朱启超教授给我们上这门课时,他还是一边备课一边给我们讲授的。

记:从资料上看到,由司法部法学教材编辑委员会主持编写的新中国的第一套法学统编教材,是从1981年开始起步、1982年起陆续出版的,里面有吴家麟(《宪法学》主编)、王铁崖(《国际法》主编)、韩德培(《国际私法》主编)、高铭暄(《刑法学》主编)、张国华(《中国法律思想史》主编)、张晋藩(《中国法制史》主编)等著名法学家。那么,在这之前,你们所学课程中北大有否编写过一些教材呢?

何:有的。在全国率先推出北大自己出版的教材主要有《法学基础理论》和《民法教程》等。前者是由陈守一、张宏生主编,参加编写的人员还有沈宗灵、张云秀、刘升平、赵震江、罗玉中、王勇飞等,1981年2月出版后在全国产生了巨大的影响。在此之前,这门课叫“国家与法权通论”，有100多个学时，上两个学期。是陈守一和张宏生老师主编的这本教材第一次改为了“法学基础理论”。说来现在的年轻人也不会相信，当时教材初稿完成后，教师们还让我们77级的部分学生传阅过，请我们提意见。可见北大的民主，以及对我们学生的厚爱。另外一本《民法教程》，是王作堂、魏振瀛、李志敏、朱启超、郭明瑞等编写，北大出版社1983年5月出版。在体系的完整、概念的清晰、论述内容的丰富上，也是广受全国民法学界赞扬的。总之，在当时，要编写一部教材是非常不容易的，往往是几年乃至十几年的劳动成果。

记：我印象中，《法学基础理论》是我国改革开放之后正式出版的第一本法理学教材，《民法教程》也是中国第一本吧？

何：前者你说的是对的。但《民法教程》是第二本，在它之前中国人民大学出版社已经出了一本，即由佟柔、赵中孚、郑立主编的《民法概论》，出版时间是1982年11月。但不管如何，这些教材的出版，都已经是在我们学完了这些课程，甚至毕业之后的事情了。

记：联想到现在，不仅宪法、民法、刑法、诉讼法等部门法的教材已经琳琅满目，各门学科至少有几十种、上百种教材，即使像你们法制史等基础学科，教材也已经不少了吧？

何：是的。我们外国法制史这门课程，在1978年刚入学时，还没有教材，由嵘老师来上课时，就带了一卷地图，对着地图给我们讲解古代西亚和西方的法律的起源和发展等。等到我们快结束这门课程时，才发下来学校内部印刷的讲义《外国国家与法律制度史》（共三册），其内容主要是20世纪50年代出版的苏联编写的《国家与法权通史》教材的翻印。然而，经过30年的发展，现在外国法制史的教材也已经不下30余种了。

记：中国法制史的情况似乎也是一样。

何：是的。刚才说了，张晋藩教授主编的全国统编教材《中国法制史》是迟至80年代后才面世的，我们当时学这门课时，由肖永清和蒲坚两位教授主讲，我们只是记录。由肖永清主编的《中国法制史简编》也是迟至1982年4月才出版的（此时我们也已经毕业离校了）。但现在，中国法制史的教材也已经有20多种了。

“法学专著的出版，曾经是一件非常难的事”

记：改革开放之初教材的匮乏，除了我们的法学教学力量不足、研究水平低下等原因之外，是否也有出版难的情况呢？

何：你说的一点不错。在当时，乃至一直到20世纪90年代中期，想出版一部教材还是非常困难的。就举个例子吧。1995年，在徐轶民教授（当时是全国外国法制史研究会的副会长）的主持下，我们华东政法大学外国法制史的教师编写了一部教材，找了许多家出版社，都不愿意出。最后拖了好多年，在实在没有办法的情况下，通过熟人，在红旗出版社买了一个书号，才让这本教材正式出版了。这种情况到现在已经完全改变了，现在许多出版社会非常主动地邀请我们编写教材，就我本人而言，接受出版社邀请主持编写的外国法制史教材就有许多种了。

记：非常有趣。与教材的编写、出版的变迁大体相似，专著的出版是否变化得更大一些呢？

何：是的。虽然，现在专著的出版，有些出版社仍然需要一些补贴，但总体上，法学学术著作的出版已经容易多了。而在改革开放之初，普通老师要想出版一本专著，是极其困难的。这方面有两件事给我的印象特别深刻。

一件事是我帮助北大李志敏老师联系他花费了十几年时间编写的一本专著《马克思主义论婚姻家庭法》。那是1978年的暑假，李老师托我去上海一家著名的出版社问问，可否在该社出版此书。一位编辑室主任听说是北大来的学生，就很热情地接待了我。但当我回答说该书不是国家课题，没有经费资助，李老师还不是教授时，他的态度明显变得有些冷淡。在接下来一年半时间里，该社既不予出版，又不退稿，电话询问，就回答说还在商量之中。1980年过寒假回上海时，我最后一次去该出版社，编辑告诉我说主任在北京开会，李老师可以到主任住的宾馆去见他详细面谈。我马上将此消息告诉了李老师。李老师就按照约定的时间去了该主任住的宾馆，但宾馆的人说他出去了，李老师一直等到晚上9点多，始终没有见到这位主任的影子。第二天我和李老师通电话时，他没有多说什么，就告诉我不要再去出版社了，书稿就先放着吧。

另一件事，是我的导师徐轶民教授受一家出版社委托主编的《法制史词典》的出版。这是一部由我们教研室全体成员参加的，也是填补学术空白的作品（费时近十年）。出乎意料的是，当词典编出来后，该出版社不愿意出版了（主要是出这类词典可能会亏本）。这一消息，对徐教授的打击非常大，他感到没有办法向教研室全体教师交代，白天吃不好饭，晚上睡不着觉，安眠药从一颗增加到三颗。最后，也是在一位朋友的帮助下，以我们承包一部分词典的销售为条件，在河南的一家出版社出版了。词典是出版了，但徐老师从此落下了一个每天晚上不吃两颗以上的安眠药就无法入睡的毛病。

记：听来也真是辛酸。联想到现在学术著作出版的繁荣，真是今非昔比啊！

何：确实是这样。从1976年粉碎"四人帮"到1980年，全国各个学科出版的法学著作加在一起也不到10本，且内容非常单薄，字数也很少，如谷春德、吕世伦著的《社会主义民主和法制问题》和杨大文等著的《新婚姻法基本知识》，都只有7万余字，张友渔、王叔文著《法学基本知识讲话》，金默生、柴发邦、刘齐珊编著《国家和法律基本知识》，龚祥瑞、罗豪才、吴撷英著《西方国家的司法制度》等，也都在10万字左右。

中国法学学术著作的出版的顺畅，大体是从20世纪90年代初期开始有所改观的。在这方面，贡献最大的是中国政法大学出版社和法律出版社。从1991年起面世的"中青年法学文库"，是中国政法大学出版社社长李传敢和当时的编辑丁小宣策划的中国第一套法学学术文库，而且以作者平等、文稿质量、学术创新为入选标准，不要任何资助，也不要作者包销，张文显、王利明、徐国栋、陈兴良等中青年学者都参与其中，对当时的中国法学学术起到了巨大的推动作用。法律出版社紧随其后，推出了"当代中国法学文库"、"中国当代法学家自选集"、"中国律学丛刊"、"中国传世法典丛书"等，培养了一批中青年法学研究者，并将一批中国传统法律文化中的精品保存了下来，介绍给了后人。

“书店,也是法学研究变迁的一个窗口”

记:你说得非常好。确实,我们也都能意识到,现在几乎每一个出版社,都在出版法学研究的著作和丛书,法律图书已是书店的新宠儿。这一状况,从我们现在的各种书店图书销售中也可以看得出来。不知你们当初读书时,书店的法律书多不多?

何:你这个问题提得很对。可以说,我们现在书店经销的图书品种,也是中国30年法学研究变迁的一个重要窗口。在改革开放之初,书店中几乎看不到一本法学著作,过了几年,开始有了一些法学著作,印象比较深的,如吴大英、任允正著《立法制度比较研究》,沈宗灵著《现代西方法律哲学》,孙国华等著《法学基础理论》,龚祥瑞著《比较宪法与行政法》,唐宗瑶的《法学基础理论概述》,许崇德、何华辉著《宪法与民主制度》,高铭暄著《中华人民共和国刑法的孕育和诞生》,江平编著《西方国家民商法概要》,王家福等著《专利法基础》等。但与文、史、哲的著作相比,放的位置还不是很起眼的。

记:这种现象似乎从20世纪80年代中期有了改变,法律图书在书店经销图书中的比例开始不断上升。

何:是这样的。书店里不仅法律图书的品种不断增加,而且各地还都开设了一些法律专业书店,如当时在上海曾经很红火的“法律书店”等,专门经销法律方面的图书文献。

记:20世纪90年代以后,好像这种变化更加迅速。我听法律出版社的一位朋友讲,光他们一家出版社,一年就要出500余种法律图书呢。

何:应该不会错。现在几乎每一个出版社都在出法律著作和教材,除了法律出版社和中国政法大学出版社这两家法律出版行业的领军舰队之外,还有如人民出版社的“当代著名法学家丛书”,商务印书馆的“法学文库”,三联书店的“宪政译丛”,高等教育出版社的“21世纪法学教材系列”,山东人民出版社的“法理论丛”,中国方正出版社的“犯罪学大百科全书”和“华东政法大学珍藏民国法律名著丛书”,等等。就是一些理工科大学,也都出版了不少高水平的法学著作,如清华大学出版社出的“汉语法学文丛”，上海交通大学出版社出的“法学读本”等，有些出版社如北京大学出版社和复旦大学出版社等，还在出版的丛书中分成各种系列。使我们走进书店后都要仔细辨认，才不会弄错。

记：我看人民大学出版社还专门推出了“中国当代法学家文库”，里面重点推出一些法学名家的研究专著系列。我感觉，现在法律图书已经成为中国出版业的一个支柱产业了。

何：确实如此。从书店这个窗口看到的上述变化，真的让人感慨万千。我记得，20 年前即 1988 年我去日本进修时，看到书店里面一些最醒目的地方放的都是法律书，而且法律图书在书店中都要占据 1/3 到 1/4 的数量时，就感叹中国要走到这一步可能至少需要 100 年吧。没想到，短短 20 年时间，我们就实现了这一目标，真的让人振奋！

“法学刊物，经历的变化要更大一些”

记：我和你同感。回顾中国近 30 年法学研究的状况，除了法学教材和著作的出版之外，法学论文的发表或许是一个更加普遍、更加重要的领域。何老师，你能否就 30 年法学杂志的变迁，给我们简略地描述一下？

何：好的。1978 年年初我们入学时，整个法学界没有一本法学杂志。20 世纪 50 年代创刊、发行的两本法学学术杂志《政法研究》（中国政治法律学会编辑）和《法学》（华东政法学院编辑）在 1958 年、1963 年先后停刊后，至 1978 年年初还没有复刊。前者的重新出刊是在 1978 年年底，当年出了一期试刊号，1979 年开始正常地出双月刊，名字改为了《法学研究》；《法学》就更晚了，一直到 1981 年才得以复刊。

记：那 1977 年率先恢复招生的北京大学、吉林大学没有自己的法学刊物吗？

何：没有。现在我们所看到的北京大学的《中外法学》，创刊时叫《国外法学》，它是 1979 年创刊的，而且在改名前主要是刊登译文。与这份杂志相同的，还有一份就是于 1978 年年底恢复重刊的中国社会科学院法学所的《法学译丛》（前身是《政法译丛》）。吉林大学的《法制与社会发展》,开始时也不叫这个名字,而是叫《当代法学》(季刊)。它创刊的时间更晚,已经是20世纪80年代中期的事情了。顺便说一句,西南政法学院尽管早在1978年夏天就恢复招生了,在司法部五所大学中最早,但它的法学刊物则是在1981年才得以出刊,而且名称也变化了好几次,最早叫《西南政法学院学报》,后来改称《法学季刊》,再后来才改为现在的名称《现代法学》。

记:按照你的说法,中国政法大学、西北政法大学、武汉大学等在恢复招生时,也都还没有自己的刊物吗?

何:是的。中国政法大学复校时叫北京政法学院,1979年开始招生,其《北京政法学院学报》是1980年面世的,1983年学校改名中国政法大学后,改名《中国政法大学学报》,后又改名《政法论坛》。它的另一份刊物《比较法研究》,创刊更晚。它是1986年年底由中国政法大学比较法研究所编辑的,在贺卫方主政后一下子声名鹊起,越办越好,成为法学界的名牌刊物。西北政法大学的《法律科学》和武汉大学的《法学评论》,要稍晚一些。

大体上说,改革开放之后中国的主要法学刊物的先后面世时间,排列出来应是:《法学研究》和《法学译丛》(1978年年底)、《国外法学》(1979年)、《民主与法制》(华东政法大学创办,1979年)、《北京政法学院学报》(1980年)、《法学杂志》(北京市法学会编辑,1980年)、《法学》(1981年)、《西南政法学院学报》(1981年)、《政治与法律》(1982年)、《法学评论》(武汉大学,1983年)、《西北政法学院学报》(1983年)、《河北法学》(1983年)、《中国法学》(1984年)、《比较法研究》(1986年)、《当代法学》(1986年)、《中南政法学院学报》(1986年)、《法律学习与研究》(后改名《法学家》,1986年)、《山东法学》(后改名《法学论坛》,1986年)、《法制与社会发展》(1995年)。

到现在,据不完全的统计,我国公开出版的法学刊物也有200余种了,纯学术类的也有80余种了。

记:想不到,法学刊物的变化竟然也这么大。除了法学杂志的数量变化之外,杂志的内容和形式本身是不是也有很大的变化了呢?

何:应该是的。改革开放初期的法学刊物,一般用的纸张很粗糙,印刷质量也不好,都是小16开,每一期的页码不多,大多数是48页,一年也出不了几期,大部分是季刊,唯一的一份法学月刊就是《法学》。

然而，经过30年的发展，我们现在的法学刊物不仅数量多，而且在内容和形式上也有了巨大的进步。除了大部分的刊物改为大16开本之外，页码也大为增加，一般都在128页左右，季刊已经很少看到，大部分是双月刊，月刊也已经增加为三份，即《法学》、《政治与法律》(2008年起)、《法学杂志》(2009年起)，刊物所用的纸张也都非常精美。

记：你所说的很有趣。我在想，说到法学刊物的变化，是否还包括了刊物上所刊登论文的变化呢？

何：你提的问题很重要。大体上，早期法学刊物上的论文，一般都比较短，大部分是四五千字的文章，多的也就七八千字，几乎没有一万字以上的论文。但现在刊物上一两万字的论文比比皆是，三四万字和四五万字的论文也不少，前年在《政法论坛》上发表的邓正来的"中国法学向何处去"的论文，竟然达到了17万字！

记：说到法学刊物，这里，有一个问题好像无法回避，即在法学刊物的内容和形式上都有变化的同时，论文的质量是否也在提高呢？

何：对这个问题的看法学术界分歧很大。有的学者认为现在刊物上发表的论文，重复的太多，抄来抄去的太多，是在不断地制造"学术垃圾"；也有的学者认为，尽管有些论文有重复、抄袭，但主流内容还是针对社会上新出现的法律问题的回应和解答，以及对古今中外法律文明成果的传承和延续。我是同意第二种观点的。

记：我也同意你的观点。这个问题实际上和出版社现在每年大量出版法学著作的状况是一样的。不能说这些著作中有了一些重复和抄袭的内容，就说现在法学著作的出版是在"制造垃圾"。

何：实际上，要求每一本著作都是全新的，既不可能，也同样违背了学术发展的规律。人类都是在既定的学术环境中从事研究的，对前人成果的引用、借鉴、发展，当然也包括重述(重复)，都是学术活动的内容，不能求全责备。因为学术发展也是靠一点一滴积累的。我以为，一本著作，一篇论文，如果有10%，甚至5%的创新，就已经很好了，就应当予以肯定。即使同样题目的作品出现了很多，那也不全是坏事，因为它们出得出来，就说明了社会有这种需求。从世界法学发展史来看，名著的产生也是一个大浪淘沙的过程，经历了若干时间之后，真正有创新价值的法学著作留传了下来，而大量重复的乃至抄袭的就被淘汰下去了。

“对西方法学著作的翻译，我们现在已经走在了东南亚地区的前面”

记：你说得真好。和30年法学论文和法学专著的变化相联系的，还有一个问题，就是国外法学著作的翻译的变化，你能介绍一下这方面的情况吗？

何：好的。改革开放初期，中国大陆的法学著作的翻译几乎是一片空白，因此，我们当时写硕士论文时，只能大量参考我国台湾地区学者翻译的、中国内地的一些书店扫描翻印的国外著作。虽然，中国内地开始翻译世界法学名著不算晚，大概是从20世纪50年代末就开始起步了，如商务印书馆翻译出版的卢梭的《社会契约论》、孟德斯鸠的《论法的精神》、梅因的《古代法》等，但数量很少，进展很慢。中国大规模地翻译引进国外的法学名著，是从20世纪90年代才开始的。

记：我记得一开始两套规模比较大的外国法学名著译丛，好像是由中国大百科全书出版社出版、江平老师主持的《外国法律文库》，以及由中国政法大学出版社出版、季卫东主持的《当代法学名著译丛》。

何：是的。这两套文库，前者中有伯尔曼的《法律与革命》、德沃金的《认真地对待权利》和《法律帝国》、哈特的《法律的概念》、拉德布鲁赫的《法学导论》、凯尔森的《国家与法的一般理论》等。后者中有昂格尔的《现代社会中的法律》、波斯纳的《法理学问题》、川岛武宜的《现代化与法》等。这些译著，现在都已经成为我们法科大学生的必读书了。

记：自这两套法学名著之后，各大出版社出版的译著就更多了，简直有点目不暇接的感觉。与改革开放之初相比，真是莫大的进步啊！

何：你说的一点也不错。20世纪90年代末以来，我们已经推出了数十种有影响的外国法学名家的著作，如梁治平、贺卫方主持的《宪政译丛》（三联书店），高鸿钧与贺卫方主持的《比较法律文化》（清华大学出版社），米健主持的《当代德国法学名著》（法律出版社），苏力主持的《波斯纳文集》（中国政法大学出版社），贺卫方主持的《上海三联法学文库》和《法律文化之旅丛书》（上海三联书店），许章润、舒国滢主持的《西方法哲学文库》(中国法制出版社),我主持的《世界法学名著译丛》(上海人民出版社)等。此外,中国政法大学出版社推出的《美国法律文库》,以及法律出版社推出的《牛津教科书译丛》,等等,在中国法学界也有很大的影响。

记:随着这些名著在国内的传播与流行,一批译者也开始广为人知,如沈宗灵、张文显、贺卫方、高鸿钧、邓正来、米健、张志铭、夏勇、苏力、吴玉章、舒国滢等。有学者认为,翻译并不算学术作品,因为没有创造力,你是如何看待这个问题的呢?

何:翻译法学名著是一件吃力不讨好的事情,非常的辛苦。但我认为,翻译法学名著又是一所培养法学家的大学校,它既出成果,又培养人。因此,我们在回顾总结改革开放30年中国法学研究的历史时,不能不提及这一方面,尤其是要看到,经过法学工作者30年的勤奋耕耘,我国法学著作的翻译事业已经走在了东南亚地区的前列。

记:我听说,现在日本的学者到中国,我国台湾、香港地区的学者到内地开会出差,经常会买上一大摞内地学者翻译出版的国外法学著作,这也一定程度标志着内地法学研究的进步吧。

何:是的。

"法学学术研讨会也发生了很大变化"

记:何老师,与我们的法学研究论著的出版、发表等的进步一起发生的,是否还有一个学术研讨会方面的变化呢?

何:不错。在改革开放之初,法学方面的学术研讨会首先是比较少,这种少,有着多种原因,比如经费缺乏,找不到愿意承办的单位,开一次会很困难,这种状况直到20世纪80年代末还未得到根本改观。

我记得我们全国外国法制史研究会的1986年学术年会,因没有愿意承办者,我们华东政法学院就通过熟人,把会议放到了上海的一家化工厂中开,住宿和用餐都非常寒酸。此外,就是学术团体比较少,1978年年初时,全国的法学学术团体一个也没有。中国法学界最早的学术团体——中国法律史学会是1979年成立的,国际法学会是1980年成立的,全国外国法制史研究会是1982年成立的,中国法学会也是迟至1982年才建立的，至于下属的各个研究分会如刑法学会、宪法学会、诉讼法学会则更晚了。学术团体少，学术研讨会当然也不会多了。

记：除了开会比较少之外，当时的学术研讨会是否还存在一个行政化色彩比较浓的问题呢？

何：是的。早期的学术研讨会，受传统影响比较深，学术气氛还不是很浓，计划控制的色彩比较明显（"人治与法治"等少数几次研讨会是一个例外）。

比如，1986年，也就是改革开放已经过去了8年，司法部召开了第一届学术研讨会。那次会议我有幸参加了。当时，对参加会议的代表控制得就很严，大体上是每个学校先在学校内部报名、提交学术论文，然后由学校组成评委会，按照司法部所下达的与会名额，评出参加会议的论文和人员，当时我们全校所有学科加在一起，也就只有5个名额。开会期间，要得到发言的机会也很困难，发言大多与做工作报告差不多。

记：除了你所说的这些，当时法学方面的国际学术研讨会的情况如何呢？

何：改革开放以后，虽然我们与国际社会的交往大为扩展，但国际学术研讨会的数量并不多，和现在是无法相比的。从华东政法大学的情况来看，20世纪80年代初，一般还是我国学者出访，以及接待外国法学代表团的情况比较多，举办国际学术研讨会的不多，一般大学几年才有一次吧。

记：可能北京的情况要好一点。

何：应该是吧。然而，现在的情况已经大为改观了。目前，国内各个主要大学的法学院在单独或者联合举办国际学术研讨会方面，都有非常活跃的表现，如中国人民大学法学院已经先后举办了中美、中欧、亚洲等的法学教育国际学术研讨会，这些会议虽然是以中国人民大学法学院牵头，但受惠的是全国的法学院，因为各个法学院都积极参与了。国际学术研讨会的专业化程度和学术水平也越来越高，仅就最近由华东政法大学主办的《民法法典化、解法典化和反法典化》学术研讨会，与会的都是国内一流的罗马法学家和民法学家，以及德国、法国、意大利、西班牙、匈牙利、比利时等国的著名的罗马法学家和民法学家。讨论的问题也是非常专业、深入的。今年10月在中国政法大学召开的"社会转型和法律变迁"国际学术研讨会,也吸引了美国、日本、韩国等国法制史专业学者的关注。

"学术争鸣是推动30年法学研究发展的一个重要方面"

记:由学术研讨会,我又想到了法学界的学术争鸣。何老师,你能否就此作些介绍呢?

何:好的。改革开放30年来,法学界爆发了多次学术大讨论,这些讨论,对法学研究的进步和发展产生了深远的影响。首先要提及的就是改革开放之初于1979年发生的"法治与人治"的大讨论。

记:从资料上看,这次大讨论在两年时间内共发表了近百篇论文,法学界的著名学者几乎都参加了,是这样吗?

何:是的。比如李步云、何华辉、刘新、谷春德、吕世伦、吴大英、刘瀚、张警、周柏生、方克勤、张晋藩、曾宪义、张国华、高格、韩延龙、刘升平、孙国华、沈宗灵等,都积极撰写论文,参与讨论。不仅如此,还有许多非法学专业的领导干部和知名学者如陶希晋、于光远、于浩成等,也积极地投入。当时讨论的成果,后来结集出版时,就取名《法治与人治问题讨论集》,由群众出版社于1980年出版。

记:那么,通过讨论,大家得出了一个什么结论呢?

何:当时的讨论,尚未得出一致的结论。大体上是形成了三种观点:一是要法治,不要人治;二是既要法治,又要人治,二者应该结合起来;三是不要讲什么法治与人治,这两个概念都不科学。在这三种观点中,第三种观点被称为"取消论",随着我国社会主义法治建设事业的发展,很快便失去了大家的支持。持第二种即"结合论"观点的学者,强调法律是不能"自行的",总要人去制定和执行,这种观点将法治与人的作用对立起来,没有理解法治的内涵中,包含了一个法学家阶层,随着我们对法治的真正含义的把握,也慢慢退出了历史舞台。现在,中国必须走法治的道路已经成为了大家的共识。

记:紧接着"人治与法治"大讨论的好像是关于"法律面前人人平等"的讨论吧?

何:是的。这场讨论的背景是我们刚从"四人帮"的思想禁锢中解放出来，大家在谈到“法律面前人人平等”的法治原则时还心有余悸，故当时有一种流行的观点就是：法律面前人人平等，只是指司法适用上的平等，不包括立法上的平等；在立法上，不能讲人人平等，因为对那些被剥夺政治权利的人，就不能参与立法活动，对社会各阶级也不能一视同仁。而其他学者认为，法律面前人人平等，应当体现在立法、司法、执法、守法等各个方面，我国宪法规定的各民族一律平等、男女平等，体现了公民在立法活动中参与立法的平等原则。进入20世纪90年代以后，人们便进一步取得共识：在立法和执法等各个方面都实现法律面前人人平等，是实现市场经济公平竞争的基础和保障。

记：换句话说：社会主义的市场经济不仅要求司法上的平等，而且也要求立法上的平等。那么，何老师，接下来又有哪些比较大的影响我国法学研究发展的重大学术讨论呢？

何：从大的方面来说，20世纪80年代中期之后，我国又出现了“法的阶级性和继承性”、“民法与经济法的关系”、“公法与私法的划分”、“关于法的本位（权利还是义务）问题”、“关于人权问题”、“关于法律文化问题”、“法治及其本土资源”、“社会主义法的本质问题”、“法的移植与法的本土化”、“中国法学向何处去”等的大讨论。不管得出的结论如何，这些讨论都进一步繁荣了我国的法学研究，推动了中国法学向更深的探索、更广的领域发展。

“改革开放30年来，法学研究的方法日益丰富多元”

记：我想也是这样的。在学术讨论的思想解放运动推动下，改革开放30年来，中国法学研究的方法也发生了许多变化。最早一般都是采用马克思的历史唯物主义和阶级分析的方法，后来开始运用一些比较的、历史的方法。你能说说这方面的情况吗？

何：好的。改革开放30年，中国法学界在方法上可以说也是经历了多次革命。从大的方面说，随着全球化时代的来临，以及中国法学界慢慢地融入这一时代之中，我国法学研究的方法也变得多元和丰富多彩。如历史主义的，比较法的，分析主义的，社会学的，经济分析的，心理学的，结构主义的，文化阐释的，后现代主义的，伦理主义的，以及知识考古学的，田野调查的，民间法角度（法人类学）的，等等。这些方法的运用，大大地推动了中国法学研究的繁荣，也引起了国际社会的关注。

记：很有趣的是，听说中间还曾流行过一阵用"三论"的方法来研究法律的事情，是这样吗？

何：是的，你对当时的情况还了解不少。所谓"三论"，就是系统论、控制论和信息论，将"三论"的方法运用于法学研究，20世纪80年代中后期曾经是一个非常时髦的做法。我记得，这个问题最早是由我国著名科学家钱学森提出来的。他在1985年4月26日召开的"全国首次法制系统科学讨论会"上作了一个重要讲话，题目为"现代科学技术与法学研究和法制建设"，强调要把系统工程和信息控制等自然科学的方法运用于法学研究。

在钱先生的号召下，整个法学界都行动了起来，出现了一批运用"三论"研究法律的论文。如严存生的《运用系统论于我国法制建设》、黎建飞的《运用系统论加强法律监督》、马洪的《犯罪侦查的信息方法初探》和刘茂林的《宪法中有关问题的系统论思考》等。而有的论文就直接将"三论"作为标题，如1985年第4期的《法学季刊》就刊发了韩修山的一篇文章：《"三论"是法学研究和司法实践的科学方法》。

记：里面提出了哪些新的立论呢？

何：比如，文章中说："'三论'的方法在现代科学技术的研究中日益发挥出重大作用，并且日益向社会领域的研究中普及。可以说，只存在现在还没有引入和运用'三论'的科学，不存在将来不能引入和运用'三论'的科学。法学也不例外。……'三论'是思维的新工具、新方法，是人脑在考虑问题时不可缺少的新式武器。"

记：真有趣。那么，你当时是否也曾追随这一潮流呢？

何：也曾追随过。我于1988年6月在上海的《社会科学》上发表了一篇论文，题目是"外国法制史研究方法新探"，在该文的第三部分，详细论述了用"三论"方法研究外国法制史的必要性。挺有趣的，我读给你听一下：

外国法制史研究的重要任务之一，就是不断地把新的科学方法引进该学科中来，使之成为推动外国法制史学发展的锐利工具。具体而言，"三论"中如下原理对该学科研究有指导意义：第一，系统观念；第二，动态观念；第三，信息观念。

我还将“三论”和马克思主义的哲学联结了起来，我是这么说的：“上述控制论、系统论、信息论，可以说是对马克思辩证唯物主义和历史唯物主义的补充与发展。既然史学与法学研究，通过运用控制论、系统论和信息论的方法获得了巨大成功，那么，为什么作为史学与法学之综合学科的外国法制史学。不能张开双臂欢迎‘三论’这一现代科学方法呢？”

记：这话听听也似乎很有道理。实际上，虽然“三论”方法运用于法学研究，可以说只是昙花一现，20 世纪 90 年代之后就不再看到这类文章了，但这种现象背后折射出来的中国法学界对新的研究方法的敏感和追求，对繁荣中国法学研究则是有良好的促进作用的。

何：是这样的。在法学研究方法上，我这里还要突出讲一下的是由田涛主持的田野调查方法，运用这一方法，田涛率领一批年轻人深入浙江、福建、安徽、山西等山区、农村，调查明清历史上保存下来的以及现在还在影响村民日常生活的风俗、习惯等所谓民间法，取得了极大的成功，也推出了黄岩调查档案、徽州调查档案等珍贵的法律史研究的第一手资料，作出了很大的贡献。

“那时的法科大学生和现在的似乎有不小的差异”

记：说到改革开放 30 年中国法学研究的进步，还必须提及我们法学教育所培养的对象即法科学生的学习态度和科研热情。

何：不错，这也是我所感兴趣的问题。

记：那么，何老师，你感觉你们那时的学生和现在的学生，在这方面有些什么差异呢？

何：差异还是很大的。改革开放之初，由于国家动乱了整整十年，年青一代被耽误得太多，所以，大家一旦考入了大学，就如饥似渴地拼命学习，希望将被耽误掉的青春追回来。另外，当时的大学生，绝大多数都是在社会上工作过的人，或农村，或工厂，或部队，或机关，或讲台，因此，进了大学在当学生时期，就开始收集资料，从事科研活动。

记：但是，那时的条件肯定不如现在这么好吧？

何:是的。当时还没有笔记本电脑,就是复印机也没有普及。我们要收集点文献资料,主要是靠做读书笔记、制作卡片。我记得我们班级里的武树臣同学,从大学一年级起就开始辛勤地制作卡片,有目的、有重点地摘录、收集中国法律思想史方面的史料。说出来现在的同学可能也不太相信,那时因为穷,用来作卡片的纸也是废物利用,将用过的废纸裁成一张张和五寸照片那样大小的片卡,在反面进行摘记。由于武树臣同学这种卡片做得特别多,大概有上万张吧,所以我们私下里就叫他"卡片大王"。

记:非常有意思。大概从什么时候开始这种状况发生变化的呢?

何:从 20 世纪 80 年代中期以后,复印机开始普及,我们收集资料搞研究就方便了。到 80 年代末起,就有了电脑打印的业务。90 年代以后,个人电脑就开始慢慢普及了,大学生和研究生的科研就更加方便了。

记:现在一般研究生会有一些课题,在导师的指导下搞研究,本科生似乎搞科研的还不太多。不知在改革开放之初,这方面的情况如何?

何:那时,虽然出版条件不如现在,但是大学生搞科研的积极性非常高涨。在我们读本科期间,就参与了老师主持的研究课题,如我本人就在二年级的时候和两位师兄一起,参与了李志敏老师的一个课题:"买卖婚姻研究",课题完成后,我们以专题论文《试析买卖婚姻》的名义,在北京大学法律系"五四"科研报告会宣读,接下来就被刚复刊的《法学研究》录用(1980 年第 2 期)。

记:听你们那一届的同学讲,武树臣当时参与了张国华老师的中国法律思想史的课题,姜明安、李克强、陶景洲等参与了龚祥瑞老师的宪政课题,郭明瑞参与了王作堂、魏振瀛老师的民法课题。

何:是这样的。不仅如此,当时我们学生还自己独立地编写法学著作,如还在一年级时,我们小组的何山(现在全国人民代表大会常务委员会法制工作委员会民法室工作)就组织大家编写《法律基础知识讲话》,花费半年多时间完成的初稿有 20 多万字呢。只是由于某些原因,我们的这部书稿最后没有能够公开出版。

记:真的是很激动人心,也挺让人羡慕的呢。那么,现在的大学生搞科研不如那时的大学生,到底是什么原因呢?

何:也不能说现在不如当时。主要是时代变化了,学生的情况变化了。当时,法学研究领域几乎是一片空白,所以读法律的学生都希望在这一领域有所作为。但更为重要的是,当时学生绝大多数都是从社会上考来的,经受过各种生活的磨炼,甚至是受到严重伤害的生活磨难,所以,当他们一旦进入了大学这一知识的殿堂,又拥有一种可以比较自由地表达自己思想和感受的环境,那么,他们就很自然地试图把自己的成长经历,接触到的人和事,以及对人生、对社会以及对知识的体会(体验)表达出来,这就催动了他们写作搞科研的热情和激情。我们那时搞科研的情景就是这样的。

记:很有道理,有没有具体而有趣的例子呢?

何:有的。我就举一个陈建功的例子。他虽然不是我们法律专业,而是中文系专业的学生,但他就住在我们隔壁一幢宿舍,他们的科研情况我们比较了解。我记得大概是大二时,在他们中文系宿舍的墙壁上,经常会贴出陈建功创作的小说,写着很清秀的钢笔字体的稿子,一页页贴在墙壁上,看的学生围着一圈又一圈。热闹时,我们个子矮的学生在外边只能踮着脚隔着人头远远地看,好在当时脚劲也好,视力也好,以这样的姿势半个小时下来还不算太累。

我们法律专业的学生写出来的文章,当然不如小说那么吸引人,但某位同学写了一篇文章,在同学之间传阅,让大家提意见,最后再让老师修改等,当时就是我们大学生活的一个组成部分。我们班上的何山、郭明瑞、姜明安、武树臣、李克强、陶景洲、陈兴良、周振想等,在当时都是这样的科研积极分子。

记:当时,上海复旦大学的卢新华写出《伤痕》,可能与你们这种情景差不多吧?

何:是的。整个社会知识的贫乏,学生主体的生活经历丰富、对知识的渴望以及年龄普遍比较大,这两个特殊的因素,现在都已不复存在。这大概就是我们和现在的大学生科研差异之原因所在。现在的大学生,更多地以完成学业为主,即使搞科研也更多地利用网络,在网上忙活得比较多。实际上,现在的研究生搞科研的热情还是比较高的,一般都参与了导师的课题研究。

记:你感觉,除了科研上的差异之外,现在的大学生和你们当年还有哪些不同呢?

何:我感觉,他们的视野更开阔了,接受新事物也更加容易、更加迅速。网络的兴起,教学手段和方法的进步,如多媒体教学、PPT演示教学,甚至法律诊所式的教学,这些都可以使现在的法科大学生在更短的时间内,获取更多的法律知识,提升法律素养。可以这么说吧,我们这一代人在大学中的学习、科研表现,是全世界法学研究历史上的一个例外,不是一种常态,以前没有过,今后也不可能再出现了。所以,我们回忆这些经历时,想告诉现在大学生更多的是,希望他们能够继续我们的学习热情、学习渴望和学习精神,如果他们认同了这一点,那么他们一定会比我们做得更好、更加优秀。

"改革开放30年的一个更大成果是一个法学家群体的崛起"

记:你说得真好。说到这里,我突然想起一个问题,改革开放30年中国法学研究的巨大进步,应该与这一个时期我们的一批法学工作者的辛勤努力密切相关吧?

何:你这个问题提得太好了。我个人认为:改革开放30年的一个更大成果是,中国崛起了一个法学家的群体,他们推动着中国法学研究的进步与繁荣。这个群体,我把它大致分成四代人。

第一代法学家大体是1920年之前出生的,如张友渔、陈守一、韩德培、王铁崖、李浩培、赵理海、芮沐、潘念之、王明扬、陈朝璧、周枏、陈盛清等。他们在改革开放之初,法学界一片荒芜的情况下,筚路褴褛,开辟出一条法学研究的学术道路,如张友渔、潘念之等对于法学基础理论和宪法,陈守一对于北京大学法律系的恢复创建,王铁崖、李浩培和赵理海等对于国际法的重建,韩德培对于国际私法和环境保护法的创建,芮沐对于经济法和国际经济法的创立,陈朝璧和周枏之于罗马法的研究,陈盛清对于外国法制史学科的发展,甘雨沛对于比较刑法学的研究,等等,都作出了巨大的贡献。

尤其是王名扬,在已近70岁的高龄时,老骥伏枥,辛勤笔耕,奋斗12年,推出了《法国行政法》、《英国行政法》和《美国行政法》三部力作,总字数达200多万字,真令我们尊敬和佩服。

记:这一代人中,是否还有一位最近去世的瞿同祖呢?我看他的《中国法律与中国社会》影响了好几代中国法制史学者呢?

何:是的。瞿先生虽然是搞社会学出身,但他将社会学方法运用于法制史研究之中,给了中国法制史学界以全新的研究视角,对推动法制史研究贡献巨大。

第二代法学家大体是20世纪二三十年代出生的一批学者,如法理学、比较法领域的潘汉典、孙国华、吴大英、张宏生、沈宗灵、李放、吕世伦、黎国智等,法律史学科的张国华、饶鑫贤、张晋藩、曾宪义、杨鹤皋、王召棠、徐轶民、叶孝信、李昌道、陈鹏生、高恒、张警、杨景凡、王哲、由嵘、钱大群等,宪法研究领域的吴家麟、许崇德、肖蔚云、王叔文、何华辉等,行政法学界的罗豪才、应松年等,经济法学界关怀、杨紫宣、李昌麒等,民商法学科的佟柔、江平、王家福、魏振瀛、金平、徐开墅等,刑法学界的高铭暄、马克昌、王作富、高格、何鹏、杨春洗、杨敦先、曹子丹、苏惠渔等,诉讼法学界的陈光中、常怡、江伟、徐静村等,国际法学界的李双元、刘振江、余先予等。

这一代法学家是改革开放30年前期中国法学研究的主力军,他们不仅自己不顾人过中年,勤奋写作,奠定了法学学科的基础,而且呕心沥血地培养出了如赵秉志、陈兴良、怀效锋、朱勇、郑秦、黄进、余劲松、陈云生(这8人是新中国第一届毕业的法学博士)等一批中青年法学家。

记:真不容易。那第三代就是你们这一年龄段的一批中青年法学家了?

何:是的。当然,法学界对第三代法学家的具体划分标准还不是很一致,有认为40年代、50年代出生的,有认为50年代、60年代出生的,有认为将粉碎"四人帮"之后恢复高考之后入学的77级、78级、79级三个年级之前的学者归为第三代的。我个人认为40年代、50年代出生,同时又是在80级之前的学者归为第三代比较合适。60年代之后出生的就视为第四代法学家了。

记:那像王利明、韩大元、贺卫方和徐国栋、陈桂明等,都是1960年、1961年出生的,到底是第三代还是第四代呢?

何:就看他是否79级之前的,如利明是77级的,卫方和国栋是78级的,大元是79级的,我将他们归入了第三代之中。当然,这也只能是一个粗略的划分吧。

第三代法学家是中国目前法学研究的主力军，他们几乎都已经是教授，大多数也都是博士生导师了，既在科研上奋力战斗，也在教学上大显身手，带着众多的硕士和博士，法学学科各门学科的带头人，各个学会的会长、副会长等，也几乎都是由他们在担当着。这一批人数量也多，要举出他们的名字比较困难，所以我就笼统说了。

记：60年代之后出生的第四代法学家，现在也开始挑大梁了。他们中也有一批70年代之后出生的，我看也很优秀。

何：是的。如经济法学界的罗培新、应飞虎，民法学界的张礼洪、金可可，法律史学界的王志强、俞江，等等，都是非常不错的。所以，对中国未来的法学发展，我个人还是充满信心的。

"入大学之后的30年，就是见证法学进步的30年"

记：我们说了这么多，下面我想听听你的成长经历，因为你是这30年代法学研究进步的亲历者和参与者。

何：好的。我的经历并不复杂。1977年之前在农村人民公社当了3年团委书记，当时也算是一个机关干部吧。考上北京大学后，入学已是1978年的2月底了。

记：我看去年《南方周末》上写了，发大学录取通知书时，你还在农村挖河泥的工地上，一听到被录取的消息后，马上扔掉手中的铁锹，不再干活，就回家准备去了。感觉挺有趣的。

何：是这样的。当时一起干活的同伴，怕我继续干活，体检时又会出现肝肿大的情况，所以劝我第二天就不要再干活了。1974年征兵时，我就是因为一直在挖河泥的工地上挑担子，肝有点肿大，体检不合格，没有被录取。

记：征兵幸亏没有成功，否则我国就少了一位法学家了。开个玩笑。那么，你在大学里是否已经确定了从事法制史研究的志向了呢？

何：不是的。我开始比较喜欢民法，特别是婚姻法，所以我经常去搞民法研究的李志敏老师家里。后来听了张国华、饶鑫贤、蒲坚、由嵘等老师的课后，才开始喜欢上法制史。1981年考华东政法学院研究生时，看到法制史的招生名额最多，所以就报考了这个专业。接下来，一直到现在就被这个专业融化了，出不来了。

记：真有趣。法制史相比较民商法、经济法、刑法、诉讼法，肯定要寂寞、清苦得多，那你有否想离开这个专业，比如下海啦，或改行搞其他专业啦，等等。

何：寂寞、清苦不假，但我一直没有这种想法。主要原因还是我的性格，喜欢安静，不愿意多动。另外，总感到我们中国现在正处在转型时期，搞应用法学研究受政治影响太大，许多时候，你花费了大量的时间去研究，出来的成果，没有过多少时间就过时了，法制史的研究这方面的缺陷则可能会少一点，因为它离现实要远一些。当然，这只是自己的一点私心，每个人的兴趣、想法不一样。

我认为，一个人从事某个领域的研究，都有他从事此研究的理由，彼此之间应该尊重。所以，虽然我们这个专业要冷清、寂寞一些，但我还是非常喜欢法制史这个专业的。

记：我也同意你的观点。那么，在近30年的法制史研究中，你感到印象最为深刻的事情是什么呢？

何：最为深刻的是，在我的成长过程中，得到了许多学界前辈的培养和提携。如在北京大学读书时，得到了李志敏、张国华、饶鑫贤、蒲坚、由嵘、王哲等诸位恩师的培养；到华东政法学院读研究生后，得到了我的导师徐轶民，华东政法学院的陈鹏生、余先予、苏惠渔，以及在沪上的周枏、李昌道等诸位法律史学界前辈的提携。经过这些前辈的精心培养，我从一个实际学历只有小学四年级正规教育水平，“的、得、地”三个字的用法也分不清的农村青年，成长为一个法律史教学和研究工作者。

记：是啊。实际上我们现在一批活跃的中青年法学者，按照你上面的分类，就是新中国第三代法学家，都是在第二代法学家的精心培养下成长起来的。另外有个想问的问题，听说你多次去过日本进修法制史，这是否对你的成长也有很大的帮助呢？

何：是的。我1988年和1993年曾两次去日本，共待了不到3年的时间，在东京大学法学部追随石井紫郎先生学习日本法制史。这段经历，对我的学术成长极为重要。一方面，我在日本收集了许多国内所没有的法律史资料，我的《西方法学史》和《中国法学史》两本专著中的相当部分的资料，都是在日本收集的。另一方面，在日本也学到了日本学者做学问的态度和方法：在态度上，他们治学严谨，刻苦勤奋，不浮夸，不急躁，踏踏实实，一步一个脚印地前进，有的学者每天从早上到晚上10点，都在研究室中度过，从年初一至年三十，一天也不偷懒。在方法上，他们注重考证，注重小题大做，注重定量分析和微观研究，写出来的论文比较扎实。这些，对我后来的研究都有很大的影响，也可以说是获益匪浅。

记：听了你的这番话，似乎也挺受教育的。何老师，那么你是否作个评价，经过中国法制史学界30年的努力，我们的研究水平已经达到一个什么层次呢？

何：我个人认为，我们已经接近或超过了日本和我国台湾地区。上面我们已经谈了，在改革开放之初，除了民国时期留下来的一些法史著作如杨鸿烈的《中国法律发达史》、《中国法律思想史》、《中国法律对东亚诸国的影响》，以及陈顾元、程树德、丁元普等学者写的《中国法制史》之外，我们尚无一本比较像样的专著与教材，而民国的著作一般大学也都没有。

而此时，日本学术界在中国法制史研究上已经出版了众多的作品，如仁井田陞的《故唐律疏议制作年代考》、《唐令拾遗》、《唐宋法律文书研究》、《中国法制史研究》（四卷本），岛田正郎的《辽律之研究》、《辽制之研究》、《北亚洲法制史》和《东洋法史》，还有广池千九郎、中田薰、泷川政次郎、滋贺秀三、内藤乾吉、内田智雄、大庭修、池田温、冈野诚等人的众多成果。而在我国台湾地区，则有徐道邻、戴炎辉、张伟仁等人的成果面世。更为重要的是，这些成果都以扎实的史料为支撑，以周密的分析论证为方法，以定量研究为主导，其研究成果受到了历史学界的推崇和尊敬。

记：你这么说我倒有点感觉了。我们中国法制史研究的成果，直至20世纪80年代末，不仅量少，而且质差，还是定性研究的多，阶级分析方法的多，阶级批判的多。况且一直跟在历史学界的后面，被他们看不起。这种局面好像是从90年代后期开始改变的吧？

何：是的。1999年出版的由张晋藩总主编的10卷本《中国法制通史》，由李光灿、张国华总主编的10卷本《中国法律思想通史》，由杨一凡、田涛主持的《中国珍稀法律典籍》和杨一凡主持的《中国法制史考证》(共15卷),怀效锋主持的《中华传世法典》、《中国律学丛刊》,我主持的《法学文库》、《中国近代法学译丛》(已经出版至50多卷),以及清代三大案例汇编《刑案汇览》、《驳案汇编》和《刑部比照加减成案》的点校出版等,都标志着中国法律史研究的进步与繁荣。"世界各国法律发达史丛书"(全12卷)以及多种"世界法学名著译丛"、"外国法律文库"、"美国法律文库"等的翻译出版,也说明了中国的外国法制史研究的迅速发展。加上20世纪90年代以后一批年轻的有相当实力的学者的成长,进一步显示了中国法律史研究的整体进步。

记:听来还是给人以欣慰。说到现在,我们这个采访似乎已经很宏大,很丰富了。最后,你能否用几句话,归纳一下中国法学研究30年的得失以及对未来的一点展望呢?

何:我怕说不好。简要地说,改革开放30年中国的法学研究,是中国历史上发展最快、成果最多、进步最为突出的,虽然,当前法学的各个分支学科的发展不平衡,我们在研究成果,以及研究方法上也还存在着不少缺陷,如研究成果数量不少,但精品还不多;研究方法运用得不少,但一以贯之、分析透彻的还不多;古代文献、外语文献运用得不少,但真正深入进去又钻得出来、融会贯通的还不多;中青年学者已经不少,但能够沉下心来、甘于寂寞、耐得住坐冷板凳的还不多;课题申报、项目经费投入不少,但产出量尤其是产出高水平的成果还不多;等等。

但毕竟我们已经步入了法学学术发展的正常轨道,以法治国、建设社会主义法治国家也已经成为我们的国策,成为我们全体法律人的奋斗目标。所以,我认为中国的法学研究已经融入了法治建设的宏伟事业,前途是非常光明的,我们法学工作者当尽全力,为之努力。

记:我同意你的观点。这次采访让你辛苦了,谢谢。

(载2008年12月21日《法制日报》第9版、第10版、第11版,因为稿子在《法制日报》刊登时受篇幅限制被删除了一些,故本书收录时用的是采访初稿,已将删除部分恢复)

新中国外国法制史学60年

虽然,对外国法律制度的研究,包括"外国法制史"课程,早在清末(20世纪初期)沈家本(1840~1913年)从事立法改革时就已经起步,但其作为一门学科,则是伴随着1949年新中国的成立而逐步发展起来的。20世纪50年代初,中国人民大学法律系的国家与法权史教研室,首先开设了这门课。经历了1957年"反右"、1958年"大跃进"以及1966年开始为期10年的"文化大革命"的挫折和磨难,至1980年前后,本学科终于获得了真正意义上的发展。回顾新中国60年外国法制史学科的发展和演变,总结本学科所取得的成就和存在的问题,吸取其所经历的种种磨难的经验和教训,并对今后的发展作一些展望,对我们进一步发展壮大这门学科,具有重要的意义。

一、学会活动

谈到外国法制史学科的发展,首先必须提及于1982年成立的全国外国法制史研究会的活动。至今,该研究会已经召开了二十三届年会,大致情况如下:

1982年4月,于武汉大学召开了第一届年会即全国外国法制史研究会成立大会暨第一届学术讨论会。会议的主题为制定研究会章程和规划;选举第一届领导班子;讨论学术论文。会议选举陈盛清、林榕年、徐轶民、林向荣、张学仁为理事,陈盛清为会长,林榕年为副会长,张学仁为秘书长,卢干东、姚梅镇、周枏为顾问。①

1984年1月,于厦门大学召开研究会第二届年会,会议的讨论主题为如何建立具有中国社会主义特色的外国法制史学科体系。会议选举陈盛清、林榕年、徐轶民、林向荣、张学仁为常务理事,陈盛清为会

① 1982年10月,于安徽大学召开了全国高等政法院校《外国法制史》教学经验交流会,这是本学科的第一次专题研讨会。

长，林榕年、徐轶民、林向荣为副会长，张学仁为秘书长，卢干东、姚梅镇、周枏、潘汉典为顾问。①

1985年3月，于云南大学召开了研究会第三届年会，会议主题为研究当代外国法律制度的发展状况。会议选举王宗华、由嵘等25位同志为理事，陈盛清、林榕年、徐轶民、林向荣、张学仁为常务理事，陈盛清为会长，林榕年、徐轶民、林向荣为副会长，张学仁为秘书长。

1986年11月，于华东政法学院召开了研究会第四届年会，会议的主题为外国法制史学科如何为中国社会主义法制建设服务；外国法制史学科体系的设想。

1987年12月，于四川大学召开了研究会第五届年会，会议的主题为如何开展当代外国法制研究；交流教学经验和教学改革。

1989年3月，于中山大学召开了研究会第六届年会，会议的主题为"当代外国法制丛书"的撰稿和出版工作；落实文集第二集的出版事宜。会议选举方立新、王宗华、王继忠等37名同志为理事，陈盛清、林榕年、徐轶民、林向荣、张学仁为常务理事，陈盛清为会长，林榕年、徐轶民、林向荣为副会长，张学仁为秘书长，卢干东、姚梅镇、周枏、潘汉典、端木正为顾问。

1990年8月，于黑龙江大学召开了研究会第七届年会，会议的主题为如何更好地将外国法制史与时代的要求结合起来。

1991年10月，于济南山东政法管理干部学院召开了研究会第八届年会，会议的主题是探讨进一步适应形势需要，开拓和创新外国法制史学科；研究如何修订教材和编写"外国法制通史"的设想。

1992年8月，于中国政法大学召开了研究会第九届年会，会议的主题为总结外国法制史研究会成立10周年的教学和科研成果；着重研究周边国家尤其是东南亚诸国的法律制度。选举产生了新一届的理事会，已经退休或多年未能参加年会的理事不再选作理事，增选一批年轻会员为理事。新选的常务理事为：林榕年、徐轶民、林向荣、由嵘、张学仁五人。会长：林榕年，副会长：徐轶民、林向荣、由嵘、张学仁（兼秘书长）。

---

① 1984年8月，本学科又召开了第二次专题研讨会，即在新疆大学召开了伊斯兰法学术讨论会。

1994 年 10 月,于南宁广西大学召开了第十届年会,会议的主题为社会主义市场经济和外国法制史的关系。

1996 年 7 月,于西北政法学院召开了研究会第十一届年会,会议的主题为社会主义市场经济暨西部开发与外国法制研究。会议选举李昌道等 30 位学者为理事,林榕年、徐轶民、林向荣、由嵘、张学仁、何勤华、曾尔恕为常务理事,林榕年为会长,徐轶民、林向荣、由嵘、张学仁为副会长,张学仁兼秘书长。

1997 年 10 月,于华东政法学院召开了研究会第十二届年会,会议的主题为浦东开发开放与外国法制研究。

2000 年 4 月 22 日至 24 日,第十三届年会在湖南湘潭大学法学院召开,会议的主题有两个:研讨法律移植和法律的本土化问题;举行研究会的换届改选。会议选出杨联华等 36 人为理事,何勤华、曾尔恕、叶秋华、方立新、王人博、贺卫方、郑祝君、高鸿钧、胡旭晟等人为常务理事,何勤华为会长,曾尔恕、叶秋华、贺卫方、高鸿钧为副会长,董茂云为秘书长,李秀清为副秘书长。研究会聘请了潘汉典、陈盛清、林榕年、徐轶民、林向荣、由嵘、李昌道、胡大展、满达人、张学仁、李启欣为顾问。

2001 年 8 月 14 日至 16 日,第十四届年会在甘肃兰州大学法学院召开,会议的主题为 20 世纪外国经济法的理论与实践。会议评选出了优秀论文奖和重点科研项目,并授予潘汉典、陈盛清、林榕年、徐轶民、林向荣、由嵘、李昌道、胡大展、满达人、张学仁、李启欣 11 位教授为全国外国法制史研究会的功勋会员。

2002 年 8 月 8 日至 9 日,第十五届年会在贵阳贵州大学法学院召开,会议的主题为 20 世纪外国司法制度的改革。来自全国各大高校、科研机构、出版单位和杂志社的 100 多位代表出席了会议。会议增补董茂云和徐国栋为常务理事,选举李秀清为秘书长。

2003 年 10 月 12 日至 13 日,第十六届年会在山东烟台大学法学院召开,会议以 20 世纪外国民商法的改革为主题,就 1804 年《法国民法典》颁布实施 200 年来外国民商法的发展、演变作了深入的探讨。

2004 年 9 月 20 日至 23 日,第十七届年会在山西大学法学院召开,会议以“20 世纪西方宪政的发展及其演变”为主题,展开了热烈的讨论并进行了深入的学术交流。来自全国 50 余所高校、科研机构、出版单位和杂志社的90多位代表出席了会议。

2005年8月21日至24日，第十八届年会在青海省西宁市召开，主办单位是华东政法学院和西宁市政府。会议的主题有两个：一是研讨20世纪外国刑事法律的理论与实践；二是举行研究会的换届改选。会议选出王人博、王云霞、方立新、叶秋华、何勤华、汤唯、张锐智、李秀清、郑祝君、贺卫方、夏新华、高鸿钧、徐国栋、曾尔恕、董茂云15人为常务理事，何勤华为会长，曾尔恕、叶秋华、高鸿钧、贺卫方、方立新、郑祝君、董茂云、徐国栋、李秀清为副会长，李秀清为秘书长（兼），夏新华、李红海、陈颐为副秘书长。研究会聘请了陈盛清、潘汉典、林榕年、徐轶民、林向荣、由嵘、李昌道、胡大展、张学仁、李启欣为顾问。

2006年，研究会第十九届年会在呼和浩特市内蒙古大学法学院召开，会议主题为多元的法律文化。本次会议收到论文70余篇，其参加者空前踊跃，规模第一次突破了130人。

2007年，研究会第二十届年会在南昌市江西财经大学法学院召开，会议主题为混合的法律文化。

2008年，研究会第二十一届年会在武汉市华中科技大学法学院召开，会议主题为英美法系及其对中国的影响。

2009年9月24日至26日，研究会在沈阳辽宁大学法学院召开了第二十二届年会，会议主题为大陆法系及其对中国的影响。

2010年12月4日至6日，研究会在广州华南师范大学法学院召开了第二十三届年会，会议主题为法和宗教的历史变迁。这次会议进行了换届选举，选出董茂云、方立新、高鸿钧、何勤华、贺卫方、李红海、李秀清、刘艺工、任强、苏彦新、汤 唯、王 涛、王兰萍、王人博、王云霞、夏新华、徐国栋、叶秋华、曾尔恕、张飞舟、张锐智、郑祝君为常务理事，何勤华为会长，曾尔恕、叶秋华、高鸿钧、贺卫方、方立新、郑祝君、董茂云、徐国栋、李秀清为副会长，陈颐为秘书长，简海燕、高仰光、冷霞为副秘书长。研究会聘请了林榕年、由嵘、李昌道、潘汉典、胡大展、张学仁、李启欣、冯卓慧、孟昭容为顾问。

以上的介绍，虽然有点琐碎，但是通过对这二十三届年会的简单回顾，一方面，我们可以清晰地看到外国法制史学科发展演变的轨迹，看到本学科一年年发展的成长历程，看到本学科教学和研究队伍日益壮大的趋势，也看到了对外国法制史的研究已经越来越深入：本学科领域中的一些主要课题,几乎都被我们作了梳理,进行了讨论和研究。另一方面,通过这二十三届学术年会的召开,各位与会代表的学术成果得以提交和发表,在此基础上,推出"外国法制史学术研究丛书",至今已经出版了12册,内容涉及外国法制史学科的各个领域。此外,尤其重要的是,全国外国法制史研究会年会的定期召开,加强了该学科老中青学者间的学术交流,团结了该学科的师资队伍,凝聚了人心,从而进一步保证了该学科的持续发展和繁荣。

二、教材出版和人才培养

改革开放之后,在整个外国法制史学科获得良性发展的状况下,该学科的教材编写和出版也有了长足的进步。如上所述,新中国成立后,在苏联法学家的帮助下,我国首先在中国人民大学开设了外国法制史课,但当时全部使用苏联的教材。至20世纪50年代末60年代初,我国开始仿照苏联教科书的模式,自己编写了一批外国法制史的教材,当时称《外国国家与法律制度史》。但基本体系、内容、用语,几乎都是照搬苏联的。

在1982年成立的全国外国法制史研究会的指导下,在北京大学、中国人民大学以及华东、西南等政法学院的外国法制史教材的基础上,编写出版了本学科第一本统编教材《外国法制史》(以下简称"82年版教材")。它由陈盛清主编,林榕年和徐轶民副主编。北京大学、中国人民大学、安徽大学、复旦大学、西南和华东政法学院等10所法律院校派教师参加了编写工作。全书由导言、四编正文(古代、中世纪、近代和现代的法律制度)、两个附录组成。

"82年版教材"对新中国成立30多年外国法制史课程体系作了重大改革,即在1982年以前,外国法制史采用"四大段"、"四大块"的体系,将外国法制史的发展分为奴隶制、封建制、巴黎公社前资本主义时期和巴黎公社、帝国主义时期资产阶级国家与法四个大的阶段,在这四大段中,又将论述内容分为历史概况、阶级结构、国家制度和法权的基本特征四个部分。这种体系的缺点是国家与法不分,对象不清,内容杂乱,且涉及法的内容只占整个课程的很少一部分。

"82年版教材"的出版,改善了这门课的体系,去掉了"四大块"中的前三大块,只讲法律发展的历史,对象比较明确,内容也变得较为简练。而且,该教材基本上摆脱了前苏联《国家与法权通史》的模式,广泛吸收国内外学者的研究成果,资料来源不限前苏联,且条理清楚,语言流畅,分量也较为适合于本科生外国法制史的教学。

经过5年时间的适用,吸收课堂教学的经验和教训,1987年,北京大学出版社出版了"82年版教材"的修订本《外国法制史》("87年版教材"),其主编和撰稿人没有变化,框架结构也无大的变动,但在内容和资料上有了许多补充和发展。如在内容上,该教材增加了第8章"意大利城市共和国的法律制度"和第23章"现代亚、非、拉民族独立国家的法律制度概况",填补了当时外国法制史教学和研究的空白。又如在资料上,该教材增加了外文原始资料,对许多问题的论述进一步深化。

但是,该教材也有一些不足,如仍保留了"四大段"的模式,而"四大段"的缺陷是非常明显的,即在每一个阶段,必要讲到各个国家、各个部门法。这样,当学生刚学完近代英国宪法的产生后,按照人的思维逻辑,接下去本应继续学习英国宪法在现代、当代的发展变化,但按照"四大段"的体系,接下去马上学习的是英国民法、商法、刑法、诉讼法等的产生。而对这些内容刚刚熟悉,又马上进入美国近代法的学习,一直要到法国、德国和日本的近代法讲完,才又回到现代英国宪法上来。现代、当代的情况也是如此。从而使课程线索纵横交叉、体系比较乱,学生学习和掌握比较困难。

1987年以后至90年代初,又先后出版了杨联华、冯卓慧、由嵘以及林榕年分别主编的四本外国法制史教材。前者由四川大学出版社出版,里赞与何力副主编,名为《外国法制史》(1989年初版,1992年修订版),是西南地区四所大学,即西南政法大学、四川大学、云南大学和广西大学一起联合编写的地区性外国法制史教材,它在体系上做出了一些创新。冯卓慧主编的教材,1991年,由陕西师范大学出版社出版,方立新和周健副主编,名为《外国法律制度史教程》。该书的作者涉及西北政法学院、杭州大学、复旦大学等12所大学,是一本由国内多所法律大专院校使用的地区性质的通用教材。除增加其他外国法制史教材中所没有的韩国的法律制度以外,该书还具有内容和体例比较新颖，行文比较简练，运用资料比较厚实等特点。1992年，出版了林榕年主编的《外国法律制度史》（由嵘副主编，中国人民公安大学出版社出版），其特色在于，体系十分流畅，从古至今，没有重复，一直讲到当代；内容有创新，在古代部分将希伯来单列为一章，在资本主义法部分增加了菲律宾、新加坡的法律制度。由嵘主编的《外国法制史》也于1992年面世，北京大学出版社出版。该教材与上述几种教材在体例上有许多区别，颇显特色，即它除了“前言”之外，共分六编。可以说，在目前所出的外国法制史教材中，本教材内容最为丰富、体系最为庞大、学术色彩最浓，其优点是资料多、内容细、讲述面广，许多其他教材没有涉及或涉及不多、语之不详的内容，如古代埃及、希伯来、拜占庭、古代日本等的法律制度，在该教材中都有讲述。同时，该书吸收了达维德、茨威格特、克茨以及沈宗灵等中外学者的比较法研究成果，将其运用于外国法制史的研究之中，因此给人以面貌全新的感觉。

1994年，群众出版社出版了由林榕年主编、徐轶民副主编的新的统编教材《外国法制史新编》（以下简称“新编教材”）。[①] 该教材是“87年版教材”的修订本，作者队伍虽然变化不大，但在结构体系上作了重大改革，彻底抛弃了“四大段”的模式，将课程分为“综述”和“分述”两部分，共19章，对楔形文字法，古印度法 ，古希腊法，古罗马法，日耳曼法，教会法，中世纪欧洲的城市法、商法、海商法，伊斯兰法，以及英、美、法、德、日、苏联和欧共体的法律作了叙述，对一个法系或一个国家的法律，从产生起一直讲到其衰亡或在当代发展，内容比较集中，条理也比较清楚。同时，该教材考虑到近几年全国经济政治发展的新变化，各法律院校外国法制史课程的课时量的变化，以及学生的承受能力，对“87年版教材”的内容作了许多调整，如删掉了第8章“意大利城市共和国的法律制度”和第23章“现代亚、非、拉民族独立国家的法律制度概况”，增加了“欧洲共同体法”一章，将原本23章的内容，压缩为19章。此外，遵守学术规范，该教材在附录中增加了“主

---

① 在“87年版教材”和1994年“新编教材”之间，还出版了徐轶民编著的《简明外国法制史》（中央广播电视大学出版社1987年版）和由嵘、胡大展主编的《外国法制史》（北京大学出版社1989年）两本全国统编教材。前者系中央广播电视大学法律专业所用教材，后者是全国自学考试用教材。两者在体系和内容方面均有所创新，对本科教学也有一定的参考价值。

要参考书目”的内容。[1]

1997年，法律出版社出版了由何勤华主编的“‘九五’规划高等学校法学教材”《外国法制史》（以下简称“九五教材”）。该教材是在吸收上述外国法制史统编教材的各种版本以及各高等法律院校自编教材的优点的基础上，经各位撰稿人集体讨论设计而成。本书在体系上的特色是，一方面，吸取了上述“新编教材”以及华东政法学院编《外国法制史纲》和中国政法大学编《外国法制史教程》的体例，古代中世纪部分按照法系，近代以后按照国家，从巴比伦法一直讲到欧共体法，条理比较清楚。另一方面，本书克服了“新编教材”中“综述”部分太长，与“分述”部分的有些内容相重复的缺陷，用一个20多页的“导论”，对世界各国法律发展的基本过程和一般规律作了提纲挈领的阐述，以帮助学生对外国法制史有一个简明扼要的了解。同时，该教材与之前统编教材相比变化也比较大，如编写人员已全部是在前统编教材的培养下成长起来的中青年教师，吸收的外文资料比较丰富，编写比较规范，注解比较详细等。本教材出版后得到了学术界的肯定，于2001年、2003年和2006年进行了三次大的修改，至现在已经出至第四版。[2] 2007年，本教材被确定为国家“十一五规划教材”。

进入21世纪，外国法制史专业的教材编写进一步活跃，相继推出了何勤华、李秀清主编的《外国法制史》（复旦大学出版社2002年版），郑祝君主编的《外国法制史》（北京大学出版社2007年版），何勤华主编的《外国法制史》（清华大学出版社2007年版），曾尔恕主编的《外国法制史》（中国政法大学出版社2008年版），林榕年、叶秋华主编的《外国法制史》（中国人民大学出版社2009年第四版），等等。这

① 但是，该教材也有一些不足，就是“综述”的篇幅比较长（100多页），与“分述”中的内容有重复。此外，该教材与“82年版教材”和“87年版教材”一样，在书末所附的“外国法制史部分专门名词术语译名对照表”中，没有列出这些术语译名在本教材中是在哪一页上的，如书上只列出“Justiciar，首席政法官”，而没有列出页码。因此，学生查阅起来尚感困难。

② 20世纪90年代，除了上述一批外国法制史教材之外，还有一些教材也为各个相关高校所使用。如由复旦大学法律系教授李昌道主编，沈伟、董茂云副主编的《当代西方经济法律制度》，上海人民出版社1991年版；由中国政法大学法律系教授皮继增、许显侯主编的《外国法制史教程》，中国政法大学出版社1992年版；华东政法大学徐轶民教授主编的《外国法制史纲》，红旗出版社1995年版；陈丽君、曾尔恕主编的《外国法律制度史》，中国政法大学出版社1997年版；华东政法大学张寿民主编的《外国经济法律制度史》，华东理工大学出版社1996年版；等等。

些教材，虽然在体例和内容上差异不是很大，但都有一些创新，有的是在框架体系方面，有的是在资料的收集和使用方面，有的是在对问题的论述方面。这一切，都表明了外国法制史教材建设日益多元化和逐步走向繁荣的局面。[①]

在外国法制史的人才培养方面，新中国60年的发展历程也是可圈可点的。

1949年中国政法大学成立时，其主体分为三个部，一部和二部，主要培训在职的司法干部和党政干部，三部招收的是应届本科新生，学习的年限要长一点。1950年，中国人民大学成立，中国政法大学撤销，其中的三部就并入中国人民大学，组成为法律系。三部中的一些优秀学生，被选拔直接成为中国人民大学法律系的研究生，如孙国华、郝正宇、林榕年、傅兴岭、张晋藩等。后来，因为缺少师资，故其中又有一些人，如郝正宇、林榕年、傅兴岭等就没有读完研究生，直接转为老师。他们就成为新中国法制史学科的第一代开拓者。[②] 当时，郝正宇讲授"中国国家与法权通史"，林榕年讲授"国家与法权通史"，傅兴岭讲授"苏维埃国家与法权通史"。后两者最早是听苏联专家的课，后来就自己主讲。50年代末，因中苏关系的逐渐疏远，"苏维埃国家与法权通史"被合并进了"国家与法权通史"之中，成为了一门课，这门课，就是后来的"外国法律制度史"。由于外国法制史课程是随着新中国的成立而发展起来的，因此，在新中国的法律教育（本科教育）中，一开始就有了外国法制史这一门基础课程。在法律人才的培养方面，也有了外国法制史的知识启蒙和训练。

1977年中国恢复高考之后，在北京大学、吉林大学等高校中，立即恢复了对本科生的外国法制史的教育。第二年即1978年，随着全国研究生培养工作的恢复，法律史专业开始了硕士研究生的招生和培养。1979年，北京政法学院恢复，曾尔恕等就成为该院最早的一批外国法制史的研究生。1981年，华东、西南、西北等政法学院，以及北京

---

① 关于外国法制史教材编写的详细情况，可以参考何勤华："外国法制史学科的形成、发展和展望"，载何勤华主编：《外国法制史（教学参考书）》，法律出版社1999年版；曾尔恕："外国法制史学三十年发展报告"，载姜明安主编：《中国法学三十年（1978～2008）》，中国人民大学出版社2008年版。

② 张晋藩读完了研究生课程，成为新中国第一代研究生，后来也留校当了教师。

大学、厦门大学、中国人民大学、安徽大学等开始招收外国法制史专业的硕士研究生。高鸿钧、米健、何勤华、梁治平、张恒山、贺卫方、夏勇等就是这时期入学的早期外国法制史专业的研究生。

1984年以后,中国政法大学、北京大学、中国人民大学、中国社会科学院法学研究所等单位,开始招法律史专业的博士研究生,但此时以中国法制史为主,外国法制史专业的招生人数很少。[1] 董茂云、王云霞、夏新华等,是这少数人之中的代表。2001年,华东政法学院获得了法律史博士点的招生资格,该博士点招收外国法制史博士生的数量比较多,至2010年已经招收了92名,成为我国培养外国法制史专业博士生最多的学校,现在活跃在我国法学界的一批中青年学者,如李秀清、郑少华、郭光东、朱晓喆、曲阳、王兰萍、汤唯、占茂华、季立刚、高尚、陈颐、任超、苏彦新、张海斌、王铁雄、孟红、王素芬、陈融、姚建龙、魏琼、夏菲、马贺、马聪、冷霞、韩强、李求轶等,都是该博士点的博士生。2005年以后,中南财经政法大学、吉林大学、湘潭大学等大学也开始招收外国法制史的博士生。

与此同时,外国法制史专业的博士后流动站也开始接受研究人员,就华东政法大学而言,从2003年至今,已经进站培养了外国法制史专业的博士后人员23名。

此外,在人才培养方面,除全日制大学本科、硕士、博士和博士后之外,成人自学考试、中央广播电视大学、司法干部函授等也增设了外国法制史专业。

三、科学研究与学术争鸣

外国法制史学科的科学研究,在新中国的前30年,成果不多。在50年代、60年代,除了出版少量的外国宪政文献(如美国的《独立宣言》等)、法典(如法兰克王国的《撒利克法典》等)和学术著作[如亚里士多德的《政治学》、托马斯·阿奎那的《阿奎那政治著作选》、洛克的《政府论》(下篇)、孟德斯鸠的《论法的精神》、卢梭的《社会契约论》、

---

① 中国政法大学曾尔恕教授介绍说,中国政法大学从2000年至2008年,共培养了14位外国法制史专业的博士研究生。

梅因的《古代法》、狄骥的《宪法论》等],发表20余篇论文之外,基本上没有什么研究。唯一一本公开出版的刊物《政法译丛》(中国政治法律学会编辑)杂志,上面刊登的译文,基本上也是苏联法学家的文章。对外国法制史的学术研究,主要是在10年"文化大革命"结束、1978年实施改革开放国策之后30年的事情。

第一,一批外国著名法典陆续被译成中文。如《汉谟拉比法典》,由杨炽从阿卡德文直接翻译(1992年由高等教育出版社出版,中文和阿卡德文对照本)。[①]《摩奴法典》和《摩奴法论》。前者由马香雪从迭郎善的法译本转译过来,取名《摩奴法典》(商务印书馆1982年版),后者是由蒋忠新翻译的《摩奴法论》(中国社会科学出版社1986年版)。《法学总论》(《法学阶梯》),由张企泰根据朗曼·格林出版公司1910年伦敦英文版翻译,1989年由商务印书馆出版。《古兰经》,马坚翻译,1981年由中国社会科学出版社出版。《美国宪法》,最先作为附录刊登于由复旦大学国际政治系编译的《美国政府机构》(上海人民出版社1977年版)一书中。《法国民法典》,有几个译本,早期的有李浩培、吴传颐、孙鸣岗翻译的《法国民法典》(商务印书馆1979年版)和马育民翻译的《法国民法典》(北京大学出版社1982年版)。现在比较流行的《法国民法典》是由罗结珍翻译的版本,分上下两册(法律出版社2005年版)。《法国刑法典》,由罗结珍翻译,高铭暄专业审校,中国人民公安大学出版社1995年出版。《德国民法典》,早期的版本是由上海社会科学院法学研究所翻译,法律出版社1984年出版;[②]现在的版本中,读者利用比较多的是陈卫佐译注本(法律出版社2006年第二版)。[③]《日本民法典》,由曹为、王书江依据日本有斐阁1983年版《六法全书》翻译,法律出版社1986年出版,之后,又有几个版本面

① 《汉谟拉比法典》以前经常使用的另一个版本,是由日知翻译的,先载林志纯主编:《世界通史资料选编》(上古部分),商务印书馆1962年版;后收入《外国法制史资料选编》(上册),北京大学出版社1982年版。

② 全称为《德意志联邦共和国民法典》。

③ 《德国民法典》还有两个中文译本,一个是郑冲、贾红梅译,法律出版社1999年版;另一个是杜景林、卢谌译,中国政法大学出版社1999年版。

世。[①]《美国统一商法典》(石云山、袁慎谦、孙业峰译,上海翻译出版公司 1990 年版)等。[②]

可以这么说,到目前为止,不仅是英、美、法、德、日、俄、意、西班牙等西方主要国家的各个部门的基本法典,而且亚非拉地区的一些主要国家如印度、韩国、新加坡、巴西、阿根廷等的主要法典,也已经被译成了中文。[③] 在这些译著中,黄风、徐国栋、费安玲等人作出了很大的贡献。

第二,外国法制史辞典的编写与出版有很大的成绩。1978 年,上海辞书出版社出版了《辞海 · 政治法律分册》(征求意见稿),收录了上百条外国法制史的词目。1980 年初版、1984 年增订的由上海辞书出版社出版的《法学词典》,诠释了外国法制史条目 450 余条,其中包括十二表法、大宪章、陪审制、国法大全、大陆法系、英吉利法系、谢尔曼法、汉穆拉比法典、市民法、万民法、纠问式诉讼、控诉式诉讼、异端裁判所、违宪审查制等重要制度、原则和概念。同年,由大百科全书出版社出版的《中国大百科全书 · 法学》(卷中),也收录了一批外国法制史的条目,且释文十分详尽。除了综合性的法学辞典中对外国法制史的内容作出解释外,1988 年,河南人民出版社出版了由华东政法学院编写组编纂的《简明法制史词典》一书。该词典是我国第一部专业的法制史辞典,由中国法制史和外国法制史两个部分组成。外国法制史部分由徐轶民主编,共收词条 1460 条。1998 年以后,北京大学出版社陆续推出了一套大型的法律辞书,名为《北京大学法学百科全书》,其中法律史卷于 2000 年出版,分为四个部分,即中国法律思想史、中国法制史、外国法律思想史和外国法制史。外国法制史部分由由嵘教授主编,收录词条 843 条,内容比较丰富,释文也非常详尽完整。

第三,外国法制史专业刊物的编辑和发行日益丰富。1978 年,北

① 在日本民法典的中译本中,现在最好的应该是渠涛编译的《最新日本民法》(法律出版社 2006 年版),它除了翻译最新修订过的日本民法本文之外,还附有(相关立法的)"资料编"和(作者的)"解读编"。

② 法律出版社于 2004 年出版了《美国统一商法典》的英文影印本,是由美国学者布拉德福德 · 斯通根据 2001 年最新修订版本编辑。

③ 如就民法典翻译而言,徐国栋教授主持的《民法典译丛》就涉及"亚洲系列"、"非洲系列"和"美洲系列"等[由金桥文化出版(香港)有限公司出版]。

京大学创办了《国外法学》[1]，后改名《中外法学》，每期仍用不少篇幅刊登外国法的论文。1979年，中国社会科学院法学研究所恢复了《政法译丛》，改名《法学译丛》（1993年改为《外国法译评》，2001年改为《环球法律评论》），至今也已发表了2400余篇关于外国法方面的译文和评论文章。1987年初，中国政法大学外国法研究所（后改名比较法研究所）创办了《比较法研究》（先是季刊，后改为双月刊）。该刊除发表外国法方面的成果外，还对中外法律和法学展开深层次的比较研究。这三份外国法的专业刊物，成为我国发表外国法制史研究成果的主要园地。与此同时，有一些以书代刊、连续出版的外国法制史专题论文集，也开始登上历史舞台，如何勤华主编的《外国法与比较法研究》（商务印书馆从2006年起出版，已出2卷）等，也成为外国法制史成果发表的阵地。此外，在一些法律史和法律文化史的连续出版物，如高鸿钧主编的《法治论衡》（清华大学出版社出版）、曾宪义主编的《法律文化研究》（中国人民大学出版社出版，已出4辑）、何勤华主编的《法律文化史研究》（商务印书馆出版，已出4卷）中，也有一批外国法制史的研究论文发表。

第四，与外国法制史专业刊物的编辑和发行相联系，对推动外国法制史学科发展意义特别重大的是本研究会年会论文集的结集出版。年会论文集以"全国外国法制史研究会学术丛书"的名义，每一册都围绕一个主题，收集提交年会的论文公开出版（编辑第1册、第2册时，因提交会议的论文数量比较少，故所有的论文都全文收录刊出；第3册之后，提交会议的论文分为"主题论文"、"专题论文"和"论点精粹"，前两者全文收入，后者为论文的简单摘要，一般为500字左右）。第1册于1984年由武汉大学出版社出版，林榕年、张学仁主编，取名《外国法制史汇刊》；第2册于1990年由中山大学出版社出版，林榕年、李启欣主编，取名《外国法制史论文集》。第3册以下于2001年以后分别面世，由何勤华主编，法律出版社出版，书名分别为《法的移植与法的本土化》（2001年）、《20世纪外国经济法的前沿》（2002年）、《20世纪外国司法制度的变革》（2003年）、《20世纪外国刑事法律的

① 至1989年改为《中外法学》为止，其发表的外国法方面的论文和资料共有1200多篇。

理论与实践》(2004年)、《20世纪外国民商法的变革》(2005年)、《20世纪西方宪政的发展及其变革》(2006年)、《多元的法律文化》(2007年)、《混合的法律文化》(2008年)、《英美法系及其对中国的影响》(2009年)、《大陆法系及其对中国的影响》(2010年)。

第五,外国法制史领域的专著出版日益增多,质量不断提高。其中比较有代表性的如彭小瑜的《教会法研究》(商务印书馆2003年版)、高鸿钧的《伊斯兰法:传统与现代化》(社会科学文献出版社1996年初版,清华大学出版社2004年修订版)、李秀清的《日耳曼研究》(商务印书馆2005年版)、董茂云的《比较法律文化:法典法与判例法》(中国人民公安大学出版社2000年版),王云霞的《东方法律改革比较研究》(中国人民大学出版社2002年版)、夏新华的《非洲法律文化专论》(中国社会科学出版社2008年版)、高仰光的《〈萨克森明镜〉研究》(北京大学出版社2008年版)、魏琼的《民法的起源——古代西亚民事规范解读》(商务印书馆2008年版)、咸鸿昌的《英国土地法律史——以保有权为视角的考察》(北京大学出版社2009年版)等。同时,何勤华、张海斌、魏琼、夏菲主编的《西方宪法史》、《西方民法史》、《西方商法史》和《西方刑法史》(北京大学出版社2006~2007年出版),以及何勤华主持(王立民、李秀清、洪永红、张寿民等参与主编)的"世界各国法律发达史系列"(法律出版社出版),也已经出版了英、美、法、德、日、俄、意、澳、加、东南亚、非洲、拉丁美洲等国家和地区的法律发达史,共12卷。

在学术研究取得诸多成果的同时,外国法制史领域中的学术争鸣也日益开展,它们或者发生在外国法制史学术年会上,或者在各种专题讨论会上,或者表现在其论文或专著中。争鸣涉及的热点问题有:(1)法和阶级斗争;(2)法和国家;(3)法的批判和继承;(4)外国法制史学的研究对象;(5)外国法制史学的研究体系;(6)外国法制史学的研究方法;(7)外国法制史在法学教育中的地位和作用;(8)外国法制史学科应否进行观念更新以及如何更新;(9)罗马的宪政与公法变迁;(10)西方法的自由主义与社会正义;(11)国家法与民间法;(12)法的移植与法的本土化;(13)"西化论"与"本土论";(14)混合的法律文化和多元的法律文化;(15)西方法律传统与教皇革命;(16)近代伊斯兰法的变革与复兴;(17)契约的死亡与再生;(18)三权分立的现代命运;(19)罪刑法定的现代变迁;(20)英美法系和大陆法系的分立与融合;等等。

通过这些讨论与争鸣,活跃了每年外国法制史年会的气氛,也给比较严肃、刻板的外国法制史的文本和制度研究增添了些许青春活力。

四、外国法学著作的翻译成就斐然

在新中国外国法制史学科的发展中,与年会活动、教材建设和人才培养并列值得强调的,就是外国法学著作的翻译成就斐然。从世界法律文明史的发展来看,每个民族、每个国家,在发展自己的法和法学方面,都离不开对其他国家和地区的法和法学的吸收和借鉴,中国也不例外。翻译外国法学名著,就是这种吸收和借鉴的一个表现,因为这些名著中介绍和论述的就是外国的法学理念和法律制度。1978 年改革开放之后,我国在翻译外国法学著作方面,投入了巨大的人力和物力,并且取得了突出的成就。

比如,仅就公法领域的外国法学著作的翻译而言,据笔者掌握的资料,我国到目前为止就已经出版了 8 套,即由梁治平、贺卫方主持的"宪政译丛"(三联书店),[①]罗豪才主持的"公法名著译丛"(商务印书馆),北京大学出版社主持的"宪政经典",陈端洪、翟小波主持的"宪政古今译丛"(法律出版社),范亚峰主持的"公法译丛"(贵州人民出版社),罗豪才、张志坚主持的"法国公法与公共行政名著译丛"(辽海出版社、春风文艺出版社),陈端洪主持的"法律程序与行政过程译丛"(高等教育出版社),姜明安主持的"当代世界学术名著 · 法学译丛 ·

---

① 在这 7 套公法翻译丛书中,由梁治平、贺卫方主持的"宪政译丛"(三联书店出版)既比较早,影响也比较大,故下面稍微展开一点介绍。这套译丛主要包括:考文著《美国宪法的"高级法"背景》(强世功译),亨金等编《宪政与权利》(郑戈、赵晓力、强世功译),维尔著《宪政与分权》(苏力译),詹宁斯著《法与宪法》(龚祥瑞、侯健译),弗里德里希著《超验正义》(周勇、王丽芝译),埃尔斯特等编《宪政与民主》(潘勤、谢鹏程译),罗森鲍姆编《宪政的哲学之维》(刘茂林、郑戈译),哈耶克著《自由秩序原理》(邓正来译),等等。

公法系列”(中国人民大学出版社)。[①] 所以,下面我们仅就一些主要的单独出版的法学名著,以及成套出版的涉及各个学科的外国法学著作进行一些介绍。

(一)未成系列的法学著作的翻译

以商务印书馆为主,数量比较多,这里仅举一些有代表性的。

[美]汉密尔顿、杰伊、麦迪逊著:《联邦党人文集》,程逢如、在汉、舒逊译,商务印书馆1980年版。[②]

[法]罗伯斯比尔著:《革命法制和审判》,赵涵舆译,商务印书馆1986年版。

[美]卡尔威因·帕尔德森著:《美国宪法释义》,徐卫东、吴新平译,华夏出版社1989年版。

[德]K.茨威格特、H.克茨著:《比较法总论》,潘汉典、米健、高鸿钧、贺卫方译,贵州人民出版社1992年初版,法律出版社2003年再版。

[美]泰格、利维著:《法律与资本主义的兴起》,纪琨译,学林出版社1996年版。

[法]卡斯东、斯特法尼等著:《法国刑事诉讼法精义》,罗结珍译,中国政法大学出版社1998年版。

[美]博登海默著:《法理学:法律哲学与法律方法》,邓正来译,中国政法大学出版社1999年版。[③]

[英]史密斯、霍根著:《英国刑法》,李贵方、陈兴良等译,法律出版社2000年版。

[美]伯尔曼著:《法律与宗教》,梁治平译,中国政法大学出版社2003年增订版。

[德]费希特著:《自然法权基础》,谢地坤、程志民译,商务印书馆

---

① 另外一些部门法的译丛也纷纷面世,如中国人民大学出版社最近推出了由丁相顺、陈卫东等参与的“刑事诉讼法学译丛”(中国人民大学出版社出版),法律出版社组织翻译了“法学学术经典之民商法译丛”,先行出版的有《英国公司法精要》(樊云慧译)、《现代合同理论的哲学起源》(张家勇译)、《私人在法实现中的作用》(李薇译)等。

② 商务印书馆的翻译事业当然是成套的(“汉译世界学术名著丛书”),但偏重于整个哲学与社会科学,具体到法学领域数量就比较少了,尚形不成规模。

③ 此书中文版的初版,由华夏出版社于1987年出版,邓正来、姬武君合译。此外,1992年,上海人民出版社还出版了由张智仁翻译的中文版。

2004 年版。

[德]克劳斯、罗克辛著:《德国刑法学·总论》,王世洲译,法律出版社 2005 年版。

[美]霍贝尔著:《原始人的法》,严存生等译,贵州人民出版社 1992 年初版,法律出版社 2006 年再版。

[英]哈里斯等著:《社会保障法》,李西霞、李凌译,北京大学出版社 2006 年版。

[意]D. 奈尔肯、[德]J. 菲斯特编:《法律移植与法律文化》,高鸿钧等译,清华大学出版社 2006 年版。

[美]富勒著:《法律的道德性》,郑戈译,商务印书馆 2007 年版。

[美]劳伦斯·M. 弗里德曼著:《美国法律史》,苏彦新等译,中国社会科学出版社 2007 年版。

[美]查尔斯·比尔德著:《共和国对话录》,杨日旭译,东方出版社 2008 年版。

(二)成系列(成套)的法律著作的翻译

这一方面也已经是蔚为大观,推出了许多套,这里仅就影响比较大的做些介绍。

1. 外国法律文库

江平主持,中国大百科全书出版社出版。已经出版的主要有:哈特的《法律的概念》,德沃金的《法律帝国》和《认真对待权利》,伯尔曼的《法律与革命》,凯尔森的《法与国家的一般理论》,施米托夫的《国际贸易法文选》,贝卡利亚的《论犯罪与刑罚》,米尔恩的《人的权利与人的多样性》,詹宁斯等修订的《奥本海国际法》,罗伯特·霍恩等的《德国民商法导论》,贝勒斯的《法律的原则》,波斯纳的《法律的经济分析》,加洛法罗的《犯罪学》,韦德的《行政法》,科宾的《科宾论合同》(上、下册),安森的《英国合同法与判例》,劳森的《财产法》,戴西的《戴西和莫里斯论冲突法》(上、中、下册),吉尔摩·布莱克的《海商法》,拉伦茨的《德国民法总论》,密尔松的《普通法的历史基础》,拉德布鲁赫的《法学导论》,哈耶克的《法律、立法与自由》(上、下册),马克斯·韦伯的《马克斯·韦伯论经济与社会中的法律》,盖斯特的《俄罗斯联邦民法典》,我妻荣的《债权在近代法中的优越地位》,菲尔德的《纽约州民法典草案》,玛丽—克里斯蒂娜·迪皮伊—达依的《金融犯罪》,E. H. 萨瑟兰的《白领犯罪》,菲彻尔的《版权法与因特网》,埃利希的《法社会学原理》等。①

2. 当代法学名著译丛

季卫东主持,中国政法大学出版社出版。已经出版的有:诺内特、塞尔兹尼克的《转变中的法律与社会:迈向回应型法》(张志铭译),布莱克的《法律的运作行为》(唐越、苏力译),棚濑孝雄的《纠纷的解决与审判制度》(王亚新译),麦考密克、魏因贝格尔的《制度法论》(周叶谦译),波斯纳的《法理学问题》(苏力译),弗里德曼的《法律制度》(李琼英、林欣译),昂格尔的《现代社会中的法律》(吴玉章、周汉华译),川岛武宜的《近代化与法》(王志安、渠涛、申政武、李旺译),麦克尼尔的《新社会契约论》(雷喜宁、潘勤译),等等。

3. 罗马法研究翻译系列

桑德罗·斯奇巴尼②主持,中国政法大学出版社出版。已经出版的有:《罗马法教科书》(黄风译),《罗马法史》(黄风译),《民法大全选译·正义与法》(黄风译),《民法大全选译·审判、诉讼、司法管辖权》(黄风译),《民法大全选译·契约之债》(丁玫译),《民法大全选译·私犯之债、阿奎利亚法》(米健译),《民法大全选译·物与物权》(范怀俊译),《民法大全选译·契约之债Ⅱ》(丁玫译),《民法大全选译·人法》(黄风译),《民法大全选译·家庭》(费安玲译),《民法大全选译·遗产继承》(费安玲译),《论共和国·论法律》(王焕生译),《法学阶梯》(盖尤斯著,黄风译),《意大利民法典》(费安玲、丁玫译),《意大利军事刑法典》(黄风译),《意大利刑法典》(黄风译),《论义务》(王焕生译),《契约之债与准契约之债》(丁玫译),《法学阶梯》(查士丁尼著,徐国栋译)等。

4. 世界法学名著译丛

何勤华主持,上海人民出版社出版。已经出版的有:柏拉图著《法律篇》(张智仁、何勤华译),维拉曼特著《法律导引》(张智仁、周伟文译),德沃金著《自由的法》(刘丽君译),威格摩尔著《世界法系概览》

① 这套书的译者阵容非常强大,有沈宗灵、张文显、贺卫方、高鸿钧、米健、夏勇、舒国滢、邓正来等。

② 桑德罗·斯奇巴尼(Sandro Schipani),意大利罗马大学和萨萨里大学罗马法教授,罗马法传播研究组成员。

(上、下册,何勤华、李秀清、郭光东等译),格劳秀斯著《战争与和平法》(坎贝尔英译,何勤华等汉译),布莱克斯通著《英国法释义》(第1卷,游云庭译),梅特兰等著《欧陆法律史概览——事件、渊源、人物及运动》(屈文生等译)等。

5. 上海三联法学文库

贺卫方主持,上海三联书店出版。已经出版的有:劳伦斯·H. 却伯、迈克尔·C. 多尔夫著《解读宪法》,陈林林、储智勇译;富兰克林·E. 齐姆林著《美国死刑悖论》,高维俭等译;弗朗茨·维亚克尔著《近代私法史》(上、下册),陈爱娥、黄建辉译;威廉·W. 费舍尔著《说话算数》,李旭译;约翰·法比安·维特著《事故共和国》,田雷译;查尔斯·比尔德、爱德华·考文、路易斯·布丁等著《伟大的篡权》,李松锋译;海因里希·罗门著《自然法的观念史和哲学》,姚中秋译,等等。

6. 当代德国法学名著

米健主持,法律出版社出版。已经出版的有:G. 雅科布斯著《规范·人格体·社会》(冯军译);H. 雅科布斯著《19世纪德国民法科学与立法》(王娜译);考夫曼著《古斯塔夫·拉德布鲁赫传》(舒国滢译);克尼佩尔著《法律与历史——论〈德国民法典〉的形成与变迁》(朱岩译);克茨著《欧洲合同法》(上卷,周忠海等译);拉伦茨著《德国民法通论》(王晓晔、邵建东等译);梅迪库斯著《德国民法总论》(邵建东译)和《德国债法总论》、《德国债法分论》(杜景林、卢谌译);克莱因海尔、施罗德著《九百年来德意志及欧洲法学家》(许兰译);卡纳里斯著《德国商法》(杨继译);施莱希等著《德国联邦宪法法院》(刘飞译);耶林著《为权利而斗争》(郑永流译);施瓦布著《民法导论》(郑冲译);拉德布鲁赫著《社会主义文化论》(米健译);克斯勒著《马克斯·韦伯的生平、著述及影响》(郭锋译);鲍尔等著《德国物权法》(上、下册,申卫星、王洪亮译)等。

7. 美国法律文库

江平主持,中国政法大学出版社出版。已经出版了50多种,主要有:理查德·A. 波斯纳著《超越法律》,苏力译;莫顿·J. 霍维茨著《美国法的变迁(1780~1860年)》,谢鸿飞译;凯斯·R. 孙斯坦著《自由市场与社会正义》,金朝武、胡爱平、乔聪启译;凯特·斯丹德利著《家庭法》,屈广清译;约纳森·罗森诺著《网络法》,张皋彤等译;H. A. 哈特、托尼·奥诺尔著《法律中的因果关系》,张绍谦、孙战国译;伯纳德·施瓦茨著《美国最高法院史》,毕洪海等译;李哈森著《证券法》,张学安等译;伟恩·R.拉费弗等著《刑事诉讼法》(上、下册),卞建林、沙丽金等译;斯蒂文·N.苏本等著《民事诉讼法》,傅耶林等译;E.艾伦·范斯沃思著《美国合同法》,葛云松、丁春艳等译;罗伯特·A.高尔曼著《劳动法基本教程》,马静等译;大卫·G.爱泼斯坦等著《美国破产法》,韩长印等译。

8.早稻田大学·日本法学丛书

早稻田大学比较法研究所主持,法律出版社出版。已经出版的有:大木雅夫著《比较法》(范愉译);盐野宏著《行政法》(杨建顺译);原田尚彦著《环境法》(于敏译);近江幸治著《担保物权法》(祝娅等译);野村稔著《刑法总论》(金理其、何力等译);田口守一著《刑事诉讼法》(刘迪、张凌、穆津译);大须贺明著《生存权论》(林浩译);田山辉明著《物权法》(陆庆胜译);河本一郎、大武泰南著《证券交易法概论》(侯水平译);中村英郎著《新民事诉讼法讲义》(陈刚、林剑锋、郭美松译)等。

9.法学学术经典译丛

由法律出版社主持出版(其中有些作品原是由其他出版社先前出版的,如《当代主要法律体系》、《原始人的法》等),已经出版的有:耶林著《法律的目的》(于庆生译);李斯特著《德国刑法教科书》(徐久生译);米歇尔·施托莱斯著《德国公法史(1800~1914)》(雷勇译);马林诺夫斯基著《原始社会的犯罪与习俗》(原江译);高桥宏志著《重点讲义民事诉讼法》(张卫平等译);普维庭著《现代证明责任问题》(吴越译);庞德著《法理学》(1~5卷,余履雪、封丽霞、廖德宇、王保民、王玉等译)等。①

---

① 大型法学著作译丛,还有吴越主持的"德国法学教科书译丛",法律出版社出版,涉及各个部门法,共15种;北京大学出版社组织的"世界法学译丛",已经出版了《官僚的正义》、《成文宪法》和《欧洲人权法》等10多种;洪范法律与经济研究所主持的"法律与发展译丛",第一批有《法律的价值——转轨经济中的评价》、《第三世界的法律与发展》等10余种;徐显明主编"法学译丛"(商务印书馆出版),已出版的有《最高法院与宪法》等;中国法制出版社主持"外国法学名著",已经出版的有《英宪精义》、《美国宪法原理》、《日本破产法》、《法国民事诉讼法要义》、《德国刑法教科书》等10多种;武汉大学出版社主持"世界法学精粹文库",已经出版的有《媒体法》等。

10. 中国近代法学译丛

何勤华主持,中国政法大学出版社出版。已经面世的有 51 卷,虽然是将清末及民国时期翻译的外国法学名著重新点校、再版,但对广大读者尤其是年轻人来说,仍然属于新推出的译作。所以从 2003 年起陆续出版后,受到了读者的欢迎和好评。

以上,我们之所以不厌其烦、用大量篇幅介绍了新中国成立后 30 年学术界翻译出版外国法著作的成果,一方面是想对这一领域作一个系统的梳理;另一方面,也是为了向学界的年轻人推荐这方面的优秀作品,使他们更快、更直接地进入这一学术阵地。

应该说,外国法作品的翻译,对推动中国外国法制史学科乃至整个中国法学学科的发展具有重要的意义。

第一,这些作品提供了外国法制史的丰富的知识和材料,既方便读者了解外国法学大师博大的思想体系以及外国法律制度宏大的知识积累,也可以使我们在这些知识和材料的基础上将研究进一步向前推进。

第二,翻译这些作品,培养了我国一批高层次的法律人才。翻译国外法学名著是一所大学校,通过这所学校,我们的译者不仅在专业和外语两个方面得到锻炼,得以提高,而且在法律理念、法学思想、法律素养和法的情操等方面受到陶冶,为今后的成长奠定了基础。

第三,扩大了外国法制史这门学科的影响。翻译外国法学著作,不仅参与翻译的人不全是外国法制史专业的,而且阅读这些法学著作的人也远远超出了外国法制史这一专业。因此,一定程度上可以说,翻译外国法律著作(法学名著)是彰显外国法制史这门学科的魅力的最好方式。

第四,这些作品,凝聚了历代西方法律先哲的思想和感悟,记录了各个国家法律制度、原则和规定的变迁,因而在一定程度上也反映了各个国家整个社会与法律之间互动的变化,因此,这些作品本身,都是人类法律文明各个阶段的标志和体现。将这些作品翻译出版,是中华民族对整个人类社会法律文明的传承。在一定意义上说,其贡献是世界性的。

第五,活跃了我国法学界的对外交流活动。通过这些作品的翻译与引进,使中国读者特别是年轻人认识、了解了一批国际级法学大师。

而这些大师，也通过他们的译著，不仅是学说、观点和思想，来到了遥远的东方大国中国。而且美国法学家德沃金、英国法学家拉兹、德国法学家克茨、日本法学家滋贺秀三、大木雅夫等，都先后来中国讲学、访问，就是很好的例子。

五、外国法制史学科的展望

新中国外国法制史学科60年的历程，既艰难曲折，又光辉灿烂。这门学科走过的道路证明，中国的法治建设需要外国法的经验和成果，中国的法学发展需要外国法的理念和知识。这一点，也决定了未来中国法和法学的发展，离不开对外国法和法学的吸收、移植和借鉴，决定了外国法制史学科的前途是光明的，地位是重要的。当然，和各部门法相比，外国法制史作为一门基础学科，受重视、受关注的程度肯定要差一些。同时，在当下全社会都更加注重实用、更加趋于功利的状况下，期望外国法制史成为一门显学也是不现实的。因此，我们，作为外国法制史学科的建设者和守护者，必须保持清醒的头脑，积极开拓，锐意创新，促使外国法制史学科进一步走向繁荣。

第一，在课程设置方面，我们要开动脑筋，继续努力。除了不断丰富和更新传统的外国法制史课程的内容外，还要开发一批新的外国法律的课程，如外国金融法、外国银行法、外国保险法、外国电子商务法，以及西方宪法史、行政法史、民法史、商法史、刑法史、诉讼法史，等等。同时，吸收教学和科研成果，编写这些选修课的教材，扩大外国法制史整个学科的影响力。

第二，我们在教材编写方面，也要加大力度，花力气编写出更好、更多的有特色的教材。应该说，60年来，我们的教材从无到有，从少到多，由粗糙到精良，很有成就了。但这还不够。我们对许多国家，许多地区的法制的介绍和评价，都是非常简单和浅显的，有些甚至是有错误的。因此，对于我们现有的教材，必须进行全方位的整理、修订和完善。我的体会，近年来，在学术界的一致努力下，我们的学术积累已经越来越丰厚。仅就古代法部分，如巴比伦，古印度、古希腊、古罗马，资料就非常的多。不要说外语文献，就是中文资料，最近几年也都出版了大量成果。对此,我们的教材都应当很好地予以利用。

第三,撰写专著和论文的视野要更为开阔。就专著而言,如上所述,我们已经有了日耳曼法研究、教会法研究、伊斯兰法研究、古代西亚法研究。但就古代埃及、古代巴比伦、古代希伯来、古代希腊以及中世纪法的许多领域,我们的研究都很薄弱,有些至今仍然是一片空白。对此,我们应该整合力量,攻破这些领域中的一些研究难题。至于近代以后各个国家、各个部门法等领域,研究的课题就更加多了,值得我们年轻人尽力耕耘、大显身手,拿出有分量的成果。

第四,人才培养始终是外国法制史学科可持续发展的第一件大事。在这方面,一是要注重外语能力的养成。现在掌握英语一般没有问题了,人才也比较多了,但需要精通。二是德语人才也开始有了一批,近年来我们翻译德国的法学著作比较多,就是一个证据。现在的问题是,我们比较缺少懂法语、意大利语、俄语、西班牙语、葡萄牙语等小语种的人才。懂日语的人才以前比较多,最近也少了,必须引起我们的重视。

在人才培养方面,除了外语,第二个重要的方面就是专业了。在专业上,面临知识扩张、知识爆炸的局面,我们不可能做到面面俱到,必须精通一个方面、一个领域,如美国法、英国法,或者外国宪法、外国民法、外国商法、外国刑法,或者教会法、伊斯兰法、日耳曼法、中世纪城市法等。既要培养兴趣,也要有一种使命感、责任感。写论文,做课题,编教材,搞研究,都是非常艰辛、非常寂寞的,如果没有使命感和责任感,没有兴趣,是无法坚持下去的。

第五,继续搞好全国外国法制史研究会的建设。精心准备,开好每一次年会,让大家有一个欢乐愉快的大家庭,形成一种凝聚力,有一个和谐的精神家园。在外国法制史领域,我们已经出了许多人才,我们这一批50年代出生的人不算,60年代以后出生的,也有贺卫方、徐国栋、李秀清、夏新华、苏彦新、郭光东、张海斌,他们科研成果突出,教学效果极佳,充满了人格魅力和学术号召力,他们是我们外国法制史专业的骄傲,也是我们研究会的品牌和标志。我们要珍惜他们。我们要把每次年会都开成一次盛会,一次见面时热情相拥,分别时满眼含泪的难忘之会。这是我们基础学科研究能够坚持坐冷板凳的精神动力,也是我们能够将外国法制史学科发扬光大的精神动力。

新中国法学群英谱

2009年夏天，上海《新民晚报》“夜光杯”之“东方大律师”栏目的编辑王小丹和我联系，希望我组织一组文章，在每周一期的“东方大律师”栏目中连载，而文章的内容，既要有理论价值、学术贡献，又要通俗易懂、雅俗共赏。我和陈颐副教授商量后，将我们组织撰写的原发表在《中国法律》(2009年第6期)上的“新中国法学群英谱”一文，增补扩充后，按人物分成57篇，交《新民晚报》参考刊用。经晚报编辑部与我们各位作者的多次沟通，反复修改，最终定稿后于2009年11月29日至2011年2月20日在《新民晚报》“星期天夜光杯·东方大律师”专栏连载。

参加本文写作的成员，除了我和陈颐之外，还有吴玄、卢然、陈佳吉、任海涛、何佳馨、蒋永锵、舒曼、魏琼。

最后，对王小丹编辑以及《新民晚报》“星期天夜光杯·东方大律师”专栏表示我们诚挚的谢意。

1. 沈钧儒　中国宪政运动的发起者和推动者

沈钧儒是新中国民主党派的第一代领袖，也是新中国法学的元勋之一。他原籍浙江嘉兴，1875年出生于江苏苏州。光绪年间中了进士。1905年至1907年留学日本，在私立法政大学速成科学习。回国后从事立宪运动。1911年参加辛亥革命，次年参加中国同盟会，参加讨伐袁世凯、拥护民主宪法的运动。之后，沈钧儒先后参加反对北洋政府、反对蒋介石封建专制统治的活动。1928年以后，长期在上海担任律师工作。1935年与马相伯等一起组建上海文化界救国会，次年正式成立全国各界救国联合会。1936年夏，因救国活动而与王造时、史良等6人一起被国民党政府逮捕，史称“七君子事件”。抗日战争爆发后出狱。1941年与张澜等倡议成立中国民主政团同盟，后改组为中国民主同盟，任中央常务委员。抗日战争胜利后，出任中国人民救国会主席。以后一直从事反对蒋介石专制独裁的活动。1948 年与郭沫若等一起从香港秘密赴延安。

新中国成立后,沈钧儒历任最高人民法院院长、全国人大常委会副委员长、政协副主席、中国政治法律学会副会长,以及中国民主同盟副主席、主席等职。作为中国近代著名政治活动家,沈钧儒对中国法和法学的发展也做出了巨大的贡献。

第一,沈钧儒是中国近代宪政运动的发起者和推动者。早在辛亥革命之前的 1907 年,他就开始倡导宪政,并担任浙江谘议局副议长予以身体力行。革命后,在浙江曾与褚辅成等组织立宪国民社,推动宪政。1913 年曾发表宣言,讨伐袁世凯。1921 年,为宣传西方宪法精神,编写了《制宪必携》。1924 年与褚辅成等一起,参加浙江省自治法会议,参与起草自治法。在南京国民党执政期间,他也利用各种场合,积极参与议会活动,为民主宪政的建立而努力。

第二,积极从事司法制度的改革,坚持公正司法。早在 1920 年沈钧儒出任护法军政府总检察长的时候,他就强调司法公正,并大力整顿监狱,将狱中成年人与未成年人分开,改善监狱卫生条件,将麻风病人隔离监禁等。他在上海从事 40 多年律师生涯中,他主持正义,勇敢地与各种专制黑暗势力进行斗争。

第三,从事法学教育和法学研究,为中国法学的近代化作出努力。沈钧儒作为一名留学日本学习法律出身的民主进步人士,一生中既从事过法学教育(辛亥革命前曾创办过法政学校,1927 年又担任上海法科大学的教务长),也撰写了许多法学论著。例如,《好政府与法》(1922 年)、《法统与民意》(1922 年)、《呈立法院文》(1934 年)、《呈司法院文》(1935 年)、《在苏州高等法院第一次审理庭会上的答辩词》(1937 年)、《怎样推进宪政运动》(1939 年)等。沈钧儒的这些活动和论著,也为中国法学的近代化作出了贡献。

1963 年,中国宪政学家、中国近代著名民主人士沈钧儒去世。

2. 江　庸　新中国律师界的精神楷模

江庸的一生,虽然主要是在清末和民国时期度过的,但他作为中国近现代的著名法律教育家,尤其是骨头很硬的、富有正义感的律师,其精神影响了新中国成立初期整整一代的律师。

江庸祖籍福建长汀,1878 年生于四川璧山。祖父、父亲都曾是四川地方官员。江庸幼承家教,打下比较扎实的国学基础。1901 年,江庸赴日本留学,入成城学校、早稻田大学师范部法制经济科深造。毕业前一年,曾兼管法政大学中国学生速成班学务,并充任翻译、助教等职。在此期间,他认识了秋瑾、蔡锷、梁启超等人。

江庸是中国近代富有正义感的司法制度的创始人之一。1906 年江庸毕业回国,被直隶总督袁世凯任命为天津北洋法政学堂总教习。不久修律大臣沈家本聘请他担任修订法律馆专任纂修、法律学堂教习。1909 年兼任京师法律学堂监督。1912 年中华民国成立,江庸留任大理院推事,随后又出任京师高等审判厅厅长。次年,熊希龄组阁,梁启超出任司法总长,他任司法部次长。1915 年,他见袁世凯有称帝之野心,不愿与之同流合污,辞职下野。1917 年李经羲继段祺瑞出任总理,请江庸担任司法总长,他坚辞不就,避往汤山。不久张勋复辟帝制,他进一步避往天津。直至复辟闹剧结束,1917 年 11 月结束王士珍任国务总理组阁,他才答应出任司法总长。

江庸是积极参与革命活动的法律教育家。1918 年,江庸赴日本出任留学生总监督。1920 年回国后,他担任修订法律馆总裁、故宫博物院古物馆馆长、东方文化事业总委员会委员等职。1924 年创办了《法律评论》周刊,出任法律评论社社长。是年,赴广东游历,晋谒孙中山。回北京后,出任国立法政大学校长。1927 年,江庸与汪有龄等人创办朝阳大学,并出任校长。民国时期的法律教育,有“北朝阳、南东吴”的说法,江庸作为朝阳大学的创始人功不可没。

江庸也是中国近现代骨头最硬的正义律师。1924 年贿选总统曹锟上台后,江庸不愿与之同流合污,遂辞职在北京开办律师事务所,执行律师业务。在近代中国的艰苦环境之下,江庸为司法公正而奋斗。他曾于 1935 年为历史学家侯外庐在北平被国民党政府逮捕事辩护。在 1936 年 12 月上海沈钧儒、史良等“七君子事件”中,他也曾为被捕诸人义务出庭辩护。抗日战争爆发后,江庸拒绝日伪利诱出任汪精卫政权的官职,去重庆从事律师业务。抗战结束后回上海继续从事律师业务,并多次拒绝蒋介石的任职。

1949 年中华人民共和国成立后,江庸出任政务院政治法律委员会委员,第一届、第二届全国人民代表大会代表,上海文史馆副馆长、馆长等职。1960 年 2 月 9 日在上海病逝。

3. 谢觉哉　人民司法制度的奠基人

被毛泽东称为“延安五老”(其他四人为徐特立、董必武、林伯渠、吴玉章)之一的谢觉哉,是新中国司法制度的奠基人之一,也是我国著名的学者和教育家、杰出的社会活动家。

他 1884 年出生于湖南宁乡。新中国成立前,他在司法、民主、法制等领域的贡献对于新中国早期民主法制建设起到了先导作用,是新中国法制事业的先驱之一,其贡献表现在以下几个方面:

第一,他在根据地时期的立法实践活动为新中国第一批法律的制定积累了成熟的经验。1933 年 4 月,谢觉哉来到苏区,在任中央政府秘书长、内务部长期间,参与制定了根据地第一批法律:《选举法》、《土地法》、《劳动法》、《婚姻条例》、《税收条例》、《惩治反革命条例》、《惩治贪污犯条例》等,为我国的立法工作迈出了第一步。1945 年,边区政府成立了由谢觉哉负责的宪法研究会,起草《宪法草案大纲》。1946 年,谢觉哉和中央法制委的同志们,起草了宪法、民法、刑法和土地改革法等草案,为制定新中国的第一批法律付出了大量心血。

第二,他在民主、多党合作、政权建设方面的探索和创新,为新中国积累了经验。1936 年,时任中华苏维埃人民共和国临时中央政府西北办事处内务部部长的谢觉哉,在领导县、乡两级政府选举时,发明了“投豆子选举法”,使目不识丁的农民得以行使民主权利。1937 年,陕甘宁边区政府实行“三三制”,边区成立参议会后,谢觉哉任副参议长,一方面,他与李鼎铭、安文钦、李丹生等民主人士通力合作,把陕甘宁边区建成了各抗日根据地建设“三三制”政权的模范;另一方面,谢觉哉在 1941 年第二届参议会上,将《参议会组织条例》中把参议会性质从原先规定的“民意机关”改为“代表机关”,这一用词的变化就表明参议会已经是边区人民管理政府的最高权力机关,在二届二次会议上又建议将“参议会”改名为“人民代表会议”并全面论述了民主选举、人民代表会议和民主政府的认识。上述思想为新中国人民代表大会这一国家根本政治制度的建立起到了引导作用。

第三,他在司法领域的工作为新中国司法奠定了基础。谢觉哉担任陕甘宁边区政府司法部长兼陕甘宁边区高等法院院长期间,他为革命政权下的人民司法制度创建了雏形。1948 年,华北人民政府成立,谢觉哉任人民政府委员、司法部部长,他到任后的第一件事就是开办司法培训班,为新中国培养了第一批司法干部。1949 年 8 月,朝阳大学改组为中国政法大学后,谢觉哉兼任校长,为新中国培养了大量司法干部。同年底,为了加快法律人才的培养,党中央在北京成立了新法学研究院,谢觉哉兼任副院长。1959 年 3 月,谢觉哉当选为最高人民法院院长,他强调要恢复法院的正常审判,做到“不纵、不宽、不漏、不错”,谢觉哉身先示范,深入到全国查办大案要案,纠正了不少冤假错案,为新中国司法工作奠定了基础。

谢觉哉于 1972 年去世,他的论著,后来由其夫人王定国和学生王萍、吉世霖编辑,取名《谢觉哉论民主与法制》(法律出版社 1996 年版),成为我国学术界研究革命法制史的重要史料。

4. 董必武　新中国法制建设的指导者

董必武为新中国民主法制建设、法学研究事业做出了奠基性的贡献。

董必武(1886~1975 年),原名董贤琮,又名董用威,字洁畲,号壁伍。湖北黄安(今红安)人。他于 1914 年考入日本东京“私立日本大学”学习法律,因而成为我党第一代领导人中唯一一位法科出身的领导人。他于 1945 年代表解放区参加旧金山联合国制宪会议并在《联合国宪章》上签字,为世界和平作出了贡献。他对于新中国民主法制事业的贡献表现在以下方面:

(1)立法方面。1948 年,董必武担任华北人民政府主席,仅用 13 个月的时间制定颁布了 200 多项法令、法规、训令、通则等,为中央人民政府的成立做了法制上的准备。在董必武主持下制定的《中央人民政府惩戒违法失职人员暂行条例》、《中央人民政府任免国家机关人员暂行条例》、《最高人民法院试行组织条例》、《最高人民检察署试行组织条例》及国家机关的办公制度、程序等法律法规在1949年末公布，这是新中国颁布的政法方面的第一批组织法规。

(2)司法方面。在苏区期间，董必武担任最高法院院长，探索了党领导下的司法建设道路。华北人民政府期间，在其推动下，至1951年4月，全国新建人民法院891个，连同原已建立的共有2458个人民法院。现行的法院体制、审级、上诉、死刑复核、公开审判、陪审员等制度都成形于那个时期。1954年，董必武当选为最高人民法院院长。

(3)民主建设方面。在第二次国共合作时期，董老利用国民参政会和其他场所，领导和推动各党、各派、各界人士，组织宪政促进会，进行大规模的争取民主、反对国民党独裁统治的宪政运动。新中国成立后，他兼任政治法律委员会主任，把抓民主建政的重点放在建立人民当家作主的各级人民代表大会制度。在八大的报告中，他明确提出了党政职能分开的原则，认为“加强民主与法制建设，可以使党和政府的活动做到‘有法可依’、‘有法必依’。”

(4)推动法学研究和法学教育方面。第一，在他的积极努力下，继中国人民大学、武汉大学、复旦大学、东北人民大学及北京大学之后，各综合性大学也相继恢复或建立了法律系。他推动建立了北京、华东、西南、中南四所政法学院。他还积极推动建立了中国社会科学院法学研究所(1958年)，为法学高等教育构筑了基本的人才培养基地。第二，董必武对于政法思想阵地建设十分关心，支持创办了《政法研究》、《政法译丛》，还建议《光明日报》开辟理论版块刊登法制学术论文。董必武向中央上书建议建立法律出版社，获批后他亲自为出版社配备了社长、总编辑等领导骨干，亲自找北京市委，为出版社寻找社址。第三，在董必武主持下，建立了“中国政治法律学会”这一新中国第一个正式成立的政治法律学术研究团体，并担任学会主席，为加强学术交流创造了条件。

5. 陈瑾昆　奔赴延安的著名法学家

说到新中国法和法学的发展，陈瑾昆是一个富有传奇色彩的人物。

1887年，陈瑾昆出生在湖南常德。1908～1917年留学日本，毕业于日本东京帝国大学法学部，获得法学学士学位。归国后任北洋政府奉天省高等审判所推事和庭长，1918年任修订法律馆纂修。1919年任大理院推事、庭长，继任最高法院庭长。1933年曾任国民党政府司法行政部民事司司长。

1919年至1938年间，陈瑾昆曾在北京大学、朝阳大学等校专任或兼任讲师、教授。抗日战争胜利后，于1947年在中共中央法律委员会工作，曾参加制订《中国土地法大纲》。1948年任华北临时代表大会代表，华北人民政府成立后，任政府委员兼华北人民法院院长。1949年9月参加中国人民政治协商会议，参与《共同纲领》的制订工作。

中华人民共和国成立后，在教学上，由于1952年院系调整中北京大学法律系的撤销而使陈瑾昆失去了教授的职位，但他在政治上当时还受到了政府的重视，先后任第一届、第二届、第三届政协全国委员会委员，中央法制委员会副主任委员，中国政治法律学会理事会理事，最高人民法院委员、顾问等职。1959年，陈瑾昆因病去世。

在陈瑾昆的法学生涯中，有两件事情是必须提及的。一件是他在抗日战争爆发，北京大学、清华大学和南开大学南下组织长沙临时大学和西南联合大学期间的杰出表现。1937年10月，陈瑾昆南下参加长沙临时大学的筹建工作，并成为该法律系“七教授”之一，一人主讲民事诉讼法、刑事诉讼法、民刑事诉讼实务三门课。一年之后，长沙临时大学迁云南改名西南联合大学，陈瑾昆继续主讲民事诉讼法、刑事诉讼法、民法债编、诉讼实习等课。至1946年8月西南联大解散，陈瑾昆在南方的艰苦环境中坚守法律教育岗位共9年，为中国现代法律教育作出了突出的贡献。

另外一件事就是抗战胜利之后，陈瑾昆于1946年携全家8口至延安。这引起了当时中国法学界的轰动。因为，陈瑾昆是民国时期第一流的著名法学家，其著作《刑事诉讼法通义》、《刑事诉讼实务》（北平朝阳学院1929年版）、《民法通义债编》（北平朝阳学院1930年版）、《民法通义总则》、《民法债编各论》（北平大学1930年版）、《民法通义债编总论》（北平朝阳学院1930年版）、《民法通义债编各论》（北平朝阳学院1931年版）和《刑法总则讲义》等，都是民国政府的通用教材和主流作品，在法学界享有极高的声誉。1946年时，国民党的实力表面上看远胜于共产党，延安的生活环境也远艰苦于北京，在这种状态下，在国民党统治区过着优越生活的陈瑾昆竟然带领全家奔赴延安，并于同年加入中国共产党，确实是需要非凡的勇气和胆略的。

恰恰是如此举动，使陈瑾昆成为新中国法和法学的开创者之一。他积极参加了1950年《中华人民共和国婚姻法》和1954年《中华人民共和国宪法》的制定工作，成为起草工作中的核心人物。而这两部法律，直到今天仍然被国内外学术界认为是新中国最好的立法之一。陈瑾昆的事迹和贡献也由此被永远载入了新中国法和法学发展的史册。

6. 周鲠生　中国近代国际法之父

周鲠生（1889～1971年），原名周览，湖南省长沙市人。幼时家境贫寒，4岁丧母，10岁丧父。1900年在父亲朋友的资助下，进湖南省立第一小学学习，因成绩优异，1906年被保送到日本留学，先学实业，后入早稻田大学学习政治与经济。辛亥革命前夕加入中国同盟会，随后回国，受任编辑汉口的《民国日报》。

说来有趣，周鲠生的学术成长，来源于他的革命遭遇：由于周鲠生利用他编辑的《民国日报》进行反对袁世凯反动统治的宣传，故遭到通缉，被迫于1913年7月离开中国，先后留学英国和法国，学习法律，获英国爱丁堡大学法学硕士学位、法国巴黎大学法学博士学位。1921年底周鲠生从法国回国后，入商务印书馆当编辑，随后担任该馆编辑所法制经济部主任，第二年应蔡元培之邀请，担任北京大学政治学系教授。在授课之余，他潜心于国际法学和外交史的研究以及文化教育工作。

1926年，广东国民政府筹备改组广东大学为中山大学，周鲠生参加了筹备工作，1927年北伐军占领南京之后，他到南京担任东南大学（后改名中央大学）教授、政治系主任。随后被聘参与制定宪法的工作，但因不满蒋介石的独裁统治而“自愿退出”。1929年9月，他应聘到武汉大学工作，1935年任该校法科研究所主任，同年10月改任法律系主任。1939 年赴美讲学，并担任研究工作。1945 年 4 月担任出席太平洋学会年会中国代表和圣弗朗西斯科（旧金山）联合国组织会议中国代表团顾问。同年夏天，周鲠生回国担任武汉大学校长兼政治系教授。

周鲠生与周恩来总理私交甚笃，因此，中华人民共和国成立后，他拒绝了国民党的邀请，没有去我国台湾地区，而是留在大陆继续担任武汉大学校长，并任中南军政委员会委员兼文化教育委员会副主任。1950 年起接受周总理的邀请，赴北京任中华人民共和国外交部顾问，以后兼任中国人民外交学会副会长，并历任第一届、第二届、第三届全国人民代表大会代表和第三届全国人民代表大会法案委员会副主任委员，对中国的外交和立法工作做出了贡献。1956 年加入中国共产党。晚年抱病著述，写成《国际法》一书，约 60 万字。

周鲠生是民国时期著名法学家，不仅在国际法领域成就卓著，就是在法理学、宪法学等学科也有许多成果发表。其著作主要有：《国际法大纲》、《近代欧洲外交史》、《近代欧洲政治史》、《现代国际法问题》、《非常时期之外交》、《国际政治概论》、《国际公法之发展》、《不平等条约十讲》、《万国联盟》、《领事裁判权》、《近代国际政治小史》、《法律》、《国际法》等。此外，周鲠生还在《东方杂志》、《武汉大学社会科学季刊》等刊物上发表了众多的国际法学和时评论文。这些成就，奠定了他在中国近代国际法学界的创始人地位，成为学者公认的中国近代国际法之父。

7. 张志让　新中国第一代大法官

张志让，江苏省武进县人，1893 年 12 月 28 日生。1912 年考入北京大学预科，1915 年后留学美国、德国学习法律，1921 年回国后先在北京北洋政府司法部任参事，两年后任大理院推事，同时从事法学研究和文化教育工作，并任北京大学、东吴大学和复旦大学教授。后在其堂弟、著名共产党人张太雷的影响下，他辞掉在北京的官职，投身反帝反封建的大革命洪流，赴武汉出任国民革命政府最高法院的民事法官。

北伐革命之后,1927 年冬,张志让在上海从事律师业务。1931 年“九一八”事变后,张志让积极参加抗日救亡活动。1932 年起他出任复旦大学教授、法律系主任、法学院院长。1936 年为营救爱国人士沈钧儒、邹韬奋、史良、王造时、李公朴、沙千里等七君子,他与江庸、张耀曾等 20 名进步律师一起,出庭辩护,与国民党政府进行了不屈不挠的斗争。1937 年“七七”事变后,他加入中国共产党,积极营救遭受国民党迫害的爱国进步人士和中国共产党地下工作人员。

张志让在法学研究领域也是成果丰硕,早在民国时期就已经著作等身。1949 年 10 月中华人民共和国成立后,张志让出任复旦大学校务委员会主任委员,参加了中国人民政治协商会议第一届全体会议,先后被选为第一、二、三、四届全国人民代表大会代表,担任全国人民代表大会和中国人民政治协商会议的多项领导职务,并出任最高人民法院副院长、中国政治法律学会副会长等职。1978 年,张志让因病去世。

张志让对中国近现代法和法学发展的贡献,主要体现在三个方面,一是作为一名法律教育家,张志让长期担任北京大学、复旦大学等校法律系教授,为培养法律人才做了许多工作。二是为新中国的立法事业做出了努力。他是 1954 年宪法起草小组的成员,也是 50 年代诸多重要的司法文件的起草者。在当时中国法制尚不健全的状态下,张志让为建章立制所起的作用显得尤为重要。三是为建立、健全和完善新中国的司法审判制度辛勤工作、殚精竭虑,做出了巨大的贡献。自新中国成立最高人民法院,张志让即被任命为副院长,是新中国的第一代大法官。1956 年,在我国尚无刑法、刑事诉讼法的情况下,张志让接受最高法院的委托,进行“关于刑事案件的罪名、刑种和量刑幅度”的调查研究,用总结审判实践经验的方法,来指导各级法院定罪量刑的工作。在张志让的主持下,共组织了 23 个高级法院的近 2 万件材料,汇集了新中国成立以来全国各地人民法院审判工作的丰富经验。经过反复深入的研讨,听取 40 多家法院、公安、高等院校等单位的意见,形成《关于刑事案件的罪名、刑种和量刑幅度的初步总结》的文件,经最高人民法院审判委员会通过并下发全国法院执行,在审判实践中起到了刑法和刑诉法的作用。

8. 何思敬 “中国第一流的法学家”

何思敬，1896 年出生于浙江省杭县。早年留学日本，攻读法学和哲学。1927 年回国后，任广州中山大学教授和法科副主任。20 世纪 30 年代参加反帝大同盟、社会科学工作者联盟、创造社等进步团体。1931 年“九一八”事变后，何思敬在上海参加文化界反日大同盟、巴比塞反战同盟和国民御侮自救会的革命活动。1932 年加入中国共产党。1936 年在香港主持全国各界救国联合会华南总部的工作。

作为中国近代史上最著名的“红色法学家”，何思敬 1938 年就从国民党统治区来到延安，随后，就马上投入了抗日革命根据地的政府与法制建设。历任抗日军政大学教授、延安大学法学院法律系主任、中共中央党校研究员、政策研究室负责人。如果我们随意翻开延安时代的《解放日报》，就可以看到何思敬撰写的许多高水平的法理和宪法方面的论文。1945 年，何思敬出任中共代表团法律顾问，参加国共两党的谈判。在 1946 年开始的第三次国内革命战争时期，何思敬曾任中央法律委员会委员等职。

何思敬，也是新中国第一代法和法学事业的开拓者。他在中华人民共和国成立后，先后出任北京大学法律系教授，中国人民大学教授、法律系主任，中国人民政治协商会议第一届全体会议代表，中央法律委员会委员，外交部专门委员，中国政治法律学会常务理事。他对马克思主义有精深研究，一方面积极宣传马克思主义法学和哲学，撰写了介绍《德意志意识形态》、《家庭、私有制和国家的起源》、《实践论》等重要哲学著作的文章，同时以严肃的科学态度从德文原版翻译马克思、恩格斯的著作，其中有《法律家社会主义》、《国民经济学批判大纲》、《恩格斯论教育和生产劳动的结合》和《马克思、恩格斯论共产主义的全面教育》等著作，他在当时法学界，享有如同艾思奇在哲学界一样的重要地位，在法学理论干部的培养以及法学研究事业上做出了突出贡献，被毛泽东誉为“有正义感、有勇气、有学问”的人，“中国第一流的法学家”。

非常不幸的是，这位“中国第一流的法学家”，没有死于战争，而是在1966年爆发的“文化大革命”中被造反派摧残而死。1968年4月，何思敬教授在自家的卫生间里遭到造反派的“批斗”。当时他已72岁，戴着深度近视眼镜，在推搡殴打中脚步不稳，一下撞在水泥池边沿上，当时眼镜撞碎，眼珠凸出眼眶，血流不止，结果引发中风不幸去世。1979年，中共中央为何思敬平反昭雪，并在八宝山革命公墓礼堂举行追悼大会，以纪念这位著名的法学家，并让后人永远记住新中国法和法学发展史上这一惨痛的教训。

9. 杨秀峰 “红色教授”

杨秀峰，原名碧峰，字秀林。1897年出生于直隶省(河北)迁安县杨团堡村的一个书香门第。1916年考入北京高等师范学校(北京师范大学前身)学习，并参加了“五四运动”。1921年起，曾先后在江西、河北、北平等地中学任教。1929年赴法国留学。1930年加入中国共产党，参加领导法国华侨反帝同盟。后前往苏联学习。回国后，任教于河北法商学院、北京师范大学等校，以大学教授身份从事革命活动。1936年参加发起组织华北各界救国会，是华北文化界救国会的主要领导人之一，被誉为“红色教授”。“七七”事变后，杨秀峰前往根据地并先后担任冀西抗日游击队司令员，河北抗战学院院长，晋冀鲁豫边区政府主席，边区行政学院院长等职。在战火纷飞的岁月，他走到哪里，就把学校办到哪里。在根据地他也注重革命法制建设。解放战争时期，他又任华北人民政府副主席、党组书记，中共中央华北局委员。全国解放后，杨秀峰曾任河北省人民政府主席，高教部部长，教育部部长，最高人民法院院长。

杨秀峰曾主持了号称“开国第一大案”的刘青山和张子善贪污案的调查工作。50年代初，为了巩固执政地位，全国性的“三反”运动展开。中共中央下发了《关于实行精兵简政、增产节约、反对贪污、反对浪费和反对官僚主义的决定》。在“三反”运动中，河北省委省政府根据揭发出来的原天津地委书记刘青山和天津专区专员张子善贪污腐化违法乱纪的事实，决定成立以杨秀峰为领导的调查处理委员会，并会同天津市对刘青山、张子善贪污案进行调查和侦讯。经过大量调查取证，调查处理委员会将刘、张贪污案的情况向中央人民政府政务院做了报告。之后，河北省在省会保定召开大会公审刘、张两犯，省高级人民法院临时法庭奉中央人民政府最高人民法院令，判处两犯死刑。

该案的完结，清除了腐败分子，使全党受到震动，教育和挽救了一批干部，对端正党风和净化社会风气起了巨大的作用。但是，“三反”运动中也出现了一些倾向，不少单位对管财务的同志捕风捉影，一时间，人心惶惶。在这种情况下，杨秀峰明确提出要实事求是，不能乱怀疑。他每次听取汇报时都反复强调，情况要核实准确，避免发生冤案。在后来的许多年里，杨秀峰始终坚持这种实事求是、注重调查研究的作风。1965 年他担任最高人民法院院长后，还多次亲自带队到下面去调查，先后到过北京顺义县、天津、河北、云南、广东、福建、浙江、上海、江苏等地调查了解法院审判工作贯彻党的政策和执行群众路线的情况，他通过调查和实践，总结研究了许多国家民主政治和社会管理的深层次问题，写下了许多论文和著作，为完善社会主义法制体系做出了积极的贡献。

在“文革”中，杨秀峰受到迫害。1979 年以后，他任五届全国人民代表大会常务委员会法制工作委员会副主任、中国法学会名誉会长、中国教育学会名誉会长，先后参加了我国《律师暂行条例》、《民法》等重要法律的立法起草工作。1983 年 11 月 10 日，杨秀峰走完了最后的人生里程。

10. 张友渔　旧法学精英 新法学权威

张友渔生于 1899 年，是我国著名法学家、政治学家和新闻学家。

张友渔早年就读国立法政大学法律系，1927 年入党后，受党派遣，于 1930 年、1932 年和 1934 年三次东渡日本求学并进行革命活动。回国前后，先后担任过天津《汉文泰晤士晚报》总编辑、北平《世界日报》总主笔，并任燕京大学、中国大学、民国大学、中法大学、北平大学法商学院教授，讲授宪法学、劳动法学、新闻学和日本问题。在此期间，在党的领导下从事文化统战工作，创办《世界论坛》杂志和《时代文化》杂志（后改名《文化动向》），活跃在新闻战线上。

中华人民共和国成立后，张老在法学界一直扮演着开拓创新、引领法学理论研究的角色。例如，早在“文化大革命”前，当“法是统治阶级意志的体现”这一定义还是不可质疑时，他就另有说法：“我国的法是以工人阶级为领导的广大劳动人民意志的体现，并且也符合其他社会主义劳动者和拥护社会主义的爱国者的要求。”当国内不少法学教科书简单地用“经济基础决定上层建筑”来阐释法的发展变化时，他却提出，法的发展除受经济基础所决定外，上层建筑的其他构成要素的状况与变化也有不同程度的影响。由于张老在政治上所处的地位，能发表这些见解需要有很大的理论勇气，而他的创造性思维对推进法学观念的进步和法律制度的改革，作用也更大。

张友渔对法学、政治学、新闻学、国际问题都有精湛研究，对宪法学造诣尤深。他在学术上留给我们后人的，不仅仅是500多万字著作中所包含的非常丰富的思想与智慧，而且还有他个性鲜明的治学经验和为人风范。张老的治学经验和为人风范是高度统一的，可以用八个字概括这种高度统一：求实、创新、严谨、宽容。本着对自己的著述高度负责的态度，张老曾说：“我发表言论、写东西，都是讲自己的话，不抄袭，不盲从，反对教条主义，也不迎合时尚。绝不大家都这么说，或者哪个有权威的人说了，我就跟着说。经过我自己考虑了，研究了，认为是对的，我才说。”

张友渔的一生为党为人民辛勤工作，从不计较个人得失和个人恩怨，崇尚一切顺其自然。了解张老的人都知道，张老一生在党内德高望重，在学术界享誉甚高，在人格上更是高风亮节。他从来都是宽以待人、严于律己。在人们的眼里，张老不仅是一位老资格的革命前辈，也不仅仅是一位学界领袖，更是一位可敬和蔼的长者。为党和国家的解放事业以及建设事业做出了重要的贡献，特别是在晚年，为我国的立法工作、我国的社会主义法制建设以及我国的马克思主义法学理论建设做出了卓越贡献。

11. 马锡五 “马锡五审判方式”的开创者

马锡五，别名马文章，是陕西省志丹县（原为保安县）芦草沟村人，

1899年1月8日出生在一个贫苦的农民家庭。小学毕业后因为家境贫寒，父母无力再支付马锡五的学费，于是马锡五只能在家放羊，并帮家人做些零活。没过多久，马锡五听从父母的意见开始外出谋生，以补贴家用。从此，马锡五便走向社会，四处奔波。为了生活，他兵农工商样样都干过。

1943年3月，马锡五在陕甘宁边区高等法院分庭以专员兼分庭庭长的身份，开始从事司法工作。他在坚持法律原则的前提下，对一般民事案件进行调解，把判决和调解结合起来，采用座谈式的审判方式，便于群众诉讼，受到了群众的好评，被民众赞誉为“马青天”。经过几年的实践，马锡五的工作方法在边区的司法战线上渐渐形成了有名的“马锡五审判方式”，在解放区得到了大力推广。

关于“马锡五审判方式”有一个流传很广的典型案例：在马锡五到华池县检查工作的时候，突然遇见一个女青年拦路告状。马锡五受理此案后，首先在区乡干部和群众中进行细致的调查，并且听取了各方面的意见和要求。原来，这个女青年叫封芝琴（小名胖儿）。自幼由父母包办与张金才之子张柏订婚，到1942年胖儿长大成人，经人介绍曾与张柏见过面，双方都愿意结为姻缘。但她的父亲封彦贵为了从女儿身上多捞“彩礼”便与张家退了亲，准备将胖儿卖给庆阳的财主朱寿昌。张家知道后，纠集了亲友20多人，深夜从封家将胖儿抢回与张柏成婚。封彦贵告到司法处，司法人员未经周密调查，以“抢亲罪”判处张柏与胖儿的婚姻无效，张金才被判刑6个月，草草结了案。张家不服，胖儿也不服，便拦路告了状。马锡五掌握了基本案情后，又了解了胖儿的态度，胖儿表示“死也要与张柏结婚”。马锡五又广泛听取了群众意见后，召开群众性公开审判大会，作出如下判决：(1)张柏与胖儿的婚姻，根据婚姻自主的原则，准予有效。(2)张金才深夜聚众抢亲有碍社会治安，判处短期徒刑；对其他附和者给予严厉批评。(3)封彦贵以女儿为财物，反复出售，违犯婚姻法令，判处劳役，以示警诫。这样的判决，合情合理，非常恰当，群众听后十分称赞，热烈拥护，胜诉者胖儿和张柏更是皆大欢喜。双方当事人也无不表示服判，后来边区文艺工作者以此事为素材，编写了鼓词《刘巧儿团圆》和剧本《刘巧儿告状》，以后又改编成评剧《刘巧儿》。

1962年4月10日，马锡五在北京病逝，周恩来总理亲自参加了公祭大会。马锡五逝世的第二天，董必武副主席沉痛挥毫，写下了高度评价马锡五革命一生的挽诗：昨日惊闻噩耗传，法曹顿失一英贤。民刑案理三千卷，风雨同舟十二年。未即病床谈片语，只瞻遗体痛长眠。边区惠爱人思念，道马青天不置焉。

12. 钱端升　参与第一部宪法起草

钱端升，字寿朋，1900 年 2 月 25 日生于上海。自幼颖悟，19 岁赴哈佛大学深造，24 岁获哲学博士学位。归国后，任北京大学、清华大学讲师，传授政治学、宪法学。因痛感列强横行，时局危殆，任教南京大学时连续发表述论，强烈要求废除“领事裁判权”，并主张吸取西方经验，建立完善的中国行政系统。1934 年，天津《益世报》主笔罗隆基因抨击时政，离职他去，钱端升继任，数月间撰写评论近 200 篇，切中时弊，辛辣尖刻，终因触怒权贵，被迫去职。抗战爆发后，钱端升随北大西撤昆明，参与筹建西南联大。教学之余，撰写有关国际时事的论文和学术研究的专著，积极参加加强抗日统一战线的活动。

中华人民共和国成立后，钱端升历任北京大学法学院院长、北京政法学院院长、外交学会副会长等职。1954 年参与共和国第一部宪法的起草。不幸于 1957 年被划为右派，离开讲坛。“文化大革命”结束后，钱老虽已年高，仍积极参与国家政务，被选为第六届全国人民代表大会常务委员会委员、法律委员会副主任委员等职，主编法律学丛书。1981 年光荣加入中国共产党。1990 年 1 月 21 日病逝。中国政法大学师生挽联曰：“执教六十载，著作等身，诲人不倦，倾心育英才，师情似海，五洲桃李永怀钱翁；参政大半生，风雨同舟，肝胆相照，一切为人民，望重如山，四海法曹同悼端公。”

在学术上，率先运用“法律形式主义”的研究方法，将政治学研究聚焦于对各国宪法的研究，开启了我国比较政治研究的先河。建构了中国现代政治学研究的基本框架，奠定了其科学化、体系化的发展方向。他认为，政治学应该成为一门科学，具有经验性。它未来的发展，完全视其能否成为经验科学而定。

钱端升一生著作等身，在政治学、法学研究领域硕果累累，并以学人之身积极介入政治，在一系列重大问题上发出声音。例如，1925年提出租界的领事裁判权与国际公法之基于“主权属土”说背道而驰，列强在华之领事裁判权纯属鸦片战争后所强加，领事裁判权理应废除；1929年指出，立宪运动“行政没有一定手续，而人民常遭压迫，那无论政体怎样规定，政治总不会怎样高明，令法律迁就事实易，令事实遵循法律难”、“有法而不能实行，不被人所遵守，则离法治更远，不如无法”等掷地有声的观点。钱公为人正直，宁折不屈。1945年11月25日夜的西南联合大学图书馆草坪前，置身于国民党军队横飞的枪弹中，钱公仍大声疾呼，“内战必然毁灭中国！”“我们需要联合政府！”面对国民党政权的极权统治，钱端升表现出了知识分子的骨气和勇气，他几乎从来没有退缩过。

13. 史　良　新中国首任司法部女部长

1936年11月22日深夜，全国各界救国联合会七位负责人在上海被国民政府拘捕，酿成震惊中外的“七君子”事件。在这七位名动一时的知识分子当中，唯一的一位女性，便是后来任中华人民共和国首任司法部长的传奇人物——史良。

史良生于1900年，字存初，江苏常州人。早年即具有巾帼不让须眉的豪情。19岁即参加“五四运动”，1925年参加“五卅”惨案抗议游行而被捕。就学于上海法政大学后不满学校办学方针，组织百名同学脱校，另入上海法科大学，成为中国近代法学奠基人董康的门下高足。30年代史良在上海执业律师，天资过人，能够熟练背诵《六法全书》，不唯如此，史良誓言“做一个不出卖灵魂的律师”，办公桌前置一银牌，上书“人权保障”。她常常替穷苦百姓免费打官司，同时积极营救革命者，中共中央委员邓中夏、左翼作家艾芜、贺龙的前妻向元姑、中共地下党员任白戈等都幸赖她的努力而得以出狱。“七君子”事件发生后，史良在狱中断然拒绝政府诱降，在法庭上凭借着对法律的谙熟和流利的辩才，慷慨陈词：“抗日二字，人同此心，心同此理，除非检察官是日本帝国主义者，才会判救国有罪！”将检察官驳得瞠目结舌，无言以对。此后的人生中，史良一直秉承着其“不出卖灵魂”的誓言，毛泽东听闻她的事迹后，连称“女中豪杰”，当是对她做人做事的最好概括。

1945 年，作为重要民主人士的史良亦参加了重庆谈判。此后在国统区，史良坚持中国民主同盟的地下斗争，并于 1949 年 8 月成功劝说宋庆龄赴北平参加新政协。邓颖超后来如此评价史良：史良以自己的形象树立了共产党与民主党派“长期共存，互相监督、肝胆相照，荣辱与共”的范例，无愧为中国共产党的老朋友，光荣的爱国民主战士，中国杰出的女革命家。

中华人民共和国成立后，史良任首任司法部长。任内的 8 年里，史良抱着建设新社会法制的决心，兢兢业业，1950 年主持并落实了共和国第一部《婚姻法》，这也是中央人民政府成立后所制定的第一部大法。其具有的重大意义不言自明。史良在法律颁布过程中大力宣传婚姻政策，严惩侵害妇女人权者，同时改进审判制度与工作作风，对于执行不力和纵容、袒护，干涉婚姻自由的非法行为，坚决查处。此后由于“左”的思想泛滥，法治虚无主义盛行，司法部被撤销，史良便也结束了司法部长之职。“文革”结束后，史良又担任了一系列要职。

史良的一生可谓传奇曲折，通过法律来保障人民的民主权利，为人民服务，是史良的毕生志愿。在旧时代，她是大上海著名律师，民族救亡运动、争取民主运动的积极投身者，为民族和民主革命的胜利建立了不可磨灭的功绩，被毛泽东誉为“女中豪杰”；在新时代，她成为新中国人民司法工作的开拓者、司法行政工作的奠基人，为新中国的人民司法工作从理论到实践做出了杰出贡献。

14. 彭　真　社会主义法治建设的奠基人

彭真，原名傅懋恭，1902 年生于山西省曲沃县。1923 年加入中国社会主义青年团，同年加入中国共产党，是山西省共产党组织的创建人之一。曾任中共太原支部委员、书记，共青团太原地委书记等职。第二次国内革命战争时期，任中共顺直省委常委、唐山市委书记、顺直省委组织部长、中共中央北方局组织部长等职务。抗日战争时期，任中共中央北方局组织部长、中央组织部部长、中央城工部部长等职。解放战争时期，任中共中央东北局书记、中共中央组织部部长、政策研究室主任。

新中国成立后，历任中央人民政府委员、政务院政治法律委员会副主任、党组书记、中央政法小组组长、中央政法干部学校校长、中华人民共和国选举法起草委员会委员、第一届全国人民代表大会常务委员会副委员长、秘书长等职。“文革”期间遭到迫害，停止工作。1979年恢复工作。

彭真同志长期领导、主持社会主义民主与法制建设工作。1954年，他参加了新中国第一部宪法的制定工作，并在第一届全国人大一次会议上就宪法确定的法律面前人人平等的基本法制原则作了深刻的论述。接着，又领导了刑法等法律的起草工作。在“文化大革命”中，身陷囹圄期间，他对我国的民主法制建设进行了深入的研究和思考。党的十一届三中全会后，彭真作为我国社会主义法制的主要奠基人，长期主持党中央的政法工作和国家的法制建设工作。曾任全国人大常委会委员长，中共中央政法委员会书记等重要职务。他夜以继日地忘我工作，三个多月就主持制定了我国第一部刑法、刑事诉讼法等七部重要法律。1980年，他担任宪法修改委员会副主任委员，直接主持了宪法修改工作。1980年至1981年期间作为中央“林彪、江青反革命集团案件”审判指导委员会主任，具体领导了“两案”审判，对“两案”审判做出了重要贡献。

1979年以来，他领导制定了一系列关于国家机构、民事、刑事、诉讼程序、经济、涉外等方面的基本的重要的法律，为我国的社会主义法制奠定了坚实的基础。他对社会主义法制建设提出了许多重要思想，指出：从革命战争时期主要依靠政策办事，到人民掌握全国政权以后，不仅依靠政策，而且依法办事，这是一个历史性的转变；健全社会主义法制，必须围绕经济建设这个中心，坚持四项基本原则，坚持改革开放，为建设有中国特色的社会主义服务；立法工作必须以马克思主义为指导，从中国的国情出发，总结自己的实践经验，同时吸取古今中外有益的东西；各级国家机关必须严格依法办事，同时通过宣传教育，把法律交给群众，这是法律得以遵守、执行的可靠保证；在我们国家，党领导人民制定宪法和法律，党也领导人民遵守、执行宪法和法律，党自己也必须在宪法和法律的范围内活动。坚持党的领导，严格依法办事，服从人民意志，三者是统一的。

在改革开放时期，他从实际出发，创造性地提出了一系列适合中国政法工作实际情况的方针性的指导意见，为发展社会主义民主，健全社会主义法制，为推动人民代表大会制度建设和政法工作，建树了不可磨灭的历史功勋。

1997年4月26日彭真因病在北京逝世，享年95岁。

15. 蔡枢衡　中国现代著名刑法学家

蔡枢衡（1904～1983年），江西省永修县人。1919年赴日本留学，先后入中央大学法学部、中央大学研究生院和东京帝国大学法学部学习（是日本著名刑法学家牧野英一的亲授弟子）。1933年毕业回国后，历任北京大学、长沙临时大学、西南联合大学、中正大学等校教授，北京大学法律系代主任、中正大学校务委员会主席。

蔡枢衡毕生致力于刑法的教学和研究，民国时期著有《中国法律之批判》（上海中正书局1942年版）、《刑法学》、《刑事诉讼法教程》（河北第一监狱1947年版）、《中国法理自觉的发展》（河北第一监狱1947年版）等书。此外，蔡枢衡还发表了众多的论文，主要有《行刑之将来》（1933年）、《教育刑与确信犯人》（1933年）、《保安处分与刑法修正案初稿》（1934年）、《刑法文化之展望》（1934年）、《罪刑法定主义之立法及解释》（1934年）、《刑法修正案初稿批评》（1934年）等。

在蔡枢衡的生涯中，尤其应当提及的是他在抗日战争爆发，北京大学、清华大学和南开大学南下组织长沙临时大学和西南联合大学期间的杰出表现。1937年10月，蔡枢衡南下参加长沙临时大学的筹建工作，并成为该法律系"七教授"之一，一人主讲刑法分则、刑法总论和监狱学三门课。一年之后，长沙临时大学迁云南改名西南联合大学，蔡枢衡继续主讲刑法通论、刑法总则、刑法分则、刑事诉讼法、诉讼实习等课。至1946年8月西南联大解散，蔡枢衡在南方的艰苦环境中坚守法律教育岗位共9年，为中国近代法律教育作出了突出的贡献。

1949年中华人民共和国成立后，蔡枢衡继续在北京大学做法学教授，直到1952年，各地解散法学院，组建四大政法学院，他才从此不再任教。先后去中央人民政府法制委员会、国务院法制局、全国人民代表大会常务委员会办公厅工作,1958年起担任全国人民代表大会常务委员会办公厅法律室顾问。在1966年开始的10年"文化大革命"中,蔡枢衡也受到了不公正的对待,经历坎坷,但他仍积极参加新中国的法制建设,为刑法的研究和起草提供资料。晚年带病从事中国古代刑法史的研究,出版有《中国刑法史》(1983年)一书。

对于蔡枢衡的贡献,我国学术界给予了高度的肯定。清华大学出版社于2005年,再版了他的代表作《中国法理自觉的发展》一书。著名刑法学家、北京大学教授陈兴良则对他的刑法学理论做出了这样的评价:"蔡枢衡的刑法思想及刑法学体系,围绕着西方法律与中国历史社会的关系而展开,做了富有个性化的学术开创的尝试,构筑了进行深入研究的知识学基础。从学术研究方面来看,摆脱了情绪化反映,走上了理性化道路,开启了深切致思的途程。"

16. 梅汝璈　东京审判的大法官

梅汝璈(1904~1973年),江西南昌人。毕业于清华学校,1924年赴美国留学,入斯坦福大学,获经济学学士。再考入芝加哥大学法学院,获法律学博士。1928年回国后,历任国民政府参事、立法院立法委员、外交委员会委员长、《时事类编》半月刊社总编辑等职。同时,也兼任大同大学、山西大学、南开大学、武汉大学、复旦大学等校教授。1946年3月至1948年12月,梅汝璈出任远东国际军事法庭中国籍法官,参加对东条英机等28名日本甲级战犯的审判。1948年12月,国民党政府任命梅汝璈为行政院政务委员兼司法部长。当时,他还在东京尚未回国。梅汝璈公开声明拒绝接受任命。新中国成立前夕,1949年6月,梅汝璈由东京抵香港,在与中共驻港代表乔冠华接上关系之后,于同年12月1日,从香港乘"大中山"号轮船至青岛,回到北京。之后,历任中国外交部顾问、全国人大代表、全国政协委员等职。

梅汝璈是中国近代一位著名的法学家,出版了几十种法学作品,在法学研究领域做出了重要贡献。但他对中国乃至世界法和法学发展的主要贡献,则是他参加东京法庭、对日本甲级战犯的审判。作为近代中国一位骨头最硬的法官,梅汝璈不仅在国内任法官职务期间,能公正不阿、不畏权贵,还在出席远东国际法庭审判战争罪犯时,也正气凛然,为中国人民赢得了荣誉。当时,有两件事反映了梅汝璈的机智和坚强。1946 年 5 月 2 日,法庭开庭的前一天,11 国法官在预演入场顺序时,澳大利亚籍庭长韦伯宣布入场顺序为美、英、中、苏、加、法、新、荷、印、菲,这显然改变了日本投降书上各受降国(美、中、英、加……)的顺序。梅汝璈当场抵制,坚决抗议,并拒绝"彩排"。在他的有理有节的坚持下,最后庭长及其他法官同意还是按照受降国的顺序排列,从而使中国法官坐在庭长左边,不仅便于随时与庭长交换意见,掌握法庭审判动向,而且提升了中国在国际上的地位。

另外一件事,就是在对土肥原贤二、坂垣征四郎、松井石根等人的定罪量刑上。应该说,这三名战犯,在 1931 年的"九一八"事变、1937 年的"七七卢沟桥事变"、1938 年的"南京大屠杀"事件中,双手沾满了中国人民的鲜血,判处死刑完全是适合的。但在各次法庭讨论和法官的表态中,力主死刑的是少数。梅汝璈如同伍子胥过昭关,把头发都急白了。几个晚上连着做各位法官的工作,最后终于争取到了多数票(6 票对 5 票),将这三名战犯判处了极刑,为中国几千万受害者伸张了正义。

正因为梅汝璈对中国法治建设以及东京审判所做出的杰出贡献,人民永远怀念这位大法官。他的事迹被收入了各法律辞典,纪念他的专著和论文已有数十种,他的遗稿《远东国际军事法庭》也已经正式出版,甚至以他的事迹为主要内容的电影《东京审判》也已经公映,并受到了广泛的好评,梅汝璈先生在天之灵可以得到慰藉了。

17. 杨兆龙　中国近代比较法学家

杨兆龙是中国现代著名比较法学家和法律教育家,1904 年出生于江苏金坛。1922 年考入燕京大学哲学系,提前两年毕业,经时任燕京大学校长的司徒雷登介绍,入上海东吴大学法学院学习,1927 年毕业,获哲学、法学双学士学位。出任上海公共租界临时法院及租界上诉法院推事,并兼任上海及江苏高等法院、镇江地方法院执行律师,上海持志大学、上海法政大学、东吴大学等法学教授。1933 年,还被聘为宪法起草委员会专员,负责草拟宪法草案。

1934年,杨兆龙赴美国留学,被哈佛大学录取,师从摩根(Morgen)教授攻读S. J. D博士学位,专业为英美法。1936年毕业、获得博士学位后,以研究员的身份赴德国柏林大学法律系,随库洛什(Krauoch)教授研究大陆法。此时的杨兆龙已经掌握了英、法、德等八国语言,并对英美法、大陆法和比较法等均有很深的造诣,著述丰硕。在八年抗战期间,杨兆龙除了在立法、行政等部门任职之外,积极从事法律教育和研究工作,出任中央大学、浙江大学、东吴大学重庆分校、朝阳法学院、复旦大学等校教授,讲授比较法、比较民法、比较刑法、民事和刑事诉讼法、法理学、国际私法等。其间,还担任东吴大学《法学季刊》、《中华法学季刊》等的编委,提倡改革政治、实行民主。1946年春,杨兆龙还将美国著名法学家、社会学法学派的代表庞德邀请来华出任司法行政部顾问,帮助中国政府进行司法改革。

除了上述成就之外,杨兆龙对现代中国法和法学发展的贡献还体现在:第一,他为1946年至1948年进行的远东国际军事法庭(东京审判)日本战犯准备了充分的证据材料,从而为将土肥原贤二、坂垣征四郎、松井石根等甲级战犯判处死刑提供了铁证。第二,1948年,杨兆龙接受地下党组织的委托,出任国民党政府最高检察署代理检察长,并签署赦免令,营救了一批被关押在南京的民主进步人士,其中有相当一部分人是中共地下党员。第三,新中国成立后,于50年代中期提出了许多司法改革的建议,尤其是他提出的不仅要重视法律的阶级性,也要肯定法律的继承性和延续性的观点。经过历史的检验,证明是符合法律发展的客观规律的,现在已经成为中国法学界的共识。

杨兆龙一生著述丰硕,贡献卓著,但由于特殊年代,他最后20年遭受到了不公正待遇:1958年被打成“右派”,1963年又遭非法逮捕,1971年以“历史反革命及叛国投敌罪”被判处无期徒刑,1979年4月1日因病去世。但是,他对中国社会主义法治建设的前景始终充满信心。1980年,上海市高级人民法院“宣告杨兆龙无罪,撤销原判,彻底平反”。

18. 李浩培　海牙和平宫里的中国国际大法官

李浩培(1906～1997年),我国著名的法学家和国际法院大法官。1993年他当选为联合国前南斯拉夫问题特设国际刑事法庭法官,是继倪征日奥先生之后第二位出任国际大法官的中国人。李浩培的《条约法概论》等著作是我国国际公法方面的经典,他一生著书立说、笔耕不辍。

1906年李浩培出生在上海市。1928年东吴大学法律系毕业,1936年至1939年因考取中英庚款公费留学生名额赴英国伦敦政治经济学院研究国际私法、国际公法和比较民法。回国后历任武汉大学教授兼法律系主任,筹建浙江大学法学院并担任首任院长。新中国成立后,担任中央人民政府法制委员会和国务院法制局外事法规委员会专门委员、国际关系研究所研究员、外交学院国际私法教授。1963年起在外交部工作,任外交部法律顾问等职,还曾任中国人民大学、北京大学教授和中国社会科学院法学研究所研究员。

1985年当选为瑞士国际法研究院院士。他主张采用比较方法研究法学;国际私法学应有以研究冲突法为主要内容的特定范围;国际法中存在强行规则,并肯定一般法律原则是国际法的渊源之一。他撰写的《条约法概论》是经典之作,其他主要著作有《国际私法总论》、《国籍问题的比较研究》等,并有大量译作。

1993年,安理会选出包括李浩培在内的23位资深法律界人士作为前南斯拉夫问题国际法庭大法官的候选人。9月15日,李浩培在联合国大会第一轮选举中当选。11月,李浩培在海牙和平宫宣誓上任,同时开始自行草拟前南斯拉夫国际刑庭的程序和证据规则。李浩培是新中国成立以来继倪征日奥先生之后第二位出任国际大法官的中国人。1995年,李浩培宣誓任卢旺达国际法庭的上诉法官。于海牙辞世时李浩培仍是海牙战争罪行法庭的上诉庭法官,他被评价为“国际法官的楷模”。

李浩培的女儿凌岩回忆说:“父亲在世时的最后计划和心愿是在他从国际法庭退休之后,用10年时间写一部全面的国际私法著作,把他一生研究的心得留给后人。”在海牙工作期间，李浩培就着手收集资料，准备完成集一生国际法学思想于一炉的大作，可是不幸在海牙被一个杀人成性的护士谋害。李浩培先生去世后，主持前南国际法庭的庭长说：“他是国际法官的楷模，他是真正独立的法官，具有绝对完整和深邃的国际法造诣。”

值得一提的是，李浩培的女儿凌岩也是一位国际公法学教授，虽然在“文革”期间失去学习机会，但凌岩得益于父亲的教导，恢复高考后没有受过本科教育的她顺利考上研究生，毕业后留校任教，实现了很多那个时代的女性不敢奢望的梦想。

19. 倪征日奥新中国首位国际法官

1984年，年近八旬的倪征日奥当选为联合国国际法院法官，成为新中国历史上第一位享受到国际司法界最高荣誉的国际法官。

倪征日奥，1906年生于苏州吴江黎里。早年毕业于上海东吴大学法学院法律专业，随后留学美国斯坦福大学，获得法学博士学位，并受聘为约翰霍普金斯大学荣誉研究员。回国后在大学教授法律课程，兼做律师。1945年至1946年他再赴美英进行司法考察，详细观摩学习西方司法体系、审判程序和证据采集。新中国成立后，倪征日奥调到外交部条约法律司任法律顾问。1971年，中华人民共和国重返联合国后，他多次作为代表出席国际海洋法大会；1981年当选为联合国国际法委员会委员。

1984年，他当选为联合国国际法院法官。海牙国际法院的工作是繁忙的，许多东西还很枯燥无味，但它却是一项维护世界和平和友好的崇高事业。倪老虽已八旬高龄，却依然以认真负责的态度恪守职能，秉公执法。他任职期间经办的厚厚的案卷如今还静静地摆放在书桌上，它们既是他辛勤工作的忠实记录，也表明了他为世界人民的和平倾注心血、极尽心智。他说：“国际法官是超然的，超越国家利益之上，只有这样才能取信于世界。”

其实早在就任国际法院法官之前，倪征日奥就曾参加过一次震惊世界的大审判，这就是著名的“东京审判”。第二次世界大战结束后，盟军总部于1946年初成立了远东国际军事法庭。法庭成立后，即开始受理28名日本甲级战犯。审判自1946年5月至1948年11月，历时两年半。审讯工作采取的是英、美、法三国的诉讼程序。审判中，美国政府极力操纵法庭，并根据自己的需要，提出了种种有碍审判工作正常进行的规定。例如，对每个战犯除设有自聘的日本律师及辩护人外，都要配置一名美国律师。这些美国律师在辩护中或诡辩狡赖，或横生枝节，故意拖延审判时间，以便为一些没有直接危害美国利益的战犯寻机开脱。这是世界历史上规模最大、时间最长的国际审判，也是智慧与勇气的考验，正义与邪恶的较量。

1946年倪征日奥回国时，正值远东国际军事法庭审判的关键时期。当时由于我国对英美法系的法律了解不足，在证据准备上不充分，难以使土肥原贤二、板垣征四郎等十恶不赦的战犯伏法。在这万分危急关头，他临危受命，作为中方检察官的首席顾问参加了对日本战犯的举证和审判工作。对当时的情形倪老后来回忆道："虽然采证艰难，但是如果我们不把对中国人民犯下滔天罪行的日本战犯绳之以法，天理难容！那个时候，我们简直饭都不想吃，就是想这个问题怎么解决。"这些话确是当时中国代表团成员心情的真实写照。最终他不辱使命，用丰富的学识和高超的辩论技巧对侵华主要战犯提出了有力的控诉，维护了中华民族的利益和尊严。

离任后的倪征日奥仍不辍耕耘，继续担任外交部法律顾问和中国海洋法学会会长。他用"淡泊从容"四字形容自己一生的经历，真是恰如其分。正是一生淡泊名利、清正高洁，使他具有长者、智者的风范；而满腹学识和高超的技艺又使他不论面临什么问题，都能泰然处之、从容应对。倪老于2003年9月3日晚在北京逝世，享年97岁。

20. 陈守一　杰出的马克思主义法理学家、法学教育家

陈守一教授（1906～1995年）是新中国法学教育与法理学研究的创始人之一。早年毕业于有着"北朝阳、南东吴"之称的法科名校朝阳大学，为朝阳大学地下党支部书记。解放战争中，他曾出任华北人民政府司法部二处处长兼华北司法干部训练班主任，之后参加筹建中国

政法大学，为即将诞生的新中国培养了一大批政法干部。新中国成立后，先后出任司法部第五司司长、中国新法学研究院教务长和中央政法干部学校副教务长，为培养新中国急需的政法干部和改造旧法人员做出了巨大的贡献。1954年受董必武同志委派主持恢复北京大学法律系并出任法律系主任，为培养具有新中国特色的法律人才、为我国法学教育的创建与发展做出了不可磨灭的贡献。

陈守一教授重建北京大学法律系时，即明确了高校的法学教学重点应立足于中国实际，不应全盘照搬苏联高校办学模式；主张面向社会开门办学，经常聘请公、检、法有第一线实战经验的司法专家来校讲课，让学生到司法实际部门学习、体验与观摩；在西方国家对新中国进行政治、经济、文化封锁的情况下，他仍主张要与国外法学界相互交流，取长补短，并通过民间渠道与早稻田大学、大阪大学、东京大学法律系展开合作与交流，以扩大学生的知识面，使学生的业务知识广、厚、博。这些法学教育思想和实践50余年后仍具有重要的指导意义。此外，陈守一教授非常注重教师队伍建设，从全国各地聘请著名法学专家来北京大学执掌教鞭，重塑北京大学最高学府求实的法学教育形象。1978年，在经历10年磨难后，陈守一教授重新执掌北京大学法律系，敢于大胆地拨乱反正，如我国高等法学教育课程中原有的"形势斗争与政策"即由他拍板改为"国家与法的理论"（即现今的"法理学"）。

陈守一教授作为新中国马克思主义法理学的主要奠基人，开创了具有中国特色的法理学研究新格局。早在1978年10月，陈守一教授就提出要认真看待"人治"与"法治"问题，这是"文革"之后学术界首次触及这一当时视为禁区的话题；陈守一教授也是最早提出要重新认识法的阶级性问题的法学家。1987年，他率先突破传统的苏联法学体系，主编了以法律作为法学对象的我国第一本《法学基础理论》，取代了沿用30多年的传统的《国家与法的理论》，为建立和发展当代中国法理学奠定了基础。

陈守一教授也因其敢讲真话、敢于坚持真理而绝不随波逐流的高风亮节为法学界所敬佩。在"文革"初期，陈守一教授拒绝康生的多次引诱和恐吓，拒绝"揭发"北京市委，拒绝在后来所谓的"全国第一张马列主义大字报"的聂元梓的大字报上签名；陈守一教授也因其"不识时务"成为北京大学第一个戴高帽的被游斗者。

1995年11月14日，陈守一教授逝世后，《人民日报》、《北京日报》分别发表讣文，誉其“为我国社会主义法制建设做出卓越贡献的马克思主义法理学家、法学教育家”。

21. 江　华　实事求是、依法办事的法律实践家

江华（1907～1999年），原名虞上聪，湖南省江华县人，于1925年10月加入共产主义青年团，1926年转入中国共产党，1928年跟随毛泽东上井冈山，在抗日战争和解放战争时期，历任山东和东北地区党政军要职。新中国成立后，长期任中共浙江省委第一书记。1975年至1983年连任第五届、第六届最高人民法院院长。1999年12月24日在杭州因病去世，享年93岁。作为无产阶级革命家，江华为中国人民的解放事业、新中国的建立和社会主义建设奉献了自己的一生。在担任最高人民法院院长期间，江华同志为社会主义法制建设事业做出了重大贡献，其中有四件大事特别值得提及。

第一，在正值“文化大革命”后期的1975年1月，江华同志以近70岁高龄出任最高人民法院院长。他顶住了“四人帮”极端猖獗的压力，有力批判了林彪、“四人帮”“砸烂公检法”的反动口号，重建人民法院队伍，恢复了停顿多年的审判工作。

第二，在党的十一届三中全会以后，江华同志深入各地人民法院进行了大量的调查研究工作，主持人民法院系统的拨乱反正、复查纠正冤假错案，平反了大量冤假错案。从1978年4月全国第八次司法会议到1981年年底，全国各级法院复查了“文化大革命”中判处的刑事案件，从中改判纠正了冤假错案30.1万余件，涉及当事人32.6万余人。

第三，从1980年11月20日到1981年1月25日，江华同志作为全国人民代表大会常务委员会任命的最高人民法院特别法庭庭长，主持了对林彪、江青反革命集团10名主犯的审判。特别法庭在江华的直接领导下，严格按照刑法和刑事诉讼法的规定，对10名被告人进行公开审判。这次审判，以事实为根据，以法律为准绳，严格划清了刑事犯罪与政治错误的界限，是维护法制、加强法制建设的一次实践，取得

了丰富经验,是依法办案的一个范例。

第四,党的十一届三中全会后,在加强社会主义法制方针的指导下,国家加大了立法的力度,1979 年 7 月 1 日,全国人大常委会公布了《中华人民共和国刑法》、《中华人民共和国刑事诉讼法》等 7 部法律,江华为贯彻执行这些法律作出了不懈的努力。江华同志强调,人民法院审判刑事案件必须以事实为依据,以法律为准绳,定罪量刑必须严格依照法律。审判刑事案件定罪量刑必须严格依照法律,根据法律规定的诉讼当事人的各项诉讼权利必须得到切实保障。在他的带领和推动下,两法得到了有力的贯彻和实施,人民法院的审判工作走上了依法办案的健康轨道。

在江华同志担任最高人民法院院长的 8 年时间里,他始终“坚定信念、实事求是、依法办事”,对建设社会主义法治国家做出了重要的历史性贡献。

22. 周　枏　罗马法权威

国内法学界,凡治民法者,恐怕不能不读周枏先生的《罗马法原论》。作为中国罗马法研究的先驱,周先生在学界的地位,用“泰山北斗”形容,也不为过。而他也因此享有“罗马法活字典”之美誉。

周枏,1908 年生,江苏溧阳人。幼时遵从父亲意志学商。1928 年中国公学大学部商科毕业,经校长胡适担保,赴比利时鲁汶大学,师从名师第柏里埃教授修习罗马法,并以优异成绩获法学博士学位。学成归国后,在战乱频繁的时代,周枏精心编订教材,坚持传道授业,开创中国法学界罗马法研究之先河。

20 世纪 50 年代,周枏携家人赴西宁工作,由于法律虚无主义盛行,全国绝大多数法律院校停办,周枏自此困居大西北达 20 年。“文革”中红卫兵来抄家,周枏冒死将罗马法的相关讲义藏在麻袋里。后来有学者说,没有这些资料的保存,就没有此后《罗马法原论》的问世。1980 年,垂暮之年的周枏被安徽大学聘任,成为安徽大学法学院奠基人之一,在生命的最后近 20 年里,周枏继续辛勤著述。

周枏一生最重大的成就当属对罗马法的研究与讲授。早在 30 年代任教上海持志学院时，周枏即积极编写完成30万字的罗马法讲义，惜未能出版。抗战中，周枏任教苏皖政治学院，在各学术刊物纷纷停刊之际，周枏仍积极参与主办刊物，并发表论文《罗马法上几个问题的研究》。晚年，他对工作的执著令人惊叹，在进修班讲课时，他因病没法行走，就让学生抬他去上课。他的关爱渗透到每个学生的心里，虽生活拮据，却从不收取学生一分钱馈赠。退休后仍相继撰写了论文《〈十二表法〉中"私犯"规定的研究》，参加了《民商法词典》的编写，担任《法学大辞典》顾问、副主编和《英汉法律词典》审定人。与此同时，周枏把大量精力都投入到了编写《罗马法原论》一书当中去。在这本书中，他运用马克思主义理论，对罗马法作了全面、系统、深入的探讨。罗马法内容之丰富，理论之精深，实为世界法制史所罕见，因此周枏先生对罗马法的著述，在法学界具有极其重大的意义。有学者评价道，"毋庸赘言，该书是中国迄今最准确、最具原创性的一本罗马法著作。"《罗马法原论》出版于1994年(商务印书馆出版)，为周枏生平学术的结晶，也是目前国内最为权威的罗马法专著。此书被赠送给各国罗马法专家，引起高度重视与普遍赞誉。

周枏学贯中西，平易朴实，淡泊名利，不计较个人经历的苦难与不公以及生活境遇的困窘。不张扬，不浮躁，潜心治学，教书育人，堪称老一辈法律学者的典范。

23. 芮　沐　新中国经济法、国际经济法领路人

芮沐，1908年出生于浙江吴兴(今湖州市)。[①] 早年就读于上海震旦大学，后出国留学，先后获得法国巴黎大学硕士学位、德国法兰克福大学法学博士学位。其实，芮沐的本科为文学专业，因他二哥在租界被人无辜打死难以昭雪，于是到巴黎大学后改学法学专业，希望学好法律，用法律来捍卫像他二哥那样的中国人的权利。芮沐实现了自己青年时代的梦想，他对新中国法学学科的恢复重建以及民主法治事业的促进，做出了卓越的贡献：

① 芮沐先生已于2011年3月20日在北京逝世。

其一，在新中国法学教育方面。他在国外刻苦学习，在大陆法系重镇法国和德国分别获得了硕士和博士学位，又于1945年至1947年赴美国做访问学者。新中国成立前，他曾执教于重庆中央大学、西南联合大学。新中国成立后他任教于北京大学，执教生涯近70年，在北京大学亲自指导了12届博士研究生，其众多学生已在不同的岗位上成为国家的重要人才。

其二，创设新中国法律数据库。还在80年代初，芮沐就敏锐地认为，建立我们自己的法律数据库具有重要战略意义。他从自己的科研经费中划出资金，购置设备，让时任科研室副主任的张力行带队建立了新中国第一个法律数据库，这个数据库就是现在北京大学英华有限公司法律数据库的基础。这一创举对我国法学教育与研究具有划时代的意义。

其三，立法方面。1977年，芮沐被任命为全国人民代表大会常务委员会法制工作委员会委员，后来又参与香港特别行政区基本法等重要法律的起草工作，同时兼任多项政府和学术组织领导职务。

其四，在民法领域的研究以及创建经济法和国际经济法两个专业。1979年，北京大学法律系成立民法经济法教研室，芮沐担任主任。在芮沐带领下，北京大学于1980年获批设立经济法本科专业，同年北京大学设立经济法研究所，芮沐任主任。1984年，北京大学又获批成立经济法研究所和国际经济法研究所，芮沐为两个研究所的主要负责人。因此，芮沐可以被称为"新中国经济法和国际经济法之父"。芮沐还与其他经济法学者发起创建了"中国经济法研究会"，芮沐出任第一届研究会副会长。芮沐主要学术成果有《民法法律行为理论之全部》、《经济法概述》等。

其五，学术贡献巨大。芮沐在博览多国法学原著的基础上形成了自己的学术观点：法学应该是实践性学科；法治必须与民主相结合；实体法必须与程序法并重；实践中应该区分"所有制"和"所有权"两个概念；经济法、国际经济法应该是具有特殊调整对象和调整方法的独立法律部门等。

24. 瞿同祖　以社会学视角透析中国法律文化

瞿同祖是20世纪享有世界声誉的社会学家、历史学家和法学家。他用法律社会学和法律人类学的研究方法研究中国传统法律文化，与马克斯·韦伯的法律社会学研究东西辉映。瞿同祖早年成名，晚年淡出学术舞台，一生历经辉煌和坎坷。

瞿同祖，字天况，1910年生于湖南长沙，祖父瞿鸿禨为晚清重臣，瞿同祖幼承庭训，熟习经史子集。1930年被保送至燕京大学，主修社会学。后入燕京大学研究院与费孝通同门，师从杨开道和冰心的丈夫吴文藻，从事中国社会史研究，其硕士研究论文《中国封建社会》由商务印书馆出版，也是他研究中国社会史的第一部作品，很快成为国内若干大学的指定参考书。抗战期间，瞿同祖在云南大后方艰难环境中写就《中国法律与中国社会》一书，成为学术界的开新之作。1945年应邀赴美，任哥伦比亚大学中国历史研究室研究员。1955年，应美国著名汉学家费正清之邀，前往哈佛大学东亚研究中心担任研究员，继续从事中国历史方面的研究，同时与该中心成员杨联升和哈佛法学院梅伦教授共同开设"中国法律"一课。在此期间，其另一重要学术著作《清代地方政府》于1962年由哈佛大学出版社出版，奠定了他对清史的研究地位。

1961年瞿同祖将《中国法律与中国社会》译成英文，弥补了初版时由于缺少《宋刑统》而造成的遗憾，以《传统中国的法律与社会》为名在巴黎和海牙出版，被认为是关于中国法律研究最好的西文著作。1962年瞿同祖到加拿大不列颠哥伦比亚大学，担任亚洲系副教授，讲授中国通史。1965年，在美国学习、工作了整整20年的瞿同祖辞去教职，毅然回国，但被多年闲置，直到1976年调至中国社会科学院近代史研究所才重新回归研究工作，同年与夫人赵曾玖合译《艾登回忆录》，后又编译《史迪威资料》一书。

瞿同祖晚年始终记得燕京大学师友的鼓励，希望再写一本好书。为此，他每天坚持去中国科学院图书馆查阅资料。1981年后，瞿同祖因胃病多次复发，著名的内科大夫张孝骞就忠告他，为健康考虑，最好放弃写书的想法。限于诸多条件,瞿同祖最终放弃写书,安享晚年。

瞿同祖的《中国法律与中国社会》是他一生最重要的著作,他用社会学和历史学的方法研究中国传统法律文化,成为社会学经典作品。他跨学科的研究方法也令他在法学界享有很高的声誉。瞿同祖治学严谨、事必躬亲,他是中国第一批获得博导资格的学者,但为了全力著书他从未带过一位门生。他晚年淡出学术舞台也是他学风的写照,对瞿同祖来说,学术的严肃远远高于个人的荣誉,当心力不济之时,他情愿辍笔也不愿欠佳之作面世,留住的是一个学者的风骨。

25. 龚祥瑞　宣扬法治胸怀宪政

龚祥瑞先生是我国著名宪法学家、政治学家,中国现代法学的先驱之一。1911 年出生于浙江宁波。1930 年赴上海入读沪江大学生物学系,后转入法律系。早年入读清华大学政治系,师从钱端升,与王铁崖、楼邦彦并称钱门三大弟子。后负笈游学英伦,师从英国工党领袖、著名宪法学者拉斯基(Harold Joseph Laski)。龚祥瑞于抗战中亦曾任教于西南联合大学,后任教于中央大学。50 年代起任教于北京大学法律系。

龚祥瑞早年专攻政治学,并有赴英深造之经历,以后又从事宪法学教学与研究多年,兼具政治学与法律学两方面的训练和素养,这使得他对宪法和行政法的研究,比通常仅就法律制度研究法律制度的做法要高出一筹。又因大量阅读原著,以及早年留英时对西方政制、法制的亲身体味,龚先生在论及西方宪政制度时,笔下时而透露出的一种文化的把握,为一般教科书所不及。龚先生并不是一个康德式的学者,仅局限于书斋。相反,他试图走近生活和社会,用他自己的话来说就是“我和我的学生深感司法实践知识的贫乏,不能满足于就法律制度而研究法律制度,更不愿囿于条文注释这种本本主义的思想方式。”

出于这种责任感,龚先生率领着自己的学生搞田野调查,将足迹踏遍了大半个中国:深圳、南京、上海……此外他还利用暑假独身前往东北进行调研。同样是出于这种责任感,龚先生大半生都活跃在教育岗位上教书育人,讲课非常有特色。据学生回忆,他操着上海口音的普通话,声音洪亮,充满激情,表情丰富、多变,嘻笑怒吼,幽默风趣,全可以在一堂课上表现出来。这般独特的教学方法,也潜移默化地在年轻学子的心中播撒下了民主、法治、宪政的理想。

龚先生一生著述主要有:《比较宪法和行政法》、《西方国家的司法制度》等,系统介绍了西方宪政制度与行政、司法体制,对于我国如何建立健全相应制度做了十分有益的思考和探索。

龚先生一生坎坷,但从未彻底失望和消沉过。他曾说:"理想主义者不见得真能在一生中实现自己的理想,但因为有这种追求,他们就能得到没有理想的人所根本不能想见的东西。"龚先生正是以这赤子般的热忱与强烈的历史使命感努力考察社会,在社会实践中体悟法律,他对宪政与法治的热情以及深刻的解决中国问题的意识,对中国法治化的进程,必然有着深远的影响。

26. 韩德培　我国国际私法学一代宗师

韩德培(1911~2009年)是我国国际法、国际私法、法理学界的权威学者,中国环境与资源保护法学的开拓者,享有崇高声誉的法学家和教育家。特别是在国际私法领域,建构了新中国国际私法的理论体系和立法体系,堪称新中国国际私法学的一代宗师。

韩德培1911年出生在江苏如皋,其祖父是太平天国起义军将领石达开的部下韩大兴,因随军征战而迁至如皋。韩德培幼年时家道中落,8岁丧母,饱尝困窘饥贫。但韩德培天性中的聪颖好学并没有在困苦中熄灭,1926年,15岁的韩德培为了实现求学理想,又不增加家庭负担,考入减免学费和食宿开销的如皋师范。

在中学时代,韩德培涉猎广泛,从《新青年》、《饮冰室文集》等书刊中窥见了西学的风貌,成为他将来求学法科的启蒙课。1930年,他考取浙江大学史政系,半年后,史政系并入中央大学(今南京大学),他转学法科。已经熟习英、法两门外语的他开始旁听德文和日文课,这为他日后从事国际私法研究奠定了坚实的语言基础。

1934年,韩德培从中央大学法律系毕业。1939年,与相恋10余年的女友殷昭喜结良缘,同年考取中英庚款留英公费生名额,在全国

24 个名额中，国际私法仅占一名，韩德培毫无悬念地金榜题名。飞往剑桥大学的前夕，希特勒入侵波兰，欧战爆发，中英庚款留学生于 1940 年改赴多伦多大学学习。1942 年获得多伦多大学硕士学位后，韩德培作为特别研究生赴哈佛大学，三年间主要涉猎国际私法、国际公法和法理学。1945 年，为履行与武汉大学校长周鲠生的诺言，赴珞珈山任法律系教授。

可一腔报国热情在新中国成立后一波波的政治运动中折戟。1957 年，韩德培被打成武汉大学的头号大右派，封号“山中宰相”，意指他为武汉大学右派集团的幕后首脑，下场是撤销一切职务，送沙洋农场劳动教养。“文革”时期，他再次被打成右派，饱受凌辱折磨，甚至几次与死神擦肩而过。“文革”结束，韩德培重新站上法学教席时已 67 岁，韩老只能用他的晚年为中国的法学重建效力，但他所完成的事业却是绝大多数人一生难望其项背的伟业。

1979 年，韩德培授命领导重建武汉大学法律系。1980 年、1981 年分别创建了全国高校中第一个国际法研究所和全国唯一的环境法研究所。先后任武汉大学法学院名誉院长、国际法研究所所长、环境法研究所所长、国务院学位委员会法学评议组成员等职。韩德培一生育人无数、桃李天下，至耄耋之年依然指导博士研究生，被称为新中国国际私法学的一代宗师和中国法学界的镇山之石。

27. 王铁崖　我国国际公法学的一代宗师

王铁崖，原名庆纯，号石蒂，1913 年 7 月 6 日出生于福建省福州市。青少年时期王铁崖既在家中私塾诵读四书五经，又学习洋文西学，这使他具有融会中西文化的优势。1929 年王铁崖考入上海复旦大学政治系，后转入清华大学，毕业后入清华大学研究院攻读国际法，1936 年获硕士学位，同年通过中美庚款奖学金留学英国，入伦敦政治经济学院攻读国际法，师从国际法学家劳特派特教授。1939 年因欧战发生回国。

1940 年王铁崖受聘于暂设四川乐山的武汉大学，开始了他长达 62 年的国际法教学生涯。抗战时期的四川，物价飞涨，已是教授的王铁崖生活仍很窘迫。他的学生、后来担任过最高人民法院副院长的端木正回忆说:“我记得王铁崖老师在1941年住在乐山一间自租的旧式房子里,卧室、书房、会客室都在一间里,同学来多了就只能有坐有站,但照样讲学论道!”

1942年王铁崖转往重庆中央大学任教,同年与王彩女士结为伉俪。婚后生活仍困苦异常,甚至经常要举债度日。但他仍然完成了《新约研究》和《战争与条约》。1946年秋,王铁崖受周炳林教授和钱端升教授邀请北上,进入北京大学政治系任教,讲授国际法。1952年院系调整后,应翦伯赞先生邀请受聘历史系,讲授国际关系史,并完成了一部重要的编著《中外旧约章汇编》,它收集了自1689年《尼布楚条约》到1949年间中国同外国所签订的1182件条约。全书共三卷,340万字,其工程之浩大,资料之完备,是中国旧条约汇编中从未有过的。直至今天,这部条约汇编,仍是研究中国历史、中国外交史和中国对外关系中的一部必备参考书。

1957年王铁崖被错划为“右派”,中断了教研活动。虽身处逆境,他仍编辑了《海洋法资料汇编》,翻译了凯尔森的《国际法原理》等。1964年王铁崖恢复教学研究工作,但旋因“文化大革命”爆发而再次中断,重陷批斗、劳改之逆境。但王铁崖仍没有放弃学术研究,与陈体强合译了国际法世界名著《奥本海国际法》第八版。

作为中国国际法学的学术带头人和杰出代表,铁崖先生在国外赢得了崇高荣誉。1981年被国际法研究院选为副院士,1987年当选为正院士,成为该学院第一个中国籍院士。1988年被“建立国际刑事法院基金会”授予“著名国际法学者”名誉奖状。1997年在联合国大会上当选为前南斯拉夫国际刑事法庭大法官。王铁崖的名字,已成为中国国际法学的代表,外国人通过王铁崖知道了中国国际法学。

2003年1月12日,王老因病久治无效,在北京辞世,享年90岁。

28. 王名扬　中国行政法学泰斗

王名扬,1916年出生于湖南衡阳,1937年之后,在武汉大学和国立中央大学攻读法学,深受著名法学家楼邦彦和张汇文两位先生的影响。1948 年留学“行政法之母国”法国，1953 年获巴黎大学行政法学博士学位。1958 年回国后进入北京政法学院工作。后因政治原因，于 1963 年被调到北京外贸学院讲授法语，1969 年被下放至河南固始县和息县的“五七干校”进行劳动改造，个人生活屡受挫折，迟至 1983 年才又回到中国政法大学，真正走上了法学讲坛。

当年，王名扬在法国留学时期，中国和西方资本主义发达国家的关系还很紧张，英、美、法、德、日等国对中国采取封锁、压制的政策，它们和中国还没有建立起正常的外交关系。因此，当王名扬于 1953 年获得博士学位后，尽管渴望回到新中国为国效力，但一时没有这种途径。直至 1956 年，才等来了机会，该年，新中国在法国举行国际博览会，王名扬有机会担任了新中国代表团团长李涿之的法语翻译，和我国政府取得了联系。1958 年，王名扬在中国政府的安排下，终于秘密从中国驻瑞士大使馆取得护照，只身回到了阔别已久的祖国，进入北京政法学院工作。尽管自此以后，他在政治上不断遭受压制和打击，但他一直认为，他当时回国的选择是对的。事实也证明，王名扬的这一爱国心，成就了他后来的法学事业。

王名扬也是法学界顽强刻苦、勤奋写作的典范。1983 年，当王名扬接受中国政法大学邀请，担任行政法教师时，已经年届 67 岁，在一般情况下早就应该在家享清福了。但王名扬出于振兴中国行政法学的强烈的事业心，在接下来的 12 年中，老骥伏枥，蛰居在 40 多平方米的小室，勤奋刻苦、心无旁骛，精心著述，参加编写了我国第一部行政法统编教材《行政法概要》，又一鼓作气完成了《英国行政法》(71 岁)、《法国行政法》(73 岁)、《美国行政法》(79 岁)三部巨著，总字数达 200 余万字。这三部作品，不仅填补了我国外国行政法研究的空白，成为我国和外国比较行政法领域的经典作品，而且在行政法的框架体系、基本理论、主要制度和理念概念等方面，为我国行政法和行政法学的展开提供了充实的资源，使我国的行政法研究达到了一个新的水平。

本来，王老还有完成《比较行政法》和《中国行政法》的设想，但由于年老体弱，最终没有能够如愿。与此同时，王名扬热心行政法教学，倾心培养学生，为中国行政法学科的发展贡献着每一滴心血和汗水。2008 年 11 月 6 日晚 6 时左右，王名扬在北京去世，享年 92 岁。

29. 佟　柔　新中国民法学科的创始人

佟柔，满族，1921年出生于辽宁省北镇县。1946年考入沈阳的东北大学法律系学习。后入华北大学学习、工作。学校停办后，到中国人民大学法律系读研究生，后留校任民法教研室教员，长期主持和领导中国人民大学法律系民法教研室的工作。1969年中国人民大学停办，佟柔同全校教工到江西省余江县中国人民大学“五七”干校劳动。后任中国人民大学法律系的教授，博士生导师，兼任中国法学会民法经济法研究会总干事。1990年，佟柔因病去世。

作为新中国民法学科的开创者和主要奠基人，佟柔对中国法和法学的贡献，首先体现在他对中国特色的社会主义民法理论的构建和阐述。一方面，佟柔长期致力于民商法研究，逐渐形成了自成一体的民商法、经济法理论，他摒弃民法调整“一定范围的财产关系、人身关系”等含混不清的说法，明确提出，社会关系的变化导致法律调整对象的变化；中国民法的调整对象既不同于私法理论中的“私权关系”，也不同于苏联教科书里笼统概括的那种“财产关系”，“应该是社会主义商品经济关系。”另一方面，他反对把国营企业私有化或股份化的主张；他强调经济法只是一个学科，而不是一个法律部门，提出了“学科经济法”的概念。此外，他对民商法领域大量具体制度以及婚姻法、继承法和公司法、票据法等也都有独到的见解或论述。

佟柔执教民商法学40余年，桃李满天下。其中许多人（如王利明、周大伟等）已成为民法教学、研究和实际工作的中坚力量。他经常说，著书立说不是最大的财富，人才才是最大的财富，因此，他非常重视法学人才的培养。许多同事和学生回忆：佟柔老师好讲课，热心教书育人。他从不推辞校内或校外的讲课，而是根据听者的水平高低，因人施教；他讲课经常用提出问题的方式，使听者对问题先有所思考，然后深入浅出地进行讲解。经常用司法实践中的案例，甚至用普通物理、化学中的例子说明问题，以加深听者的理解和记忆。无论课上、课下，他总鼓励大家提问。他推崇“闻道有先后”，教学相长。还经常邀请学生到他并不宽敞的家中，进行辅导和交流，他的卧室兼书房，又是会客室，床上常常坐满学生。

此外，佟柔对立法、司法和法律宣传工作很关心，他参加过民法典的起草和《民法通则》的制定，还参与了《经济合同法》、《婚姻法》、《继承法》、《工业企业法》等一系列法律法规的起草和讨论。佟柔的主要作品有：《中华人民共和国民法原理》、《民法概论》、《全民所有制工业企业法概论》等。同时，佟柔的一些论文和讲稿，也由其学生编辑后陆续出版，如由周大伟编辑的《佟柔中国民法讲稿》等，成为了中国民商法学界的经典著作。

30. 沈宗灵　我国法理学和比较法学的领军人

沈宗灵1923年出生于杭州，抗战期间，家住上海租界。在这种环境中，沈宗灵完成了中学和大学阶段的学习。1942年，沈宗灵进入光华大学攻读政治学。一年后转入复旦大学法律系。1946年毕业于国立复旦大学，获法学学士学位；翌年，远渡重洋，在美国宾夕法尼亚大学政治系学习，次年获人文科硕士学位。怀着一颗报国的赤子之心，沈宗灵回到祖国复旦大学任教，从此开始了长期的教学生涯。1950年1月进司法部主办的中国新法学研究院学习，同年底结业留院工作，任研究员。1954年北京大学重建法律学系，沈宗灵被调入北京大学法律学系工作，仍任讲师，兼任系法学理论教研室主任，连续三年主讲法学基础课程（当时称“国家与法的理论”）。1958年被错划为“右派”，从此被迫离开讲台长达20年。“文革”期间下放江西劳动。在当时的处境下，他没有对错误的东西歌功颂德，也没有为保住自己而加害旁人。

沈宗灵的研究方向主要是中国法理学、现代西方法律哲学和比较法总论。他的著述严谨、准确、系统，学界引用率较高，其中《现代西方法理学》堪为经典之作。总结其对学术界的影响和贡献主要有：

（1）在推动有中国特色的马克思主义法理学的形成过程中做出了重要贡献，法学理论学科和基础课程的进展包含着他的辛勤工作和艰苦努力。从“国家与法的理论”，到“法学基础理论”，再到现在的“法理学”，当代中国法学基础理论学科每一步的发展，都与沈宗灵的学术努力息息相关。这些，都对当代中国法理学作出了开创性的贡献。

(2)对当代中国法理学研究的深化和发展做出了积极贡献:率先在国内法学界采用法的规范作用和社会作用的分析方法;填补了我国法律推理研究中的空白;建立我国法律责任理论并分析了当代中国法律责任制度与法律制裁制度的框架;在我国首次提出评价法律实行的标准和对法律实行情况的因果分析;在法理学基础范畴、基本概念的分析和界定方面,他对法的概念进行了多角度的词义分析,提出了法的本质的"三层次"说。

(3)执教50余年,以渊博的学识和高尚的品格为国家培养了不少法学研究人才,成为我国当代法理学的一代宗师。

(4)沈宗灵在现代西方法理学和比较法的研究中也成就卓著。他所著的《现代西方法理学》,被誉为这方面的代表之作。对比较法学中关系到我国法治建设的重要问题(譬如法律移植和判例法等)进行研究,为我国比较法学科建设作出了一定贡献。他的名著《比较法总论》,运用马克思主义唯物史观和辩证方法,对中外法学家长期争论的一些基本理论问题进行了阐述,使得在国际性的比较法学研究论坛上有了中国学者的一席之地。

如今,沈宗灵虽已经退休,但仍笔耕不辍,倾心致力于学术研究。作为一个法学教育家,他堪称严定学术规范与社会规范的楷模,而其孜孜不倦、严谨治学的作风亦足以为学界后人所学习。

31. 孙国华 "希望法律像音乐一样和谐"

在中国人民大学校园中,经常会看到一位精神矍铄、鹤发童颜的老者徜徉其间,他就是谈到新中国马克思主义法理学的建立和发展,必须提及的孙国华教授。他于1925年出生于河北阳原县,早年就读于朝阳大学,解放后服从组织分配,开始了长达半个世纪的法学研究和法学教育。

身为法学教授,孙国华对音乐和法律的关系有独到的见解,孙教授小时候拉过二胡、板胡,读中学时又接触过西洋乐器,还用买毛衣的钱买了小提琴来学习,他在1980年参加小提琴考级时,别人还以为他是陪孙子来考试的。正是因为他对音乐的特殊爱好,所以他对音乐和法律的关系有了独特的认识。孙教授认为两者有相通之处:都是追求“真善美”的艺术。对法律这门艺术来说,“真”是讲事实,“善”是讲正义,“美”是讲和谐,法律内部,法律跟社会生活,自然环境都要和谐。他对我国法治建设的理想是:“有一天,我们的社会组织能像乐队一样和谐,钢琴、小提琴等不同的乐器统一在指挥下奏出一曲和谐的交响乐。”

孙国华为新中国培养了一批批人才,可谓桃李满天下。他是中国人民大学法律系(法学院)的第一批法理学教师,他主编了全国第一篇法理学的统编教材。1986 年他创建并主持中国人民大学法学院的法理学专业博士点,这是新中国自己建立的第一批法理学博士点,迄今培养博士研究生 20 多名。他的学生大部分到高校或者科研机构就职,把他的法理学思想带到了全国各地。

孙国华在法理学理论方面的创新性观点具有重要的理论价值和实践价值:

第一,他提出了“法治”与“法制”这两个术语既有联系,又有区别。他认为法治是治理国家的一种文明的有效的方略,是民主政治的体现,是限制国家权力滥用,保障公民应有的权利和自由的有效手段,而法制仅仅是指一个国家具有法律制度而已。随着我国民主政治建设的进展,这一观点逐渐成为我国法学界学者们的共识。党的十五大报告把“法制国家”改成“依法治国,建设社会主义法治国家”,这一改动,意味深长,标志着全民法律意识的提高。

第二,面对有人提出的中国法理学“幼稚论”,他认为此说没有根据。改革开放以后,法理学界在邓小平民主与法制思想的研究上,在社会主义市场经济与法治、法制现代化和依法治国建设社会主义法治国家、人权理论等重大问题的研究上,取得了一系列成果,这是不可否认的。

第三,孙国华主张对待马克思主义要掌握其精髓,不能照抄照搬教条;对于西方法学理论,我们一定要客观分析,不能盲从。努力吸取世界政治文明、法律文化有效合理的成果,结合自己的经验,探索并积极稳妥地推进我国的政治体制改革和法制建设。

第四,他认为要把学术与政治分开,培养一种平等、宽容、实事求是分析问题、探求真理的学风。

32. 吴家麟　为宪法学、逻辑学奉献一生

吴家麟，1926年出生于福建省福州市，新中国宪法学前辈、法律逻辑学创始人之一，曾与兰州大学法学院（法律系）吴文翰并称法学界的“西北二吴”。

“认真做事，清白做人；无私则勇，无欲则刚；独立思考，不平则鸣；正直坦诚，开朗达观；逆境不馁，顺境不骄；生命不息，治学不止。”——这是吴家麟的座右铭。他跌宕起伏的一生告诉了世人什么是矢志不渝、宠辱不惊。

吴家麟早年就读的高中学校毗邻福建省高等法院，被控辩双方慷慨激昂、唇枪舌剑、针锋相对的舌战场景所折服。从那时起，他就立志要以法律为职业，梦想着自己有朝一日能够成为一位满腹经纶、博学多识、匡扶正义的大律师。少年时的梦想，即使在他生命中最黑暗的时刻，也没有轻言放弃。

1947年吴家麟高中毕业后，同时被北京大学、复旦大学、中山大学、厦门大学四所名校同时录取，吴家麟最后选择北京大学。在北京大学，吴家麟得遇恩师张志让，张志让在民国时期因担任“救国会七君子案”首席辩护律师而成为宇内知名的民主人士，且又于新中国建立伊始就任最高人民法院副院长。吴家麟直到晚年回忆时，仍认为自己在中国人民大学读研究生时选择宪法学专业并为之奉献一生，与张先生的“人格魅力和悉心热情”有直接关系。

吴家麟在中国人民大学读研两个月后，即被调入该校法律系当老师，教授国家法，很多时候是第一天听苏联学者讲课，第二天就转授给学生，期间对于苏联专家的教条主义产生了颇多个人看法。1954年《宪法》颁布后，吴先生即出版了《宪法基本知识讲话》，先后印了90万册，他开始崭露头角。可惜好景不长，1957年5月下旬，中国政治法律学会组织召开的“政法界整风座谈会”，会上第一个发言的是兰州大学法律系吴文翰，第二个发言的就是吴家麟。因为这次发言，吴家麟被划为“大右派”，先是被下放到农场种水稻，后被“流放”到宁夏教中学，幸得宁夏大学领导求贤若渴，将其调入该校，吴家麟在其晚年成了

该校校长。

“文革”结束后，司法部组织编写法律教材，吴家麟成为唯一一位同时担任两门学科教材（宪法学和法律逻辑学）的主编。

33. 马克昌　享誉中西的刑法学前辈

在我国刑法学界素有“北高南马”之说。“北高”指的是我国著名的刑法学家高铭暄教授，“南马”指的就是我国刑法学前辈马克昌先生。

马克昌生于1926年，河南西华县人。1946年秋入武汉大学法律系学习，1950年毕业留校后即被送入中国人民大学法律系研究生班，师从苏联刑法学家贝斯特洛娃教授专门从事刑法学研究，1952年返回武汉大学任教。他现任武汉大学法学院教授、博士生导师，兼任中国法学会刑法学研究会名誉会长、中国法学会董必武法学思想研究会副会长、最高人民法院特邀咨询员等职务。

作为享誉中西的刑法学家，马克昌在学术方面有着精深的造诣。1992年12月由马克昌主编的《中国刑事政策学》，是大陆第一部研究刑事政策的专著，填补了大陆这一领域研究的空白。1993年4月出版的由马克昌任第一主编的《刑法学全书》，是迄今为止我国最权威的一部刑法学巨型工具书。2003年，他又完成了独著《比较刑法原理——外国刑法学总论》，该书耗时近4年，80万字，全面比较研究外国刑法理论，建立了完整的比较研究体系，该书荣获第六届国家图书奖。

说到马克昌的法律实践生涯，就不得不提到他参与了“林、江反革命集团案”的审判。1980年10月，马克昌应全国人大法制委员会之邀，参加了对“林、江反革命集团案”起诉书的讨论。在讨论中，专家们对于应当适用的法律依据有不同的看法。有的专家认为起诉书应当依据1951年公布的《惩治反革命条例》，但马克昌认为，此时1979年通过的刑法已经生效，已经有法可依，应当按照刑法上的从旧兼从轻原则，适用刑法典。随后，受中华人民共和国司法部的委派，马克昌担任了该案被告人吴法宪的辩护人。他认为，犯罪嫌疑人应当依法享有法律赋予的各种权利。在为吴法宪担任辩护人期间，他忠实地履行律师职责，根据事实和法律提出了三点辩护意见，得到了特别法庭的重视。在过去，审讯都是政治斗争，不会交付审判，而当时国家不仅将"林、江反革命集团案"交付法庭审判，而且还由律师出庭为被告人进行辩护，保障被告人的合法权利，体现出我国法治的进步。

马克昌作为新中国法学奠基人之一，既是法律教育家，全身心投入中国的刑法学教育和研究事业，为我国刑法科学的构建与刑法事业的发展贡献了许多极其宝贵的财富，又是法律实践家，对新中国法律事业抱着强烈的使命感，为国家民主与法制建设做出了不可磨灭的贡献。①

34. 史久镛　国际法院首位中国籍院长

2003 年 2 月 6 日，国际法院中国籍法官史久镛先生当选为国际法院院长，是自国际法院 1946 年成立以来，首位担任院长的中国籍法官。时任中国外交部长的唐家璇在贺电中写道："您的当选，是国际社会对您卓越学识和公正品格的肯定。这是您个人的荣誉，是中国法学界的荣誉，也是我们国家和民族的荣誉。"

史久镛法官 1926 年 10 月出生于浙江宁波，从小在上海长大。1944 年夏天，史久镛以优异成绩考入上海圣约翰大学政治系——这所新中国外交官的"摇篮"。史久镛晚年曾回忆说，自己当初上大学时之所以选择法律和国际关系专业，主要原因就是当时正值"二战"末期，面对残酷的战争给黎民百姓带来的苦难，年轻的他希望用法律知识为人类服务，以法律促进国与国间和平解决争端，避免战争。4 年后，史久镛进入美国纽约哥伦比亚大学攻读国际法。1951 年 11 月下旬，史久镛在电视荧屏上看到了新中国出席联合国会议代表伍修权将军慷慨激昂的演说，伍修权将军历时两个小时、洋洋数万言的长篇控诉，给史久镛以极大的震撼。很快，朝鲜战场捷报频传，美国被迫签署朝鲜战争停战协定，史久镛再也无法使自己平静下来埋首书案，还没有来得及戴博士帽即于 1954 年秋回到了亲爱的祖国。

---

① 马克昌先生于 2011 年 6 月 22 日去世。

回国后，史久镛一直从事国际法的教育和研究工作。1980 年以后开始担任外交部的法律顾问，并于 1984 年开始作为中英关于香港问题谈判工作组、中英联合联络小组中方法律顾问参加谈判，在中英关于香港问题的谈判和中英联合联络小组工作中出色地发挥了法律专家的作用，参与了《中英两国政府关于香港问题的联合声明》的三个附件——《中华人民共和国政府对香港的基本方针政策的具体说明》、《关于中英联合联络小组》、《关于土地契约》的起草工作，为香港顺利回归做出了重要贡献。此外，史久镛自 20 世纪 80 年代开始还作为中国的法律顾问参加了国际货币基金组织、国际复兴开发银行(世界银行)及亚洲发展银行的会议和谈判，参加了日内瓦裁军会议，参加了中美投资保护协定的谈判等重大外交事务。

1987 年，史久镛被选为联合国国际法委员会委员，一直担任到 1993 年，是唯一一位连选连任的中国籍委员。1994 年史久镛被选为国际法院法官。任职期间，史久镛在判案中显示了自己出色的司法水平和判断能力，在国际法院同行中逐渐树立了崇高的威望。并相继于 2000 年当选为国际法院副院长，2003 年连任国际法院法官并同时当选为院长。对国际法学专家而言，能当选国际法院法官无疑已是事业的巅峰，而当选国际法院院长，更是国际司法界最高荣誉。在国际法院院长任上，史久镛和他的同事以“绝对公正”的理念，对全球焦点难题——巴以冲突中的“隔离墙”问题作出裁决，在他所宣读的判决书中国际法院裁决“以色列在巴勒斯坦被占领土上修建隔离墙违反国际法”。在担任国际法院法官和院长期间，史久镛始终坚守国际法官的神圣誓言：“我在国际法院的唯一身份就是法官。我的法律信仰就是按照现行的国际法从事审判……”

35. 高铭暄　新中国刑法学的奠基人之一

高铭暄，祖籍浙江玉环县，1928 年 5 月出生在一个家境殷实的书香门第。高铭暄的父亲曾历任杭州地方法院推事(即法官)和浙江高等法院审判员，而高铭暄的叔叔和哥哥则当过法院书记官。父亲的谆谆教诲和家庭的熏陶，让高铭暄从小就觉得法律工作可以“伸张正义，为人打抱不平，排忧解难”，是一个正义的职业，因此在少年时即立志投身于法律事业。

1947 年秋季，高铭暄进入了浙江大学法学院学习。入学后，因为没请到刑法老师，第一学年的刑法总则课是由法学院院长李浩培亲自讲授。其实，李浩培一生也就讲过这一次刑法课，却给高铭暄留下了非常深的印象。李浩培结合判例的讲解，深入浅出、逻辑严密，很贴近实际生活，且又妙趣横生，毫无枯燥之感。正是因为李浩培先生的授课，使高铭暄对现代刑法学产生了极大的兴趣，萌生了继续深入研究刑法学的想法。

大学毕业之后，优异的学习成绩让高铭暄如愿以偿地被保送到中国人民大学法律系刑法研究生班学习。研究生毕业后，高铭暄深感法学教育之重要，同时对刑法学的研究仍抱有强烈的兴趣和执著的追求。于是，他义无反顾地选择留在中国人民大学的校园，拿起教鞭，从此数十年如一日地默默耕耘于教坛。

1981 年 7 月，作为自始至终参加中国第一部刑法典起草工作的唯一学者，高铭暄将立法工作中的笔记加以整理，写出了自己的首部专著，也是“十年动乱”后我国出版的第一部法学专著——《中华人民共和国刑法的孕育和诞生》。该书翔实记述了新中国第一部刑法典从起草到颁行的 25 年艰辛历程，同时也包含了高铭暄对刑法中一系列重大问题的深刻思考，在出版后深受欢迎，一时洛阳纸贵，甚至还出现了“手抄本”。

此后，高铭暄又参与了 1997 年刑法修订、多个刑法修正案和司法解释的起草咨询工作。在数十年生涯中，高铭暄先后发表著述 70 余部，论文 200 余篇，其刑法学思想为新中国现代刑法学科的构建和发展奠定了坚实的基础。“学道不倦，诲人不厌，发愤忘食，乐以忘忧，不知老之将至”，已步入耄耋之年的高铭暄，仍然笔耕不辍、诲人不倦，他总是说：“现在是新中国建国以来法学研究最好的时期，我们都要抓住这样的好机会多为中国的法治事业作些贡献。”“我作为法学园地的一名老兵，更要发扬老骥伏枥的精神。”

36. 郭道晖　耄耋之年犹直言

风雨八十载，前半生搞机电，后半生遁入“法门”，一路风尘。“老而益坚，不坠上下求索志；桑榆非晚，犹献春蚕未尽丝”。这便是郭道晖的人生写照。郭老尝言，既然已是“从心所欲不逾矩”之年，那么本性难移、此志不改，功过是非任人评说吧！

郭道晖生于1928年，湖南湘阴人。曾祖父郭仑焘为郭嵩焘之弟，亦是湘阴“郭氏三杰”之一。毕业于清华大学电机系。1958年被划为“右派”，遭遇到人生中的一大磨难。然而斗转星移，时代很快翻开新的一页，1979年4月，全国人民代表大会常务委员会法制工作委员会刚建立，时任办公室主任的王汉斌把郭道晖调去工作，这时郭老已年届半百，改行学法，可谓“老年出家”。法学博大精深，同电机学相去何止万里，但郭老对中国曾经缺民主、无法治所带来的痛苦，有着切身的感受，他发誓要在未来的岁月中，尽余力，做些真正有益于人民的事。

郭老进入“法门”之后，开始对阶级斗争法理学进行扬弃，“法的时代三部曲”——《法的时代精神》、《法的时代呼唤》、《法的时代挑战》，堪称中国新时代法学的扛鼎之作。

郭道晖是最早提出“刀制”、“水治”之别，并促成“法治”进入宪法的法学家。20世纪90年代以来，郭老数次代表中国法学会，率团参加在德、意、日、韩举行的法哲学世界大会或亚洲大会，在会上宣读论文、回答提问；或作为学者个人，接受香港、我国台湾地区和外国法学界的邀请，外出参会和讲学，其深刻而独到的见解和应对境外学者尖锐敏感的提问所表现出的坦率机智的风度，引起境内外学者的热烈反响和好评。他1996年在香港法律界演讲时，听众中的英国律师、教授，会后纷纷围上前来同他热烈握手说：“听了你的演讲，感到中国学者有这样前沿的思想，我们对中国未来的法治更有信心了。”

同时，郭老对年轻学人予以无私的帮助与提携也令人感佩，他所主持的《中国法学》对年轻人的成长起到无可替代的作用。每逢中国法学界“左”风袭来之时，郭老都挺身而出，以自己的道义、勇气与智慧，维护年轻学人，维护学术的尊严，营造平和与宽松的学术环境。有人说，郭老的存在是中国法学的一大幸运。《中国法学》也因此被称赞为“担负起了引导一个东方大国法学研究方向的重任”，“形成了自身独具特色的学术风格和办刊风格”。

著名法理学家李步云教授如此评价郭道晖：“一是他的思想充满人文关怀；二是他的观念总是力求紧跟时代的步伐；三是他的观点大多是来自对社会生活与法制实践的观察、分析和概括，而很少有土教条与洋教条；四是他的见解往往具有现实感，绝不无病呻吟，往往具有针对性，绝不无的放矢。”

而今，郭老虽已年过八旬，思维依然活跃，学术创造力依然旺盛。倘以法学而论，或许郭老的生命之花才正是艳丽之时。他的一生虽历尽沉浮，却依然故我。无意争锋，只求真理。

37. 许崇德　新中国宪政的亲历者

许崇德，为新中国的宪政建设做出了卓越贡献。

1929 年 1 月，许崇德出生于上海青浦，1951 年毕业于复旦大学法律系。后进入中国人民大学国家法（宪法）专业研究生学习，毕业后留校任教。至今在中国人民大学已执教 50 余载，独著、主编、参著的学术著作和教材共 57 种之多，是宪法学与行政法学博士学位点建立人和主持人。许崇德还兼任中国法学会理事、中国宪法学研究会名誉会长等职务。

许崇德参与制定了在我国有重大影响的四部法律——1954 年宪法、1982 年宪法、香港特区基本法、澳门特区基本法。

新中国成立初期，我国只有一部《共同纲领》起着临时宪法的作用。因解放战争还未结束，经济也在恢复，新中国召开人民代表大会、制定宪法的条件还不成熟。直到 1952 年年底，中共中央开始统筹考虑召开全国人民代表大会和制定宪法等问题。1953 年新年，《人民日报》发表元旦社论，提出了当年的三项任务：第一，继续加强抗美援朝的斗争；第二，开始执行国家建设的第一个五年计划；第三，召集全国人民代表大会，通过宪法。后来因为部分地区遭受严重的自然灾害，第三项制定宪法的任务没有在当年完成，因此推迟到 1954 年，但为人民代表大会召开而进行的普选在 1953 年如期启动。1953 年 3 月 1 日，毛泽东以中央人民政府主席的名义，颁布施行了新中国第一部《选举法》。1953 年夏，许崇德和中国人民大学的两位同事一起被借调到中央内务部（现民政部），后被派往山东省泰安县城关乡搞第一次基层普选的试点。他们负责协助当地的乡政府，并经历了从选民登记一直到召开第一次乡人民代表大会的全过程。在此期间，许崇德一边学习选举法和相关中央文件，一边实践选举制度的每一个环节，收获颇丰。1953 年 3 月 28 日，"宪法起草委员会"办公室正式成立，下设编辑组、会议组、记录组、联络组、总务组和资料组。这时，从山东泰安回京不久的许崇德，又被借调参加了资料组的工作，由此见证了新中国第一部宪法从起草到出台的整个过程。

1954 年初，许崇德住进中南海，从事"宪法起草委员会"秘书处的工作。工作结束后，又转到第一届全国人民代表大会第一次会议的秘书处工作，见证了中国历史上第一次全国人民代表大会的召开。时至今日，许崇德依然清晰记得代表们全体起立、热烈鼓掌并欢呼新中国第一部宪法胜利通过的动人场面。

1985 年，许崇德受全国人民代表大会常务委员会任命为香港基本法起草委员会委员；1988 年，又被任命为澳门基本法起草委员会委员，参与完成了港、澳两部基本法的起草工作。1996 年、1998 年，许崇德又先后被全国人民代表大会常务委员会任命为香港特别行政区筹备委员会委员和澳门特别行政区筹备委员会委员。许崇德先后接受了四位全国人民代表大会常务委员会委员长的任命书，见证了新中国宪法和宪政发展的历程。

38. 陈光中　刑事诉讼法学前辈

陈光中教授 1930 年出生于浙江永嘉，1948 年入读中央大学，后转入北京大学并于毕业后留校担任助教。随后因院系调整并入新成立的北京政法学院。1954 年，陈光中教授根据组织决定，担任刑事诉讼法学的教学工作。从此与刑事诉讼法学结下了不解之缘。

早在 1955 年，陈光中教授在他于 1955 年公开发表的第一篇学术论文中就明确提出我国要建立辩护制度，并以无罪推定原则作为建立辩护制度的根据；在1957年“整风反右”之前，再次主张我国应当实行无罪推定原则。在此期间，陈光中教授作为苏联专家在中国培养的第一个副博士还参与了我国第一本中国刑事诉讼法学教学大纲和中国刑事诉讼法学教材的编写。

1976年粉碎“四人帮”后，陈光中教授投身于我国诉讼法学特别是刑事诉讼法学的建设。30年来他始终强调在现代法治国家，程序法有其自身重要的独立价值；主张不能忽视刑事诉讼保障人权的目的；强调刑事诉讼结构应贯彻控审分离、控辩平等对抗、审判方居中裁判原则；强调司法独立是实现司法公正的最重要的制度保障；力主加强犯罪嫌疑人、被告人的权利保障；强调应明确认同无罪推定原则等。

在我国刑事诉讼法立法工作方面。1993年10月，陈光中教授受全国人民代表大会法制工作委员会的委托主持刑事诉讼法修改研究工作，拟定了《中华人民共和国刑事诉讼法修改建议稿》，该建议稿中约65%的条文为1996年新修订的刑事诉讼法所采纳，其中包括吸收无罪推定的精神，加强被告人、被害人的人权保障，律师提前到侦查程序就介入，完善强制措施，取消收容审查，以及改革死刑执行方法、使之更加人道主义化等，被尊称为“中国新刑事诉讼法之父”。2003年10月全国人民代表大会常务委员会将刑事诉讼法的再修改列入立法规划，后陈光中教授不顾年逾古稀主动请缨，主持启动刑事诉讼法再修改课题，出版了《中华人民共和国刑事诉讼法再修改专家建议稿与论证》，引起广泛关注。

陈光中自1984年中国法学会诉讼法学研究会成立起连续四届被推选为会长；自1986年成为全国第一位诉讼法学博士生导师以来，陈光中教授先后培养诉讼法学博士65名；陈光中教授还于2002年成立“陈光中诉讼法学奖学金基金会”，以此鼓励全国的优秀硕士生、博士生。

在近期接受采访时，年近八旬的陈光中教授表示：“我认为要符合法治国家的要求，我国的刑事诉讼法至少要达到450条，比现在的条文翻一倍……我花了三年多的时间出了一本《刑事诉讼法再修改建议稿》……我还会继续努力。”

39. 张晋藩　新中国法律史学的开创者之一

张晋藩祖籍山东黄县(现龙口市),1930 年 7 月生于沈阳。张晋藩曾说,他小时候最大的乐趣就是听父亲讲历史故事。小学期间他已经浏览了大量的古典历史小说,沉醉其中。不过使他困惑的是他所阅读的历史小说,和他在学校历史课所学的内容经常是矛盾的。日本侵略者在东北推行奴化教育,肆意歪曲和篡改中华民族的历史,为其侵略政策制造舆论。这使幼年的张晋藩朦胧地意识到,正确地解释历史对于一个民族的自信、自重、自强太重要了。

1950 年,他被分配至中国人民大学读中国法制史专业的研究生,1952 年留校任教。当时有的同学认为这门学科还待创立而又冷僻,颇有些为他惋惜。但他却感到投己所好,十分惬意。他认为,正确地诠释历史,还历史以本来面目,乃每一个读书人起码的道德良心,也是历史学赋予的使命和责任。

1958 年之后,结合国内政治形势,学术界掀起了一场声势浩大的批判唯心主义国家观、法律观的运动,而这场运动的核心就是讨论旧法能否被批判地继承。然而由于特定的政治历史环境,当时否定一切打倒一切的声音甚嚣尘上。4 月份,张晋藩在当时权威学术期刊《政法研究》上发表了《关于法的阶级性和继承性的意见》,在这篇论文里他指出,“近代资产阶级在形成统一时期,它的认识客观真理大大超越了封建时代……它提出的法治原则、陪审制度、代议制度、辩护制度、普选制度无疑是历史的功绩。”这种观点在当时的政治形势中承受了巨大的压力,显示了张晋藩不屈服权势,坚持真理的学术品格。

1998 年,由张晋藩任总主编、集中了当时国内中国法律史学界几乎所有学术力量参加编写工作的《中国法制通史》,历时 19 年,终于由法律出版社出版,该书不仅以十卷本的宏大容量卓然见长,而且其贯通断代史的通史体例、基于翔实史料的厚重史论、法律制度与思想的浑然一体,都具体反映出法律史学研究的开拓与创新。在编写期间面对种种难以想象的困难,张晋藩从没有动摇,他的锲而不舍的精神和为新中国法律史学所做出的奠基性、开创性工作,赢得了国内外学者的敬重。

张晋藩学史而不泥古,富于创新开拓精神。1980 年以来,他对中华法系问题的持续深入研究,是对传统中国法制史学的一次重大突破和超越。他提出的中国古代法律体系是“诸法并存,民刑有分”以及研究中国少数民族法制史具有重大意义等观点,大大拓宽了研究者的视野,将法律史学研究导引入一个崭新的境界。

40. 江 平 新中国民法大家

江平,与王家福、佟柔齐名,一起被称为中国当代民法学领域中的“三大家”,也是至今“宝刀不老”,活跃在中国立法和司法改革,以及法律教育前沿的著名学者。

江平 1930 年 12 月 28 日出生于浙江省宁波市。1948 年考入燕京大学新闻系,1951 年入莫斯科大学法律系学习,据传与前苏联总统戈尔巴乔夫是同学。后来江平本人在与一些采访记者交谈时证实,他虽然比戈尔巴乔夫要晚一届,不是同学,但因为两人都是莫斯科大学法律系的学生干部,接触比较多,所以后来就有了这种传说。1956 年,江平毕业回国,入北京政法学院任教,后出任该院副院长、中国政法大学副校长、校长,兼任全国人民代表大会代表、常务委员会委员、法律委员会副主任委员、中国法学会副会长、中国比较法研究会会长,现为中国政法大学终身教授、博士生导师。

作为中国当代著名民法学家,江平除了著书立说之外,对新中国法和法学的贡献还体现在三个方面:第一,他担任民法教师数 10 年,为新中国的法制建设培养了众多的人才。第二,他为中国加强法治摇旗呐喊。江平不仅为通过一部部法典(如《民法通则》、《公司法》、《信托法》等多项法律)呐喊,也为司法制度的改革呐喊,还为提升民众的法律意识、为维护公民的民主自由和基本权利呐喊。江平曾赴全国各地众多政法院校做了几百场次的法律讲座,在各种场合,他都要进行呐喊:“我现在的社会使命是呐喊……在我力所能及的时间内、范围内、影响力的度上,我尽量为中国现代应该有的法律观念和法律做一些呐喊。”第三,积极从事中外法律合作和交流的工作。江平主持了

“外国法律文库”和“美国法律文库”等大型国外法学名著的翻译丛书的组织工作，美国著名法学家伯尔曼的《法律与革命》、英国著名法学家哈特的《法律的概念》等作品，都是在江平的主持下翻译引入中国的。

江平具有高尚的品德和良好的心态。他在1957年曾被不公正地打成“右派”，在近22年的时间中失去了为我国法制建设工作的机会，但他并不总是计较于此，而是认为，这段失去的光阴已经由党和人民补给他了，因为他60岁退休后国家又给了他20年工作的机会。江平有很多名言名句在学生中流传，其中最为大家敬重的一句话就是：“我一生中，只向真理低过头。”

江平曾被收入英国剑桥世界名人录，并被收入中国多种版本的著名法学家名录。他是新中国继宋庆龄、邓小平之后被国外著名大学授予名誉法学博士学位的第三位知名人士。

41. 王家福　“依法治国”方略的倡导者

王家福，1931年出生于四川省南充县。1950年就读于北京大学法律系，1955年赴前苏联列宁格勒大学法律系学习，学成回国后在中国社会科学院法学研究所工作。现为该院学部委员、研究员、博士生导师、中国法学会副会长、学术委员会主任。

王家福对新中国法和法学的贡献是多方面的，作为中国民商法的学科带头人，王家福在民商法理论研究和学术宣传上孜孜不倦。例如，在1979年法学研究所主持召开的民法经济法问题座谈会上，王家福坚持民法是调整中国社会经济关系的基本法，会后向中央提出《关于制定中国民法典的研究报告》，经中央领导同志批示，法制委员会成立民法起草小组着手新中国第三次民法起草工作。又如，在关于民法的本质问题上，他坚持民法为私法，反对将民法说成是公法的流行观点，认为严格划分公法和私法，对于经济体制改革和保障民事权利有着重大意义。

王家福的更大贡献在于，他是新中国最早提出依法治国、建设社会主义法治国家方略的少数几位学者之一（其他几位学者如李步云、郭道晖等),为该治国方略的确立做出了努力。早在我国改革开放之初的20世纪70年代末,王家福就在《人民日报》等刊物上发表文章,强调"要法治、不要人治"。1996年2月8日,王家福在中南海怀仁堂,为中共中央政治局常委作法制讲座,题目就是《关于依法治国,建设社会主义法治国家的理论和实践问题》。王家福明确指出:"建设社会主义法治国家,是建设有中国特色社会主义伟大事业的根本大计,"其重要性和必要性无与伦比,他还详细分析了建设社会主义法治国家的各项条件。在王家福等学者的倡导和推动下,1997年9月,党的第十五次全国人民代表大会报告正式认可了上述讲座的提法,明确指出:"进一步扩大社会主义民主,健全社会主义法制,依法治国,建设社会主义法治国家。"1999年3月,第九届全国人民代表大会第二次会议通过了宪法修正案,修改后的《宪法》第5条增加了一个条款:"中华人民共和国实行依法治国,建设社会主义法治国家。"从此,法治终于成为我们国家的治国方略。

王家福曾长期担任全国人民代表大会常务委员会法制工作委员会的委员,参加了一系列民商事和经济立法的项目,为《经济合同法》、《民法通则》、《公司法》、《物权法》等的颁布实施做出了贡献。同时,他积极地参政议政,努力将在法学界已经形成共识的法学研究成果汇报给中央最高领导。1994年中央政治局开设法制讲座以来,只有两名学者是两次进入中南海为政治局讲授法律课的,一位是曹建明,另一位就是王家福。除此之外,王家福还发表了《合同法》、《中国法学:民法债权》等10余部专著及90余篇论文,成为中国现代当之无愧的民法商法学大家。

42. 李步云 "敢开第一枪的法学家"

李步云,1933年生于湖南娄底。1949年11月加入中国人民解放军。1950年10月赴朝参战,1952年因伤回国。1955年1月李步云从部队转业至江苏省太仓县人民政府工作。1957年考入北京大学法律系,1961年12月加入中国共产党。1962年师从著名法学家张友渔先生研究法理学。毕业后曾留校工作。1967年2月进入中国社会科学院法学所工作，历任该所研究员，法理学研究室主任，《法学研究》杂志主编，中国社会科学院人权研究中心副主任，研究生院博士生导师等职。

李步云被公认为是推进我国法治进程的符号化的人物。这一切起源于他刊登在1978年12月6日的《人民日报》的文章《坚持公民在法律上一律平等》。这是我国法学界第一篇拨乱反正的文章，该文刊登后在全国引起轩然大波。李步云也被誉为“敢开第一枪的法学家”。随后他又冒着风险，毅然于1979年3月6日上书中共中央领导，强烈建议改革“党委审批案件的制度”。该制度的取消体现了司法独立的原则。为我国进一步推进以法治国铺平了道路。他随后又于1979年9月发表了《论以法治国》;1979年11月27日在《人民日报》发表《论我国罪犯的法律地位》。1979年12月2日，《光明日报》以大篇幅在醒目位置刊登了题为《要实行社会主义法治》的文章。在随后激烈的“人治”与“法治”，“刀治”与“水治”的论战中，李步云坚定不移地推进以法治国。是年，他与王家福、刘海年三人负责起草《中共中央关于保证刑法、刑诉法切实实施的指示》（即六十四号文件）。该文件为新时期中国司法制度的改革奠定了基础。

1980年7月至1981年7月，李步云曾在中共中央书记处研究室工作。时逢1982年宪法的起草。他负责起草叶剑英委员长《在宪法修改委员会第一次会议上的讲话》和其他一些有关宪法修改的文件，见证和参与了1982年宪法的起草和讨论。之后，于1981年11月2日至12月8日，连续为《人民日报》撰写《宪法的结构》、《宪法的规范性》、《什么是公民》等10篇文章，对修宪的诸多问题进行了系统的论证和阐述。

1996年至1998年，李步云先生三次为党中央政治局授课，并就“法治”问题在全国各地作了数十场报告，发表了10多篇有关法治方面的论文，系统地阐述了法治的本质、内容、目标、原则、标准和实现途径。并与其他学者一起努力，推动将“依法治国，建设社会主义法治国家”写入中共十五大报告。1998年8月29日，他在全国人民代表大会常务委员会作《依法治国，建设社会主义法治国家》的专题讲座。如今，这位年近八旬的老人，依然没有停止宣讲法治理念的步伐。

43. 杨紫烜　我国经济法专业的开路人

杨紫烜,1934 年 1 月出生,江苏省南通市人。1954 年,考入北京大学法律学系(现已改为法学院)学习。1958 年毕业,后一直留校任教。现为北京大学法学院教授、经济法专业博士生导师,并先后担任中国经济法研究会常务理事、北京市经济法研究会副会长、北京市人民政府第七届专家顾问团顾问、最高人民法院第一届特邀咨询员、第九届全国人民代表大会代表、第九届全国人民代表大会法律委员会委员等职。

杨紫烜教授是我国最早的经济法学者之一,是我国第一个经济法专业、第一个经济法研究所的创始人之一。从 1958 年起,杨紫烜教授曾从事法理学和国际法学的教学和研究工作。1979 年,杨紫烜教授开始从事经济法的教学和研究工作。在 1979 年下半年,杨紫烜教授同北京地区高校法学院系和法学研究机构的一些学者就民事立法、经济立法、经济司法以及法学教育方面的问题在北京、成都、重庆、武汉进行了近半年的调查研究。通过实地考察,杨紫烜教授认识到,经济法的制定和实施需要一大批经济法专业人才,因此在高等学校建立经济法专业、培养经济法人才是非常必要的。1979 年 12 月底,杨紫烜教授在北京大学法律系党政领导班子的一次会议上提出了成立经济法专业的建议,得到了一致同意。他于 1980 年 1 月 10 日受委托起草了《关于成立经济法专业的报告》,同年 2 月 25 日,教育部批准在北京大学法律学系增设经济法专业,学制四年,1980 年暑假开始招生。接着在芮沐教授的支持下,杨紫烜教授进行了进一步的调查研究,起草了《北京大学法律系经济法专业 1980 级教育方案》,并积极组建经济法学科的师资队伍。1984 年 2 月,教育部批准了由杨紫烜教授起草的《关于成立经济法研究所的报告》,正式成立了北京大学经济法研究所。上述经济法专业和经济法研究所不仅在中国是第一个,在国外也是前所未有。

杨紫烜教授在经济法领域方面的研究也有不小贡献。在经济法理论研究方面,提出了独到的见解,形成了自成系统的“国家协调论”;

在国际经济法的教学和研究中，提出了新的国际经济法理论“国际协调论”。

杨紫烜教授不仅在经济法学建设上成绩斐然，在法律实践方面也发挥了自己的积极作用。在担任第九届全国人民代表大会代表和第九届全国人民代表大会法律委员会委员、北京市人民政府第七届专家顾问团顾问、最高人民法院第一届特邀咨询员期间，杨紫烜教授作为来自高等学校的成员，在参加法律的制定和实施过程中，对我国立法、行政执法和司法工作提出了很多意见和建议，贡献了自己的突出力量。杨紫烜教授的这些学术和实践活动，为推动中国的社会主义法治建设向前发展起到了不可忽视的作用。

44. 应松年　创造多个中国行政法之第一

在中国行政法学界，说起创始人或奠基者，大概就要数王名扬、罗豪才和应松年这三位法学家了。这三人中，虽然应松年的年龄最小，但是遇到的挫折、经历的坎坷却是最多，可谓是中国行政法学发展史的见证人。他于 1936 年 11 月出生于浙江宁波，1960 年毕业于华东政法学院，正当学业有成、踌躇满志的年龄，却被 1957 年那场“反右派”运动牵连了进去，因此，一毕业就被“发配”去了新疆伊犁。远离亲人，远离家乡，远离专业，在大西北地区一待就是 20 年，直到 1980 年我国实行改革开放之后，他才又一次重新回到法学教学的岗位上。先在西北政法学院工作，随后来到北京，先后在中国政法大学、国家行政学院担任教授。曾被选为北京市人民代表大会代表和全国人民代表大会代表。2009 年，应松年被聘为中国政法大学终身教授。

作为我国行政法学科的创始人之一，应松年创造了中国行政法学界的众多“第一”，从第一部行政法学教材到培养第一代行政法学研究生，从参与新中国第一部《行政诉讼法》的起草到此后诸部单行行政法律的出台，在中国行政法学成长道路上，他留下了深深的印迹。尤其是自 1986 年起，应松年担任了全国人民代表大会常务委员会法制工作委员会行政立法研究组副组长，他在立法方面的才能得到了充分发挥。在行政诉讼法、国家赔偿法、行政处罚法、教育法等重要法律的起草工作中，他都是重要的建言者和参与者；在承担卫生法、农业法、渔业法等各部门行政立法的顾问、咨询工作时，他也是认真负责、一丝不苟。此外，应松年还参与了立法法、行政许可法的立法工作，也是《行政程序法》草案项目的主持人。

除了在立法实践方面的贡献之外，应松年的另一大贡献，就是长期致力于行政法、行政诉讼法的基础性研究工作。1981 年，他参与编写了我国第一部行政法学教材《行政法概要》，之后，他又主编了司法部法学统编教材《行政法学》、《行政诉讼法学》，陆续出版了行政法理论和行政程序、行政诉讼法的多部著述，此外，还发表了一批有分量的行政法学论文。

一生专注行政法的教学，着力于培养高层次法学人才，是应松年的第三个贡献。在近 30 年的教学生涯中，应松年培养了无数的弟子，真可谓桃李满天下。在谈到自己的学生时，应松年的话语中充满了幸福："这是我的最大财富，最大快乐。"如今，他的学生们在全国各地各自的岗位上为我国行政法制建设和行政法学的发展，发挥着重要作用。应松年常说："如果还有下辈子的话，我还是选择做老师。"2005 年，为了庆祝应松年 70 华诞，北京市行政法学界举行隆重的仪式，表达了对我国这位著名的行政法学家和教育家的热爱和敬仰。

45. 梁慧星　视"法律为正义"的民法学家

在当代中国民法学界，不得不提起梁慧星教授。他是一位著名的学者，又是一位培育、提携年轻学人的名师，也是一名我国几部大法如《合同法》、《物权法》、《侵权责任法》等的立法专家，还是一位以德国法学大家耶林的"为权利而斗争"之精神为榜样，坚持为正义而战的民法学家。

梁慧星于 1944 年 1 月出生在四川省青神县汉阳乡梁村。1962 年考入西南政法学院法律系，1966 年毕业后于 1968 年分配到云南省昆明市农用轴承厂工作，1978 年 10 月考取中国社会科学院读研究生。毕业后留在法学研究所民法研究室工作。现为中国社会科学院法学学部委员、研究员、博士生导师、《法学研究》主编、国务院学位委员会委员、第十一届全国人民代表大会法律委员会委员。

梁慧星治学严谨，刻苦勤奋，著述等身。一方面，在30余年的著述中，梁慧星推出了众多的作品，主要代表作有《民法解释学》（1995年）、《为中国民法典而斗争》（2002年）、《物权法》（2003年）、《民法总论》（2004年）、《民法学说判例与立法研究》（2003年）、《法学学位论文写作方法》（2006年）、《生活在民法中》（法学家讲演录，2007年）等，这些作品，将中国现代民商法的研究水平往前推进了一大步。另一方面，梁慧星在我国开了编辑部门法学的专题研究论文集和论丛的先河，他主编的大型丛书《民商法论丛》，自1994年12月面世以来，至今已经出版了44卷，收录了我国几乎所有的民商法（甚至包括一些外国法和比较法）的学者的作品，中国现在一批优秀的中青年学者如王利明、王保树、陈明侠、陈华彬、许明月、邹海林、段匡、王轶、孙宪忠、徐国栋、张礼洪、汤维建、张卫平、齐树洁、刘士国、刘茂林、尹田、蒋月、韩世远、张新宝、杨松、费安玲、崔建远、渠涛等，都在论丛上发表过作品。他主持的《中国民商法专题研究丛书》，以出版中青年民商法学者的专著为已任，现在活跃在中国法学界的民事法学者如许多奇、孙美兰、傅静坤、陈泉生、沈敏荣、王国华、王丽萍、汪祖兴、肖冰、甘瑛、钟青、张学军、于海涌、徐海燕、袁泉、董丽萍、许光耀、龚赛红等，也都在这套丛书中出版过自己的处女作或专著。此外，梁慧星还长期担任我国法学领域历史最为悠久的理论刊物《法学研究》的主编，为提携年轻人做出了努力。

在新中国的立法事业中，梁慧星也做出了突出的贡献。他曾担任《合同法》起草委员会组长，《物权法》、《侵权法》、《民法典》起草组核心成员，其作品《中国民法典草案建设稿附理由》（总则、债权、物权、侵权行为、亲属等编，2003～2006年），不仅是我国民事立法的重要来源，也是民法理论和实务两界的重要参考资料。

梁慧星不仅在民法学的理论研究方面成就卓著，在学术品格上也得到了学界的称颂。他经常说的一句话就是："我们不能把法律工作混同于其他职业，不能用金钱来衡量它的价值，因为选择了法律，就是选择了正义！"为此，他给自己定下了"约法三章"：不参加当事人一方召开的专家论证会，不代理任何案件，不参加任何以商业为目的的活动。十几年来，他也是严格按照这些原则做事的，从而为学界树立了一种学术风范。

46. 郑成思　中国知识产权第一人

郑成思教授（1944～2006年）一直被称为"中国知识产权第一人"，有着许多个第一人的称号。郑成思是改革开放后第一位法学领域的研究生，是改革开放后第一位法学留学生，第一位法学"海归"，世界上第一个提出"信息产权"理论的人。

1981年，尚在英国伦敦经济学院法律系学习的郑成思在《欧洲知识产权评论》上发表了他的第一篇论文；1982年，他完成了他的第一部专著《工业产权国际公约概论》，"填补了我国在知识产权国际保护研究领域的空白"；1984年，郑成思出版了国内第一部知识产权专著《知识产权的若干问题》，是我国知识产权领域的奠基之作；1992年出版的《版权公约、版权保护与版权贸易》是国内第一部有关世界贸易组织中知识产权问题的著作；他出版诸多专著，不仅是知识产权相关领域填补空白之作，也是我国知识产权研究史经典之作。

郑成思教授还以他渊博的学识为我国的知识产权相关立法事业做出了杰出的贡献。他先后参加了我国版权法、民法典等法律的起草，著作权法、专利法和商标法等法律的各次修订，参加过反不正当竞争法等法律法规的起草、制定。他也曾作为中方法律顾问参与了1992年的《中美两国政府关于保护知识产权的谅解备忘录》、1995年《中美知识产权协议》的谈判和起草。1994年，郑成思就将《关贸总协定与世界贸易组织中的知识产权协议》译成中文，成为中国参加WTO谈判的重要参照文献，据说入世谈判时中方谈判代表团人手一册。

进入新世纪，郑成思积极推动和支持国家知识产权发展战略纲要制定工作，并于2001年7月和2006年5月两次受邀为中央政治局集体学习作讲座，提出加强信息网络法制建设，阐释了"建设创新型国家"理念与知识产权保护之关系。

2004～2006年，郑成思连续三年被英国《知识产权》杂志评为"世界上最有影响的50位知识产权界人物"之一。

郑成思教授既是我国知识产权研究当之无愧的第一人，也是这一代法学家中为数不多的真正的学者。他为人率直、谦逊,纵与晚辈后生论学,亦从无名家气、大师气;为学刻苦、坦诚,其自述言,“我本非天才,只知道下死力去做,‘不偷懒、不灰心’,其实就靠这六个字,才庶几不被甩在最后面”;与此同时,郑成思教授对物质生活几乎没有任何要求,中国社会科学院陈甦研究员为郑成思教授居室之简陋而惊愕,不无沉痛地说:“欲知20年前北京普通家居风貌,去郑家一瞥足矣”。

2006年9月10日,郑成思教授辞世。中国民法学会会长、中国人民大学副校长王利明教授在怀念文章中写道:“郑成思教授是我国知识产权法学的开拓者和奠基人,他的逝世使法学界陨落了一颗巨星。”

47. 吴汉东　知识产权学界的领头人

在我国知识产权学界素有“南吴北郑”之说。“北郑”是指已故的郑成思教授,而“南吴”指的即是吴汉东教授。

吴汉东,1951年1月出生,汉族,江西东乡人。1968年,初中毕业的吴汉东即下乡成为插队知识青年,1977年参加高考,是恢复高考后的首届法科大学生。现为中南财经政法大学教授,博士生导师。吴汉东教授还出任中国法学会知识产权研究会会长、最高人民法院特约咨询专家、中国国际经济贸易仲裁委员会仲裁员、国家知识产权战略专家组成员等职务。

吴汉东教授在治学方面有“三求”:求真、求异、求新。求真,即要追求真理,只向真理低头;求异,即要有独立见解,不能人云亦云;求新,即要不满足现状,不要简单重复别人的研究。吴汉东正是用这样的标准严格要求自己。吴汉东教授是新中国最早从事知识产权学术研究的学者之一。1984年,吴汉东教授在高等学校中率先开设了知识产权法课程;1986年他编写了我国第一部知识产权法教材《知识产权法概论》。他在我国高校知识产权法教学方面的这些贡献填补了当时这一领域的空白。在知识产权学术研究领域中,吴汉东教授运用自己的多种学科知识,从民法基本理论出发,将经济学、伦理学、哲学和社会学等学科的优秀理论成果融合吸纳到知识产权法的研究中,使知识产权法的研究得以不断深化。

在知识产权实践方面，吴汉东教授也发挥了带头人的作用。2001年，中国加入WTO，吴汉东教授指出，知识产权战略是中国实施可持续发展的战略选择，是中国实施市场竞争的战略重点和对外贸易的战略举措，知识产权的保护对于中国企业和中国经济具有重要意义。吴汉东教授是最早提出实施知识产权战略观念的学者之一。

2006年5月，吴汉东教授应邀走进中南海，在中央政治局第三十一次集体学习会上为党和国家领导人讲解“我国知识产权保护的法律和制度建设”。为讲好这一课，吴汉东五进北京。最后，由他和已故的知识产权学者郑成思研究员共同为中央政治局全体领导讲课90分钟。又和中央领导一起谈论了30分钟。

吴汉东教授曾说过：“中国的知识产权法律制度，必须保持一个与时俱进的时代先进性。中国正面临一个知识创新的时代，创新的世界需要一个发展创新的中国，而一个发展创新的中国需要一个保护创新的知识产权的法律制度，应该说这是中国走向复兴的重要使命，需要我们所有的知识产权同仁为此做出努力。”正是怀着这样的信念和理想，吴汉东教授在知识产权法律的理论和实践领域无私贡献着自己的力量。

48. 张文显　权利本位论的主要代表人物

张文显，1977年毕业于吉林大学法律系并留校任教，1982年获得法学硕士学位，1983年赴美国哥伦比亚大学法学院留学，2000年获得马克思主义哲学（法哲学方向）博士学位。历任吉林大学法学院院长、吉林大学党委常委、副校长、党委书记。2007年12月，张文显调任吉林省高级人民法院副院长、党组书记。次年被全国人民代表大会任命为院长。

1951年秋，张文显出生在河南省镇平县草王庄，是普通的中原农民之子。家境的贫寒并没有让张文显意志消沉，他始终相信知识能够改变命运，这个信念促使着他格外刻苦地学习。还在念小学的时候，张文显的一条腿不知道怎么回事不听使唤了，很快就不能动了，而在当时贫苦的乡下，根本无钱医治。到了那年期末考试的时候，张文显是拄着拐杖,拖着病腿坚持参加了,等考试结果出来,他是第一名。有老师对此疑惑不解,忍不住问了一句:你是从哪抄来的吗?张文显一听这话,委屈得满脸通红,眼泪都快要流下来了。这时其他老师走过来说:这孩子从来就是好学生。那位老师说:是啊,可他一个学期都没来上过课呀!没错,虽然张文显没有能来上课,但是他从来都没有放弃学习,他是一个在内心里极其自觉读书上进的孩子,再恶劣的环境和磨难也没能压倒他。

中学只读了一年,张文显遇上了"文化大革命",但他仍然坚持读书。没有人教他就自己读,语文、数理化几门功课,他都自学完成了。而且他还一直坚持写日记,写日记就是练笔作文章。工夫不会辜负人,一手好文笔为张文显日后的进一步发展奠定了扎实的基础。

"天行健,君子以自强不息",这是张文显的人生格言。他曾说自己在学术上成功的秘诀是:勤于读写,善于思考,敢于创新,注重交流。1989年,张文显与张光博教授在《求是》第10期上联名发表了《以权利和义务为基本范畴重构法学理论》一文,正式提出了权利本位论。并由此而引发了一场影响深远的法学论争,这场关于法学是什么的争论对于法学作为一门学科的建立起到了奠基性的作用。

张文显将权利本位论作为一种法学研究范式,认为法学研究范式的确立对于中国法学克服"法学幼稚"的学科状态具有根本性作用。"权利本位论凝聚、浓缩、概括、整合了改革开放以来我国法哲学研究的成果",作为一种理论范式,它提供了法的本体论的理解系统,为法学提供了基石范畴,提供了全景式的法哲学视窗,提供了审视、批判和重构的工具,而且为正在形成的权利学派提供了理论背景和理论框架。

49. 姜明安　行政法学界的学院派代表

在中国行政法学界,除了王明扬、罗豪才和应松年这三位老一辈的学者之外,大概就数姜明安的成就最大了,他不仅是中国目前最为活跃的中青年行政法学家,而且还被认为是行政法学界的学院派的代表——因为他长期以来一直致力于构建一个理论行政法学的体系。

这位1951年生于湖南的北京大学教授，还兼着北京大学公法研究中心主任，教育部人文社科基地宪法学与行政法学重点研究基地主任，中国行政法学研究会副会长，虽然1977年作为“文革”之后恢复高考的第一届大学生进入北京大学法律系学习，至今在北京已经生活了30多年，但仍然没有能够改变其一口浓重乡音。在讲课、作报告或为学术问题争辩，每当他激动起来语速加快时，就要很专注地听才能听懂，给人留下深刻的印象。

姜明安对中国法和法学发展的贡献，主要体现在三个方面。

第一，他为中国行政立法出谋划策，贡献了许多智慧。多年来，姜明安参与草拟的重要法律、法规有：《行政诉讼法》、《国家赔偿法》、《行政处罚法》、《立法法》、《国家公务员暂行条例》、《行政复议条例》等100余部，真可谓在改革开放之后行政立法的步伐中，都带有姜明安的深深足迹。尤其是1988年，姜明安参加了《行政诉讼法》的起草工作，他所提出的许多观点为起草小组所采纳，成为1989年颁布实施的《行政诉讼法》的组成部分之一。为我国依法行政、建设社会主义法治国家做出了贡献。

第二，孜孜不倦地投身于中国的行政法与行政诉讼法学研究，着力于构造富有中国特色的行政法与行政诉讼法学体系。早在北京大学法律系就读本科时，姜明安就对行政法抱有浓厚的兴趣，在许多人还不知行政法为何物时，姜明安已经收集了众多行政法的资料。1982年1月留在北京大学法律系宪法教研室工作后，姜明安就开始著书立说，出版了多部民国时期和苏维埃时期的行政法作品。之后，他勤奋写作，笔耕不辍，累计出版专著、教材、译著等30多部，代表性著作有：《行政法学》(1985年)、《行政法与行政诉讼》(1990年)、《行政诉讼法学》(1993年)、《外国行政法教程》(1993年)、《行政程序研究》(2006年)、《中国法学三十年(1978～2008)》(2008年)、《公法理论研究与公法教学》(2009年)等，另有论文100多篇。这些作品，奠定了姜明安在中国行政法学界的地位，成为“学院派行政法学”的代表。

第三，热心行政法教育，全力培养行政法人才。姜明安是新中国最早从事行政法教学的第一代教师，1982年1月留校后即开始了此项工作，并成为他之后的人生职业。尽管他浓重的湖南口音让学生开始听课时颇感吃力，但他充满激情、博学精到的讲课，最终将学生都吸引到了他的身边。目前,姜明安培养的各个层次的学生已经桃李满天下了。而这一点,也是姜明安最引以为自豪的地方。

50. 公丕祥　学者型法官的代表

在我国法学界中,有一位集学者与法官二者身份为一身的人物,他是省高院院长、高级法官,也是大学校长、学科带头人、博士生导师,他就是公丕祥——首届"全国十大中青年法学家"得主、新时期学者型法官的代表。

1955 年 1 月公丕祥出生于江苏省泗阳县。和那个时代的年轻人一样,1974 年 8 月泗阳中学毕业生公丕祥来到了淮阴县武墩公社,接受"贫下中农再教育",在农村度过了 4 年的青春岁月。1977 年"文革"结束,怀着对知识的渴望,公丕祥于 1978 年 3 月进入南京师范学院(现南京师范大学)政教系学习,其间于 1981 年 9 月至 1982 年 1 月在南京大学法律系进修,并最终获法学学士学位。毕业后留校任教,1984 年 9 月至 1986 年 1 月,他在中国人民大学法律系法学助教班学习,由此成了一名年轻的大学教师。

在南京师范大学任教期间公丕祥历任南京师范大学政教系副主任、主任,学院院长。1987 年 12 月,破格晋升为副教授。1992 年 4 月,破格晋升为教授。并于 1998 年 10 月出任南京师范大学党委书记、校长。在此期间,他也没有放弃对知识的追求,于 1995 年 6 月至 12 月,参加了江苏省委组织的第一期高级管理人才培训班赴美国马里兰大学社会学院研修并结业,后来又于 1997 年 6 月获得中国人民大学法学院法学理论专业法学博士学位。除此之外,公丕祥还兼任中国法学会理事、中国法学会法理学研究会副会长、国际法律哲学与社会哲学协会中国分会副主席、江苏省哲学社会科学联合会副主席、江苏省法理学宪法学研究会副总干事等职。

公丕祥教授多年来从事法哲学和中国法制现代化问题的研究。他先后主持国家级科研项目 5 项、省级科研项目 6 项,出版个人专著 4 部,主编著作 11 部,并有 12 部与人合作的著作。在《中国社会科学》、《中国法学》、《法学研究》等专业刊物上发表了 100 余篇论文。

2002年公丕祥走出大学这座象牙塔的大门,出任江苏省高级人民法院副院长、党委副书记,并被授予国家二级大法官。从此他开始了在实践中检验自己的理论研究。在担任高院院长后,通过与司法现状更深入的接触,他开始对中国模式的司法改革领域进行思考,并指出只有将中国的现状与能动的司法相结合才是中国司法发展趋势。

正是基于其对我国法学界的贡献,公丕祥教授曾获国家教育部第二届人文社科优秀成果奖,江苏省人民政府优秀哲学社会科学科研成果奖、江苏省高校人文社科优秀成果奖等奖项,并被评为江苏省优秀教育工作者、首届"全国十大杰出中青年法学家"之一、国家级有突出贡献的中青年专家。

如今,公丕祥依然在我国司法的第一线思索着中国司法发展的未来。

51. 朱苏力　法治"本土资源论"的倡导者

在当代中国法理学界,朱苏力也许是影响最大也最具争议的学者之一了。他于1985年奔赴美国留学,直至1992年获亚利桑那州立大学哲学博士学位回国。这也使他成为这一代法学家中为数不多的长期接受国外学术训练的学者。

回国之初,朱苏力对美国现实主义司法和法学传统译介,尤其是主持译介波斯纳文集,贡献突出。不过,他的主要精力和贡献在于全面重建中国法理学,寻找一条中国法理学的可能道路。在1996年出版的文集《法治及其本土资源》中,朱苏力表达了他的学术立场,即法理学应当也可以研究中国问题;认真对待本土经验,寻找合适的本土经验的学术表达,是中国法理学的任务。在该书中,他也全面阐述了他著名的"本土资源论",主张"利用本土资源,重视传统和习惯建立现代法治的必然性",强调现代法治的实现必须仰赖"本土资源"的进化。这本文集引起了广泛的注目和争议,也在相当程度上改变了中国法理学研究的面貌,从问题到方法再到风格,形成了全新的法理学研究范式。这一范式在朱苏力自身仍沿用至今而乐此不疲。

此后,朱苏力将法制的实践从遥远的乡村带入了现实的司法改革，提供了颇为不同的对中国司法制度的理解、解释和设想（主要的研究成果结集在《送法下乡》中）。不过对司法改革的深入研究似乎也迫使他将中国法治实践的主要战场带到了城市，如其《道路通往城市》的书名所暗示的。他在该书中集中考察了当代中国社会变迁与中国法治实践的互动和交叉，阐述了"法律本身并不能创造秩序，而是秩序创造法律"，"任何法律的合法性都要从社会中取得"的现实主义法律理念。这一理念可以视为朱苏力法社会学研究的出发点和基本立场，也是最终饱受争议的主要原因所在。相当一部分学者也因此质疑朱苏力所主张的现实的秩序是否就是"善的"或"正当的"。与此同时，也有学者质疑他所描绘的是否只是基于某种立场需要才被描绘出来的现实。然而，在我们的时代，我们应该面对什么样的现实，总结什么样的经验，能够拥有什么样的立场呢？

如果抛开上述争议，朱苏力对中国法律法理学研究从主题、内容到方法（尤其是法律社会学方法的运用）无疑都作出了很大的贡献。他也开创了中国的法律与文学研究（相关论著结集为《法律与文学》）以及法学的知识社会学的研究。无论如何，我们可以说，在朱苏力之后，中国的法理学变得不一样了。

52. 赵秉志　刑法学发展中的代表人物

谈到新中国刑法学的发展，赵秉志教授是其中具有代表性的学者之一。

赵秉志教授生于 1956 年，南阳人。现任北京师范大学刑事法律科学研究院暨法学院院长，法学教授、法学博士、博士生导师。兼任中国法学会刑法学研究会会长、国际刑法学协会中国分会常务副主席，国务院学位委员会学科评议组法学组成员等多项职务。他在发展中国刑法学科、组织领导全国刑法学研究、参与刑事立法、完善刑事司法诸方面做出了重要而杰出的贡献。

长期以来，赵秉志教授致力于中国刑法理论与实践、中国刑法改革等问题的研究，极大地深化了我国刑法学理论研究的深度和广度。他认为，刑法改革是时代的要求，是建设社会主义法治国家的需要。

我国刑法改革的宗旨，是为了实现刑事法治的科学化和现代化，以维护和促进社会的发展进步。1988 年到 1997 年间，赵秉志教授作为全国人民代表大会常务委员会法制工作委员会刑法修改小组成员，全程参加了 1997 年刑法典的修改工作。他主张，我国刑法改革应遵循三项原则：一是立足我国国情与借鉴国外先进刑事法治经验相结合；二是立足现实与科学预见未来相结合；三是立法改革与司法改革相结合。多年来，他作为特邀专家长期参与国家立法机关刑法修正案和立法解释、最高司法机关司法解释创制和疑难案件的咨询工作，为诸多刑事立法解释、司法解释提供了详细的参考建议。

为使中国刑事法学教育和学术研究工作从固有模式中有所突破，走上实体化发展道路，2005 年，赵秉志教授离开了自己曾经奋斗了 26 年的母校，与一批志同道合的中青年刑法学界同仁加盟北京师范大学，创建了我国刑事法领域首个且迄今唯一的综合性、实体性、独立性的学术研究机构和高层次人才培养单位——刑事法律科学研究院。这是学术体制的大胆创新和学术道路的开拓探索，近 5 年来的实践之成效已初步证明了其旺盛的生命力和显著的优势。赵秉志教授担任了刑事法律科学研究院的院长，以拓展刑事法学事业为己任，把学术研究的组织和开展放在首位，在他和同仁们的团结合作下，开展了一系列高水平学术活动，硕果累累。这也是对我国高校传统教学科研体制的一个冲击和创新，是对教育部在全国普通高等院校设立全国性人文社会科学重点研究基地之规划和目标的支持和完善性的探索与贡献。

赵秉志教授曾在他的书上写过这样一段话："如果一个人的专业能和国家的前途紧密联系，那么他所从事的这个专业必然会很有前途。"赵秉志教授一直注重理论联系实际，积极倡导对重大刑事法治发展进步之实务问题的关注，组织、协调全国刑法学研究工作，促进对外研究与交流，运用自己的专业知识，为中国刑事法律的发展和完善做出了突出贡献。

53. 陈兴良　我国当代刑法学批判与重建的引领者

1957 年出生，1977 年考入北京大学法律系的陈兴良已经成为北京大学法律系77级神话的一部分了。作为我国当代刑法学的领军人物，近20年来，陈兴良教授通过其具有典范意义的研究成果以及对法律实践层面的影响，在某种程度上主导了我国刑法学的走向。

陈兴良教授对我国当代刑法学的全面批判与重建的历程大致始于刑法哲学三部曲的出版。由《刑法哲学》、《刑法的人性基础》以及《刑法的价值构造》组成的刑法哲学三部曲试图扭转我国刑法研究的唯法条论，为我国刑法学研究构建一个体系庞大、根基扎实的哲学基础，为我国刑法及刑法学的研究寻求新的基础作出了开创性的贡献。

如果说陈兴良教授的刑法哲学体系的建构对实证刑法提出了潜在的、超越性的批判的话，那么，20世纪90年代中后期以来，陈兴良教授对罪刑法定理论阐述、对社会危害性理论、违法性理论以及近期对犯罪构成要件理论的批判，他的《罪刑法定的当代命运》、《社会危害性理论：一个反思性检讨》、《违法性理论：一个反思性检讨》、《主客观相统一原则：价值论与方法论的双重清理》、《四要件犯罪构成的结构性缺失及其颠覆》诸长文在刑法学界引起了广泛的讨论和争议，这些长文无疑是全面颠覆前苏联继受而来的实证刑法的"面对面的战争"。这一系列研究被陈兴良教授本人称为"知识清理"工作，在他看来，这些清理工作是重建刑法教义学所必需的。

20世纪90年代末以来，陈兴良教授已开始了重建我国刑法教义学体系的工作。这一方面的工作体现在他一系列刑法教科书与刑法学著作（如《本体刑法学》、《规范刑法学》、《刑法适用总论》等）中。他所主持的《刑事法评论》（1997年至今）和《刑事法判解》（1999年至今）作为国内最重要的刑法学研究集刊也引导着当代中国刑法学致力于上述两个层面的努力。此外，陈兴良教授近年来对刑法学方法论的研究亦对刑法学的重建具有基础性的意义。

陈兴良教授最近将他讨论中国刑法学术史的论文定名为《刑法学：向死而生》，该文尽管是对百年中国刑法学术史的考察，但亦可视为陈兴良教授对自己的系列研究的定位。在中国法学界，能够持续不断地拓展自己的论域，不断超越自己之前的研究的学者并不太多，陈兴良教授是其中最重要的学者之一。

陈兴良教授虽然从事的是学院教学研究工作，但他对我国法治实践的影响却是巨大的。其一是通过对刑法修订的建议；其二是对重大案件讨论的介入;其三是通过很大程度上面向实务界的著述如《刑法疏议》、《罪名指南》等影响司法界的态度;其四则是与张明楷教授等人通过主导决定法律职业准入资格的司法考试的命题潜移默化地影响着正在成长中的新一代的法律人。后两者对我国法治实践的影响将会是非常深远的。

当然,以陈兴良教授为代表的所谓"新派"刑法学者的重建工作并不那么顺畅,其中除了理论研究本身的原因外,也有一些现实的阻力,如2009年司法考试大纲刑法犯罪构成理论体系由传统的"四要件说"改为"三阶层说"所引发的大规模的反对意见即是一例。

54. 徐显明　促进教育公平
弘扬学术之美的人权学者

徐显明是当代中国理论法学、法治原理和人权理论的专家,曾任中国政法大学校长,2008年出任山东大学校长。

徐显明是山东青岛人,1975年回乡务农,做过生产队长及中学民办教师。1978年考入吉林大学法律系,获法学学士、硕士学位。1985年开始执教于山东大学,三年后赴日做访问学者。1991年被破格擢升为副教授,次年又破格晋升为教授。1999年任山东大学法学院院长,同年,武汉大学宪法学与行政法学专业在职博士研究生毕业,获法学博士学位。2001年,任中国政法大学校长。2008年11月,任山东大学校长。

徐显明从事的学术领域有法学理论、法治原理、中外政治法律思潮、人权原理等。迄今已出版《人权研究》、《国际人权法》、《法治社会之形成与发展》等多部专著,发表学术论文百余篇。在人权研究领域曾被美、日、法等国著名学者评价为"中国有代表性的人物",在法学原理研究领域是国内公认的学科带头人。

从中国政法大学到山东大学,徐显明已有近10年高校校长履历。徐显明的治校思路可以用追求教育机会公平和培养博雅之才来概括。

就前者来讲,我国大学招生中有一个司空见惯的现象,即大学给其所在的城市或省份更多的招生名额。这往往造成大城市学生远远多于偏远地区学生。在徐显明担任中国政法大学校长时就向这种现象发起了挑战。徐显明的理由很简单，中国政法大学是中国的政法大学，而不是北京的政法大学，他们将在全国范围内按照各省份人口多少，再参考教学质量适当倾斜的方式，确定在各省份的招生人数。这项措施在2006年推出，那年中国政法大学在山东、河南、四川等人口大省的招生人数历史性地突破100人，而在北京的招生人数减少了25人。徐显明说："中国政法大学的招生改革，根本目的就是促进教育公平。既然是统一高考，那么就应该有一个相对统一的对待，这是教育机会的公正问题。"

在着意培养博雅之士方面，徐显明重视山东大学的特点，他希望自己的学生在毕业时都能诵论语、吟道德经。要把山东大学办成中国最具德性的大学，徐显明痛斥大学的功利化，因为这背离了教育的本质。他说："教育活动和人类其他活动，最根本的区别是教育的每一个环节都在触动人的本性，引领人的灵魂是教育的本质，所以在这个意义上，没有道德的教育就是一种罪恶。我们现在有些大学已经放弃了自己的德性，变成了富人或者一部分人的工具。"针对学者群体来说，徐显明说："学者还是要保持适度的清贫，适度到能够维持自己的尊严就可以了。学者过度富有，把学术当饭碗，用学术来牟利，追求奢侈浮华的生活，是灾难。学者一旦过度富有的话，他一定会丧失思想，因为他的批判力已经没有了。中国历史上'士'的最大的特点就在于清而高，清才看得远，所以他的见解是高远的。"

现在，徐显明正在为谋求学子的公平教育权、学者的治学尊严和教授的民主治校进行锐意改革，这是一个人权学者正在身体力行着的人权行动。

55. 黄　进　新中国培养的第一位国际私法学博士

黄进是新中国自己培养的第一位国际私法专业博士。现任中国政法大学校长。黄进1958年出生于湖北省利川县，在家乡利川县城关中学完成初中、高中学习，"文革"期间作为知青插队务农，读大学的梦想终于在1977年恢复高考的那一年实现，黄进进入湖北财经学院学习法律，当年全国只有北京大学、吉林大学和湖北财经学院开办了法学专业。

1982年，黄进考入武汉大学法律系，自此扎根珞珈山，在武汉大学度过27个春秋。考入武汉大学后，黄进师从著名法学家韩德培教授和李双元教授研习国际私法，1988年获得博士学位，成为中国自己培养的第一位国际私法专业博士。毕业后，黄进留在了武汉大学，从助教到教授、博士生导师，直至成为武汉大学副校长。

黄进的海外求学经历丰富，1987年在瑞士比较法研究所和荷兰海牙国际法学院访学，1993年至1994年作为富布赖特高级访问学者在耶鲁法学院从事研究。

在治学方面黄进继承了尊师韩德培先生的学术血脉，具有前瞻性的学术眼光。黄进的专著《国家及其财产豁免问题研究》，是该领域的开拓性学术著作，填补了国内空白。再者，在韩德培教授的指导下，黄进意识到香港、澳门的回归和中国的统一事业将使解决区际法律冲突的区际私法在我国的国际私法领域占有重要地位，遂撰写了《区际冲突法研究》等专著，1991年草拟了《大陆地区与台湾、香港、澳门地区民事法律适用示范条例》。另外，在1999年，即电子商务出现的第四年，黄进便首创和主持了《中华人民共和国电子商务法》（示范法）的起草工作。示范法的发表，对我国进行电子商务立法起到了重要的参考作用，而当初那些青涩的科研团队成员如今已经成长为中国电子商务法的骨干力量。10多年后的今天，电子商务法成为电子商务专业的必修课，是法学院普遍开设的选修课。

黄进所从事过的社会工作也是其他学者所无法代劳的，1996年至1998年，黄进担任澳门政府立法事务办公室法律专家期间，积极参与推动澳门法律本地化工作。黄进说："本地化并不是一个简单的更名，而是一个现代化的过程，澳门当时施行的葡萄牙法律很多是100多年前颁布的，要对其进行一些修改。"黄进在这项工作中倾注了大量心血，为澳门法的本地化献计献策。另外，2004年，黄进被选为国际体育仲裁院的12名仲裁员之一，参加了雅典奥运会的仲裁工作。

1996年，黄进荣获全国"杰出青年法学家"称号，当时一同获奖的法学家包括现任最高人民检察院检察长曹建明、江苏省高级人民法院院长公丕祥、中国人民大学副校长王利明以及北京师范大学法学院院长赵秉志等。

2009 年,黄进被任命为中国政法大学校长。他从武汉大学幽静的珞珈山来到首都熙攘的蓟门桥边的中国政法大学校园,所负担的是一个教育行政工作者、一个国际私法学者更加艰巨的使命,现在只是一个开始,黄进的教育理念将在未来的日子造福于中国政法大学的师生。

56. 梁治平　法律文化论的开创者

1959 年出生的梁治平先生有着非常纯正的法学专业背景,但他与所谓法学圈却显得有些疏远,法科学子往往视之为“神龙见首不见尾”的传奇人物。以梁教授自己的话说则是“双重边缘化”,“基本上不参加法学界各种各样热闹的学术会议,也拒绝受既有的具体学科和专业的束缚”。也正是得益于这种边缘化,梁治平教授的治学虽则大体集中于比较法律史的论域,却能沟通各哲学、史学、法学、人类学、社会学、语言学诸学科,为法律史的研究提供坚实的方法论基础和研究典范。

早在 1985 年,先生就在《读书》上发表了《比较法与比较文化》。这篇文字成为他此后数年法理文化研究的方法论纲领,在该文中,他提出了“用法律去阐明文化,用文化去阐明法律”的宣言,一方面,法律是文化整体的一部分,对法律的理解不能脱离整体文化的背景;而与此同时,法律以及法律本身的不同方面,如制度、行为、观念等,也是理解文化整体非常重要甚至不可取代的面向。这一宣言也体现了先生个人研究借由比较法律史的论域贯通自身对哲学、历史、文化以及法律的知识兴趣,其对法学研究的影响一直持续至今。在这一纲领之下,先生发表了影响深远的《法辨》一文、收录在同名的文集中的诸文以及《寻求自然秩序中的和谐》一书。这些研究开创了法律文化研究新领域,开拓法律史新的研究空间和话语空间,展示了法律史研究的新境界。

先生于 1993 年发表的长文《法律的文化解释》,进一步拓宽了他的法律史和法律文化研究的方法论基础。先生主张,由于任何人都不可能脱离开自己的“视阈”去观察和了解世界。因此,问题就不简单是怎样丢弃自己(它既无可能也无必要),而毋宁是如何在置身于某种历史视阈的同时,既超越自己固有的视阈,也超越此一历史的视阈,并通过此二者之间循环往复而又富有成效的对话实现某种更高程度的统一。这篇试图融合哲学解释学、文化人类学和法国年鉴学派学说的长文在方法论上展示了法学研究具有的异常广阔的可能前景。

先生此后于1997年出版的《清代习惯法:社会与国家》则实现了从对“大传统”的研究到“小传统”的研究的转变,进一步跨越了一般法制史的研究范式,并由此意识到中国现代性问题的核心恰恰在于民间的知识和制度在“大传统”下的正式制度完全改变后仍以不同方式长久存在。这一意识某种程度上主导了先生此后的研究。也经由这一意识,先生得以从学术上切入并表达其对当代中国的关切。先生主持创办的上海法律与经济研究所以及《洪范评论》也应当与该意识有着相当密切的联系。

法学界近20年来颇为热闹,近乎名利场,然而先生似乎始终与这些热闹有些隔膜;不过他并不孤僻,虽则先生自称“边缘化”,以先生的话说,其实他是一个“谨守中道”的人;尽管先生自称有着“近乎古板的认真和信守原则”,有着他不屈的坚持和恪守不渝的立场,但先生却是法学界难得的谦冲恬淡通达之人,处世为人多有古风。先生文辞雅致诚挚,不染纤毫文件刀笔气或洋泾浜风,其散文之优美法学界少有出其右者;先生的小幅插图虽面世不多,但亦清新可感且富于想象力,着实耐看。

57. 王利明　民法学的传承者

30多年前的江汉平原上,有一位农家少年躬身田亩却学而不辍。酷暑烈日之下,他埋头耕作、挖土建堤,寒冬冰河之上,他汗流浃背、凿冰开河。劳作间歇,别人休息之时,他便从怀中拿出一本书来读上几页;夜阑人静,他人鼾声大作,他又暗自读书至深夜。1977年恢复高考,他顺利地考入大学。今天他已经成为我国民法学专家,他就是中国人民大学党委副书记、副校长王利明教授。

为了学术上的探索，王利明住过没有暖气的小屋，寒冷的冬日，他背上披一条被子、腿上盖一条被子笔耕不辍。他的孩子出生后，为了孩子，他借住校外，每天5点钟起床，挤两个多小时的公交车去上班。他的博士论文和《民法新论》、《侵权行为法归责原则研究》两本著作就是在这种艰苦条件下完成的。

王利明曾两次赴美留学。1988年，他第一次留学期间专攻英美财产法和侵权行为法。那时候出国留学而留居国外的人很多，王利明婉言谢绝了美国朋友的挽留后，按期返回祖国。离美前，他在密歇根大学法学院作了一场英语讲座，介绍改革开放后中国的法制建设和法学教育。同时，他用自己积攒的生活费购买了三箱书籍送给系资料室，这批资料对于当时的法学研究起了不可低估的作用。10年后，他再度赴美，他在哈佛大学图书馆和东亚法律研究所中专攻宪法和司法制度研究，回国后撰写的《司法改革研究》一书已经成为该领域的杰作。

王利明的学术著作为我国民法法学教育和研究做出了突出贡献。早在1986年，他和郭明瑞等就合作撰写了《民法新论》，成为20世纪八九十年代法科学生的必读书目。在长期艰苦研究的基础上，王利明又出版了《物权法论》、《物权法研究》、《违约责任论》、《合同法研究》、《侵权行为法归责原则研究》等著作，对于民法重要的领域都进行了深入研究。在此基础上，他又撰写了《民法总论研究》，这些学术著作凝聚了他无数的心血和汗水，对于中国民法学的发展起到了奠基性作用。从2002年起，《王利明民商法研究系列文库》连续出版。这些著作体现了王利明秉承的学术追求：既要认识到法治在现代社会中的重要性，更要具有使命意识。

王利明的学术历程，也是改革开放以来中国民商事立法历程的一个缩影。王利明先后参与了《经济合同法》、《合同法》、《专利法》、《产品质量法》等重要法律的起草和修订工作，向全国人民代表大会提交了几十部有重要价值的咨询报告，提出了许多立法建议。

2003年，王利明作为《中华人民共和国民法典》起草小组成员，负责起草了《物权法草案建议稿及说明》、《侵权行为法草案建议稿》、《人格权法草案建议稿》，并主持完成了《中国民法典（学者建议稿）》的条文和立法理由书。

王利明曾经三次走上共和国的最高讲坛，为中共中央政治局和全国人民代表大会常务委员会作法制讲座。

鉴于王利明在我国立法、法学研究和教学方面的突出贡献，他先后获首届“全国十大杰出青年法学家”，教育部“高校青年教师奖”等奖励。他于 2004 年当选为中国法学会民法学研究会第一届会长。2005 年受聘“长江学者奖励计划特聘教授”。

附 录

淡泊名利，甘当人梯
——王召棠老师二三事

王召棠老师是我国著名的法律史学家，也是新中国法律史学科的奠基人和创建者之一。尤其是华东政法大学法律史学科近60年的发展历史，是与王召棠老师的名字分不开的。

一

王召棠老师，是浙江东阳人，而东阳一地，山清水秀，充满了灵气，多出才子。自古以来文人荟萃，英才辈出，孕育了一大批仁人志士，如北伐名将金佛庄、新闻先驱邵飘萍、科学泰斗严济慈、植物学家蔡希陶等。王老师成长在这一地区，自小就受到了浓厚文化氛围的熏陶，1947年21岁时就考入了安徽大学法学院读书，当时的法学院院长，就是民国时期著名的法律史学家陈顾远。

王召棠老师和笔者，1992年在王老师寓所。

王老师尽管在中国人民大学读研究生并留校任教，以及1954年调到华东政法学院（2007年更名为华东政法大学，以下简称华政）任教时，都以外国法为自己的专业（主要讲授“法国政府”的课程），1972年华政撤销合并到复旦大学以后，也是以讲授“法国政治”为主业，还担任复旦大学西欧研究室副主任，但1979年华政复校后，王老师则一直从事着中国法制史的教学和研究，如果不是王老师在聊天时和我们说起上述这些事，我都一直以为王老师是科班出身的中国法制史老师。①

由于上述专业上的原因（我是外法史专业的研究生），王老师没有做过我的指导老师，也没有直接给我上过课，但我和王老师认识却很早，这个机缘，就是我报考研究生时和王老师的两次谈话。

二

1981年11月24日下午，经过华政原国际法系老师孙进丰的引见，我第一次拜访了王召棠老师。王老师的家在华政老校区东风楼的后边，一座老式的连排花园洋房里面，我印象中（已经过去了30年，也可能印象有误）门牌号码是34号甲，是底楼，面积不大，外面一间有15平方米左右，里面还有一间，我没有进去。王老师家里人多（他有4个小孩），故显得很拥挤。但师母很会打理，还是为王老师留出了一方写作的空间，当时环境下，给人以大知识分子的印象。

我去王老师家主要是讨教研究生面试（复试）应对的方法，以及了解华政招考研究生的政策。当时，我已经通过了笔试，这次赶回上海就是要参加一周以后进行的面试。虽然在事前我已经见过徐轶民老师，但王老师是教研室主任，故我想他掌握的考研政策会更加全面一些。王老师话不多，但非常实在，说的每一句话，就有一层很明白的意思。虽然他不参加外法史的面试，也不知道外法史具体考哪些内容，但他还是关照我好好复习华政的外法史教材，特别是要好好复习英语，因为华政的外语教研室在陈忠诚老师的主政下，对考生特别严格。见过王老师之后，虽然我对面试的内容并不清楚，但自信心增加了不少。

---

① 实际上王召棠老师在复旦大学讲授“法国政治”课时，还带领“法语班”的学生们编写出版过一本《法国政府机构》，该书我在20世纪80年代读过，但一是没有往这（王老师是搞外法史出身）方面想；二是那本书的作者署名是“本书编写组编”，故没有仔细去找作者。王老师在1978年还在复旦大学获准招收“法国政府”的硕士研究生，据说现任党和国家领导人的王沪宁就是这一批硕士生之一。

11 月 31 日,面试结束后,我第二次拜访了王老师,这次是在教研室。当时好像是在东风楼的东侧,是二楼,现在国际法学院老师办公的地方。我一是询问面试的情况;二是向他道别,因为我马上要回北大(临毕业了,学校的各种活动比较多,毕业论文也要赶着完成)。这一次王老师同样很热情地接待了我,他说他主要负责考中法史的学生,但听外法史的老师透露,我的专业面试成绩很高。外语面试(复试)的口语表述一般,但复试中的外语笔试成绩也很好,平均下来后估计问题不大。总体而言,教研室的老师们很看好我,录取应该没有问题,等通知吧,回北京后安心料理毕业事务就可以了。

王老师的这一席话,很朴实,很暖人,给我很大的信心,如今回忆起当时的情景,仍历历在目。

三

后来事情的发展,果然如王老师所言,我以高分考入了华政,就读第一届研究生。在这期间,我和王老师接触不是很多,但孙进丰老师和王老师私交极好,他对王老师非常尊敬,经常在我面前讲起,王老师的讲课在华政是名列前茅的,话语平实,内涵丰富,史料扎实,堪称大家。有一次我去拜访当时的华政党委副书记吕书云同志,他不仅盛赞王老师的讲课水平非常高,是华政几位讲课最生动优秀的老师之一(当时他提到的讲课效果好的其他老师还有苏惠渔、陈鹏生、孙克强、强远淦等),而且反复强调,王老师人品非常好,是个厚道人。

王老师虽然没有直接给我们外法史的研究生授课,但他作为教研室主任,对我们的学业也很关心。我记得那是 1983 年 4 月 9 日,教研室开会,专门讨论我、高桐(外法史)和徐永康(中法史)三人写的三篇论文,王老师谈了两个很重要的观点,对我非常有启发:第一,写论文必须注意资料的积累,不能讲空话、套话,一定要有的放矢,用史料说话;第二,写论文一定不能重复别人已经写过的、论述过的东西,一定要在别人研究的基础上有自己的创新。

这是一张十分珍贵的照片，是华政1986届硕士研究生的毕业照。前排右二为王召棠，右五为史焕章，左二为苏惠渔，左三为徐轶民，左四为陈鹏生。第二排右一为叶萌，左一为孙潮，左二为曹建明。后排右一为笔者（当时留校兼任研究生科直属党支部书记），左一为殷啸虎，左二为杨兴培。

王老师不仅这样要求学生，他自己就是这么做的，并一直坚持到现在。我记得那是1982年，王老师和陈鹏生老师合作在《法学》（1982年第2期）上发表了《社会主义中国法系初探》一文，观点鲜明地提出"法系"不应是资产阶级法学的专用语，而应是整个法学领域中应该着重研究的一个课题。强调我国的社会主义法系，既不是英美法系，也不是大陆法系，而是从井冈山建立革命政权开始，根据中国革命的实践独创的社会主义法系。此文由于观点新颖，内涵丰富，功力深厚，故一发表就轰动了我国学术界，影响还波及日本，许多日本学者到中国来访时，还专门提出要拜访王老师，交流对此问题的看法。同时，王老师还花费了大量时间和精力，专注于《唐律疏议》的点校、注释和翻译工作。[①] 此外，王老师对魏晋南北朝时期的律学研究，也做出了很大贡献。[②]

正是因为王老师教学、科研、人品都好，后来华政成立法律系（当时华政只有这么一个系，经济法、国际法等，都只是法律系里面的一个

① 以王老师为主，花费巨大心血完成的《唐律疏议译注》，1989年由吉林人民出版社出版。

② 王召棠："玄学法律观在法律思想史中的地位"，载《法学》1990年第1期。

教研室)时,王老师众望所归地出任了法律系主任。之后,王老师又担任了华政的工会主席(这个职务也是为大家服务的),其为人做事的品格都受到了大家的充分肯定。

四

光阴似箭,一转眼王老师70岁了。他反复表示,自己应该退了,不能再干了。1996年12月11日中午,我们教研室聚餐,欢送王召棠、徐铁民两位老师光荣退休(徐老师是离休)。那天场面很热闹,教研室的人几乎都到了,有陈鹏生老师,王立民、徐永康、丁凌华、赵元信、殷啸虎(当时殷老师已经调到宪法教研室工作,但因为是王老师指导的研究生,故友情参加。我记得,那天我和他是一起骑自行车去赴宴的)、周伟文、李秀清等(郝铁川老师是否参加我已记不太清,好像也参加了),法律系的党总支书记刘正浩也参加了。

王老师崇尚从容淡定,在此照片中尽情显现。

大家谈得非常开心。我记得平时话不多的王召棠老师,那天也很兴奋,说了许多话。大体意思是法律史的教学和科研都要有改革,体系上也要改,内容上也要改。法律史的教学和科研一定要有创新。而这些工作,我们年龄大了,已经退休了,无法完成了,就要靠在座的你们这些年轻人了。他特别指着王立民、我、徐永康、李秀清,再次强调说,就靠你们了。

1999年9月18日,华政举行了复校20周年庆典,王召棠老师和徐铁民老师双双获得了“华政功勋教授”的荣誉称号。庆典上,我记得是由王立民向王老师献花的。那天,王老师也是非常兴奋和开心。之后,我也到王老师家里去看望过他几次。但由于平时杂事、琐事缠身,以及后来每年春节,对老领导、功勋教授我们都搞团拜会,大家聚在一起吃顿饭,拜个早年,不再一个一个单独家访,故我就很少去王老师家里了。

五

王老师退休后,我虽然和王老师见面不多,但心是相连的。王老师最可贵的品质:厚道、朴实、善良、淡泊名利、甘当人梯,都深深地影响着我。他培养的学生,如王立民、殷啸虎、徐永康、程维荣、姜永琳、胡银康、杨心明、蒋集耀、李本森、金敏、顾俊杰等,目前都已经是我国法律教育和法学研究第一线的中青年骨干了。

在王老师的《王召棠法学文集》编辑出版之时,我写下如上这些琐碎小事,以表示我对老师的崇敬之情,祝老师身体健康,每天生活在快乐和幸福之中(王师母是一位非常温柔体贴、会照顾人的贤内助)。

2008年开始,我组织一批研究生,陆续采访了我国各位著名的法学家,其访谈录于2010年年初由北京大学出版社出版,王老师是第一批接受采访的法学家,其访谈收录在该书第1卷。王老师在访谈最后,说了一段很动情的话:

"我觉得,作为一门学科,无论中外法制史都是很重要的学科,所谓法制史这门学科的存与废,那是无稽之谈。问题是我们现在的中国或外国法制史研究的目的性和内容、体系的组织都存在不少问题,这不是一两个专家所能解决的,应该有计划地专题讨论,尽快解决。"

王老师对自己所从事的学科——法制史的钟情和执著,尽显于此矣。

(2011年3月25日)

笃行致知，明德崇法

——陈鹏生老师教书育人七八事

陈鹏生老师是我们法制史教研室的中法史教师，我们当研究生的时候中国法制史课是陈老师给我们上的。由于这一因缘，我和陈老师很早就认识了，后来我们师生之间的关系日渐密切，成了莫逆之交，陈老师的许多感人事迹，一直深深地萦回在我的心际。

一、最受研究生欢迎的任课老师

作为华东政法学院的首届研究生，我们入学的时间是 1982 年 2 月。当时，学校为我们配备了最优秀的师资，陈老师就是其中之一。他讲课生动，语言丰富，妙语连珠，不看讲稿，条理清楚，重点突出，板书漂亮潇洒，形体动作也很吸引人。特别是陈老师上课激情澎湃，对中国古代各种法律制度和法制人物的褒贬扬抑，准确尖锐，让我们听课的同学颇受启发，很是过瘾，每次上课感觉都是满载而归。

由于陈鹏生老师上课深受学生的欢迎，加上他对研究生培养的全心倾力，他在我们同学中享有崇高的威望。1984 年，也就是我们第一届研究生毕业的那一年，学校领导班子发生变动，除了更换党委书记和院长之外，还要增补一名分管教学和科研的副院长。我们全体研究生多次上书有关组织，呼吁陈老师出任学院副院长。在全校师生的拥护下，陈鹏生老师于 1985 年春天众望所归地成为新一届华东政法学院领导班子的成员，成为分管教学和科研的副院长。这一次的经历，又进一步密切了陈老师与我们研究生的关系。

二、生病拉近了我们的距离

当然，就我个人而言，与陈老师接触日益亲密，乃至成为超越师生情之上的忘年交，是有一个过程的。我和陈老师日渐熟悉，是从一次上他家探望生病中的老师开始的。

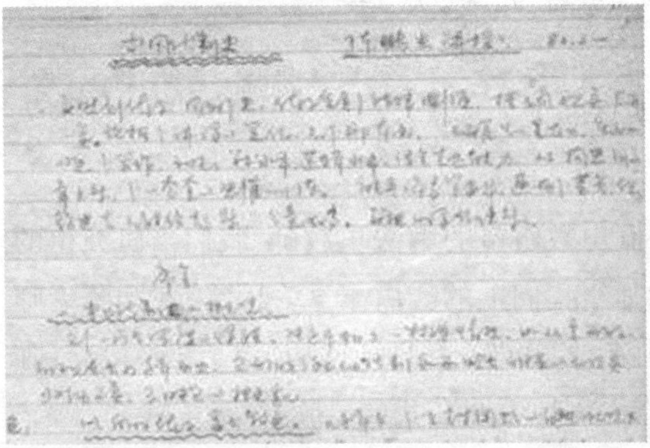

这是笔者当初听陈鹏生老师上课时的笔记。上面显示陈老师的课是从 1983 年 2 月开始上的。

印象中那还是 1983 年上半年的事，我从高桐（我们研究生班班长）、杨诚（和陈老师接触比较多）等同学那里得知，陈老师患急性胃出血，住院了。这消息让我吃了一惊：陈老师身体一直非常好，他怎么就生病了呢？我想去探望他，但不知具体地址，又怕给老师增加负担，犹豫了两天，还是下决心，即使给老师带来麻烦，也要去探望他，表达自己的尊敬和牵挂之情。但此时，陈老师已经出院，回到了家里。于是就联系了中法史的研究生胡银康（他和陈老师的关系很好），去陈老师家里，探望病中的老师。

陈老师住的是泰兴路上一栋老式小洋房，沿着窄窄的楼梯上去，我们到了二楼，我一眼就看到，陈老师躺在床上，师母冯老师守护在他边上。看到我们，陈老师特别高兴，虽然身体很虚弱，但还是和我们说了许多话。而谈得最多的，就是如何保重身体。我问陈老师：您身体看起来很好，为什么会胃大出血呢？陈老师说，是啊，我是足球运动员，体质极好，平时身体非常棒，这次不知什么原因，可能是工作太紧张了，也可能是年龄渐渐大了。他说那天回家时，身体很不舒服，后来连一层楼梯都爬不上来，不断恶心，肚子特别痛，去医院一检查，就发现是胃大出血。

这次探望陈老师，不仅加深了我和陈老师之间的了解，还进一步体会到了健康的重要和宝贵。

三、独立发表第一篇论文的推荐人

读研究生时，我最大的愿望就是能够参加老师的课题研究，并发表自己的或合作的科研成果。

虽然，早在1980年，在北京大学法律系读大三时，就和老师、师兄一起合作在《法学研究》上发表了第一篇学术论文“试析买卖婚姻”，但此文主要是在李志敏老师的指导下由我们四个人合作完成的，并不是我自己一个人的作品。我自己独立完成并发表的第一篇论文，是在读研究生期间，由陈鹏生老师推荐，在《江海学刊》(1984年第6期)上发表的，论文题目就是《〈唐律〉债法初探》。

当时，我听了陈老师的中国法律史课后，起先写了一篇《论中国古代法官责任制》的论文，作为课堂作业送给陈老师看，他虽然给予了肯定和赞扬，但表示此文还达不到公开发表的水平。受此鼓舞，我继续努力，在第二个学期写就了《〈唐律〉债法初探》一文，作为这门课的考试作业，交给了陈老师。陈老师拿过去看了一下标题，没有说什么。过了几天，我记得是1983年7月9日，陈老师给了反馈意见，我当天的日记是这么记的：

“……自从家里回到学校，同学们就和我说，陈鹏生老师让我去一次，他有事找我。我听了很兴奋，就去教研室和《法学》编辑部(陈老师当时兼任《法学》杂志编辑)找他，但连着几次都没有能碰到。昨天下午，陈老师又让人带信来，叫我去找他。结果我吃完饭拿着饭碗见到了他。他说：我的这篇考试作业文章《〈唐律〉债法初探》写得不错，让我再复写两份交给他，他有用。派什么用处，我没有问，他也没有说。拿回来后，我一鼓作气，至今天上午，就复写好了。因为要回家(当时家在浦东，回家单程需要4个多小时)，故交给胡韵琴老师，让她转给陈老师……”

又过了几个月，大概在1983年年底的时候，有一次陈老师看到我，就非常高兴地对我说：你的文章我推荐给了江苏南京的《江海学刊》，编辑部决定在明年(1984年)第5期(后推迟到第6期)刊用，你知道一下，不要再和其他刊物联系了。我连连说感谢老师。陈老师客气地说：没事，下次有好的文章再帮你推荐。陈老师提携后学的精神溢于言表。我事后知道，我们这一届的杨诚同学的一篇文章，也经过陈老师的推荐，在《江海学刊》上登出来了。

《〈唐律〉债法初探》经陈老师推荐发表了，除了高兴以外，我感觉上也有一些失落：我这个外国法制史专业的学生，能够发表出来的却都是中国法制史方面的成果，而不是外法史的。当时有一个感觉就是，法制史论文比部门法的难发表，而外国法制史的论文比中国法制史的更难发表。因为此前我也写了几篇外国法制史的专业论文，如《论十二表法》、《论希伯来法》和《试论伊斯兰法形成和发展的特点》等，徐轶民老师也都帮我仔细修改过，认为已经够上公开发表的水平，但投出去都被退了回来。

在研究外国法制史的同时，发表中国法制史的论文，这一点（即中外法史两栖作战）对我以后的学术成长道路有很大的影响，我后来在《中国社会科学》、《法学研究》和《中国法学》等权威刊物上发表的论文，大部分都是研究中国法律史的，这和陈老师当初推荐我发表中法史的文章是很有关系的。但不管是中国法律史还是外国法律史，我的论文写作，是在陈鹏生、徐轶民和余先予等老师[①]的帮助下，才慢慢达到了能够公开发表的水平，并进入了一个比较顺手的境界。

四、鼓励我出任研究生科党支部书记

陈鹏生老师担任华东政法学院副院长后，研究生教育工作也属于他分管。到我们1984年年底毕业留校时，研究生科的领导班子也发生了重大变化。老科长胡韵琴老师到龄退下来，由部队转业来的张龙冠老师接替。同时，胡老师不担任书记后，党支部还需要一位书记。胡老师就向陈鹏生老师推荐，让我担任此职。

听到这个消息我十分犹豫，担任党支部书记职务吧，要耽误许多时间，对自己的业务发展肯定会有影响；而且暂时也不能出国（此时学校已经把我报上去，并在上海外国语学院接受了一年的日语强化训练，如通过国家考试就可以直接去日本进修法制史）了，必须在国内待上几年时间。拒绝这一任命吧，一则违拗了胡老师，等于不给她面子，她平时对我又那么好；二则也是失去了一个接受组织教育、考察的

① 余先予老师也曾指导我写过多篇习作，也曾帮我推荐过数篇论文，但没有成功。或许我给他的都是外国法制史专业的。如上述《论十二表法》一文，就是经徐轶民老师修改，经余先予老师推荐给了《法学》，但在编辑部被压了两年，始终没有能够发表。因是手工抄写，后来就连稿子也找不到了。

机会。

正在我犹豫不决之时，1986 年 3 月 22 日上午，陈老师托人将我叫了去，做我的思想工作。他希望我担任这一职务，说留在教研室教书的同时，兼一点行政或党务工作可以锻炼人，对个人的成长有好处。他鼓励我在党务和教学科研两个方面都不要放松，都要做得很优秀，都要争取拔尖。陈老师的谈话，给我以很大的信心。我当场表示，接受组织上的这一任命，一定把工作做好。

没过几天，党委的正式任命就下来了，我担任了研究生科直属党支部书记。现在回忆起来，我走上这一条“双肩挑”的道路，陈老师也是我的引路人之一。

五、第一本研究生论文集的出版

陈鹏生老师不仅通过他上的课程，指导我们搞科研，而且还鼓励我们将硕士论文修订后，汇集出版，从而为我们出版成果提供了一个平台。

华东政法学院的研究生，我们第一届总共招收了 14 名，分布专业为外国法制史最多，有 4 人：我、高桐、任自昌、蒋迅；中国法制史和国际法为次，各有 3 人；宪法和刑法各有 2 人。第二届招收的人更少，就 8 人，外国法制史和中国法制史的人数也降了下来，如外国法制史就 1 人：傅东辉，中国法制史是 2 人：王立民和胡银康。第三届也只有 12 人。故华东政法学院前三届的研究生加在一起，也只有 34 人。

倾注着陈老师大量心血的华东政法学院前三届硕士研究生论文集，1988 年由上海社会科学院出版社出版。

当时，陈鹏生老师把我们几位已经留校的研究生召集起来开会，提出了将我们这三届研究生的论文汇集起来，出一本论文集的设想。那时候出版书和发表论文都十分困难，所以陈老师的建议极大地鼓舞了我们，大家就推选了两个人负责这件事，一个是我，代表第一届、第二届研究生，另一位是曹建明，他代表第三届研究生（因为华东政法学院的首届本科生是79级，故1983年入学的华东政法学院第三届研究生中许多就是华东政法学院的第一届本科生，如曹建明、徐建勋、王仲兰、段祺华、刘小兵、杨心明等）。

由于各位研究生积极性非常高，很快就将自己的论文修改好交了上来，统一由陈老师负责审定。当论文集出版时，我们希望由陈老师出任主编，陈老师很谦虚，说这是华东政法学院研究生的第一本论文集，今后还会出第二本、第三本，这第一本论文集的主编应该由德高望重的史焕章院长担任。这样，1988年由上海社会科学院出版社出版的《华东政法学院法学硕士论文集》署名为：史焕章主编，曹建明、何勤华副主编。非常可惜的是，由于种种原因，第一本论文集出版后，第二本、第三本论文集就没有能够再编写出来。但陈老师在这件事上对我们研究生的指点和帮助，则在我们心里留下了美好的回忆。

六、创建“中国儒学与法律文化研究会”

1988年4月，经过国家统一考试选拔，我获得了国家公派赴日本东京大学法学部进修学习的机会。一直到1989年4月回国，在日本的一年中，我一直和陈老师保持着通信联系，知道华东政法学院领导班子有了调整，陈老师已经不再担任副院长职务。回国后，我和陈老师有过几次深谈，陈老师告诉我，现在终于可以从繁忙的行政事务中脱身出来，做一些自己一直想做的事了。他说，现在最想做的事，就是成立“中国儒学与法律文化研究会”，希望我能够协助他完成这个夙愿。

在接下来的日子里，陈老师就指导我做了一些研究会成立所必须做的事，如和日本法律思维株式会社（东京LEC）进行联络，探讨学术交流之事。而他自己，则亲自与我国台湾地区的弘儒学会、孔孟学会、老庄学会，日本日中经济文化交流发展基金会，以及香港的孔教学院、南怀瑾国际文教基金会等进行接触，商量合作的具体措施。经过一年多时间的筹备工作，经民政部门批准，“中国儒学与法律文化研究会”

得以成立，陈老师出任研究会会长，他让我担任秘书长，做一些具体的事务。

1993年春天，中国儒学与法律文化研究会在南京召开第二届年会，陈鹏生老师（右三）与我们的合影，右一为刘作翔，右二为笔者，右五为王宇清，右六为徐永康，右七为王宇清太太。

1991年4月25日，陈老师和我，以及当时负责会务的刘忠霖等专门讨论了研究会的成立大会暨第一届年会的事，决定会议于1991年6月底在无锡召开，规模在70人左右，我国台湾地区的弘儒学会、孔孟学会、老庄学会等都派代表前来参加。6月26日，年会正式在无锡华东疗养院召开，日本日中经济文化交流发展基金会提供了会议经费（该会会长三浦一志先生专程前来参加了会议），日本法律史学者鹿儿岛大学教授石川英昭，日本行政研究所所长青山登志郎，我国台湾地区淡江大学教授、老庄学会会长杨汝舟，辅仁大学教授王宇清，以及国内30多所高校的法律史和儒学学者如张国华、刘新、杨鹤皋、李贵连、俞荣根、武树臣、刘作翔、杜钢建、马小红等，都参加了这次会议。

对于学术研讨会，不管是国际性的，还是国内的，陈老师有一个观点，就是要么不开，开则一定要开得像样、体面，要有规格、有成果，要给前来与会的代表创造一个吃得好、休息得好、旅游得开心，同时，更重要的是要创造一个平等、宽松、和谐的开展学术对话、学术争鸣的环境，并且每次年会必定要出论文集，要使会议讨论的成果得以保存下来，有一个学术传承。[①] 在陈老师的这一理念指导下，我们“中国儒学与法律文化研究会”每一次年会（如 1991 年无锡会议、1993 年南京会议、1995 年黄山会议、1997 年开封会议等）都开得非常成功，非常有档次、有规格，但又非常平等和宽松，前来与会的年轻人都感到可以畅所欲言，慢慢地在陈老师周围，形成了一个学术共同体。

七、和陈老师一起在日本的日子

陈鹏生老师多才多艺，不仅著书立说勤奋刻苦，学术成果丰硕，而且善于演讲，口才极佳，课讲得好，发言有激情，说话有逻辑、有思路、有吸引力；此外还特别能够与别人交往，以诚待人，以心交人，因此，不仅国内的法律史学界的专家学者都和陈老师关系很好，许多都是挚友，而且和我国台湾地区的弘儒学会、孔孟学会、老庄学会的一些老先生也是关系密切，感情很好。最为神奇的是，陈老师并不懂得日语，但却有一批关系极好的日本朋友，日本神户学院大学校长仓田先生就是其中之一。

1991 年 10 月，陈老师应仓田校长的邀请，赴日本神户学院大学法学院做一年的客座教授，为该法学院讲授东方法制史和法律思想史，在此过程中，他又以中国儒学与法律文化研究会会长的身份，课余往返于神户和东京之间，与日本政治、经济和文化各界人士广泛交往。促成了日本日中经济文化交流发展基金会的成立，进一步扩大华东政法学院与日本学术界特别是神户学院大学之间的合作。

---

① 第一次年会即无锡会议的论文集，由复旦大学出版社于 1992 年 9 月出版，取名《儒学与法律文化》，以后各次年会也都有文集出版。

仓田校长陪同我们一行参观游览日本历史文化名城京都。右起:杜志淳、仓田校长、史焕章、陈鹏生和笔者。

1992 年 9 月 20 日,就在陈老师一年访问期满即将回国之际,他又促成了神户学院大学和华东政法学院之间的实质性合作。史焕章院长接受仓田校长的邀请,赴日本缔结合作协议。当时,陈老师为了能让我也去一趟日本神户,故在邀请信中明确指明让我担任此次史院长访问日本神户学院大学签署协议的翻译,陪同史院长一起出访(同行的还有杜志淳老师,他当时虽然已是校党委副书记,但因为兼了经济法系的党总支书记,故以经济法系的教授身份出行)。

我们一行三人到了日本后,陈老师看到我们非常高兴,他说服了仓田校长全程陪同我们。在商谈完合作协议签完字后,陈老师又和仓田校长陪我们去了日本最著名的名胜古迹,如有着非常漂亮的建筑的姬路市、大阪,以及日本历史文化圣地奈良、天皇的居住地京都等参观游览。当时,华东政法学院的青年教师朱芒正在京都大学法学部读博士,故也一路随行。我感觉到,我们在日本的那几天,陈老师特别得开心。

这次访问,使我校和神户学院大学的合作有了一个良好的开端,之后,我们两校的愉快合作持续了许多年,我们还派出了若干名青年教师到神户学院大学做进修生和访问学者,仓田校长也多次来华东政法学院和上海访问,并举办了数次日本民商法的讲座(仓田校长的专业是民商法)。而陈老师,正是促成我们两校友好合作的使者。

八、对年轻人的培养与提携

陈鹏生老师之所以受到学生的拥戴和热爱，除了他具有上述各项优秀品质之外，还在于他数十年始终如一地对年轻人的培养和提携。无论他是一个普通老师，还是在任副院长之后，抑或是退休后忙于社会事务之时，他对年轻人的关照和提携始终如一。

我记得，在我们读研究生时，我们这一届的同学高桐、杨诚、蒋迅等，都是在陈老师的帮助下，出国的出国，读学位的读学位，发论文的发论文。接下去的几届研究生，如我们的老校长曹建明，原任华东政法学院副院长，后任上海市委宣传部副部长、金山区区长，现任香港特别行政区党工委常委、宣传部长的郝铁川，现在任闵行区区委书记的孙潮等人，都曾得到陈老师的鼎力相助。此外，华东政法学院教授、博士生导师徐士英，《法学》原常务副主编现为上海证券公司董事长郁忠民，以及现任全国政协委员、段和段律师事务所主任段祺华等，其进步成长也都离不开陈老师的提携。

尤其让我感动的是，1992 年，我和郝铁川等合作编写了《中西方法律文化通论》一书，但出版资助经费有点困难，陈老师就从中国儒学与法律文化研究会的活动经费中拿出 3000 元给了出版社，使该书得以顺利出版。一方面，在当时，3000 元不是一个小数；另一方面，中国儒学与法律文化研究会完全是一个民间学会，政府没有一分钱的补贴，都是靠陈老师到处化缘、募捐获得的一点经费开展活动。当然，在我个人的成长过程中，陈老师所给予的其他诸多培养和提携则更是无法一一道明了。

华东政法学院的校训是“笃行致知，明德崇法”。意思是说人应该沉于思考，勤于实践，彰显善德，崇仰法治。华东政法学院以此为校训，就是希望为社会、为国家培养这样一种高品位的法律(包括经济、管理、新闻等)人才。而要培养好学生，我们老师必须首先做到这一点，至少在积极往这一方向努力。陈老师他确实是以一己之力，践行着“笃行致知，明德崇法”的华东政法学院校训，勤于教书育人，勇于提携学生，从而为我们树立了一个追求完美人生之最高境界的楷模。

(2011 年 4 月 5 日)

亦师亦父，若宽若严

——追忆恩师徐轶民教授

徐轶民老师是浙江常山人。常山位于金衢盆地西部、钱塘江上游，东汉建安二十三年（公元218年）建县，始称定阳，后改称常山，至今已近1800年的历史，现属于浙江省衢州市。徐老师初中毕业于衢州中学。之后，就离开山清水秀的家乡，来上海这一当时远东最大的城市继续求学，先后就读于上海诚明文学院、暨南大学和复旦大学。

一、第一次见面在北京大学招待所

我第一次和徐老师见面，是在北京大学招待所。那是1981年6月3日，为了报考华东政法学院（简称华政）的研究生，让老师先"相相面"。

说到我考研究生，还得从我国的大学生毕业分配制度说起。1949年新中国成立以后，我国学习苏联，实行高度的计划经济体制，城乡差别非常明显，大学生属于城市户口，吃商品粮，国家包就业、包医疗、包房子等。在20世纪80年代以前，在经济发展和日常生活方面，上海的地位比北京重要，所以上海的考生如在外地读书，要回上海工作需要获得回上海的毕业分配计划指标，而这在当时非常困难，即使在北京读书情况也一样。我毕业分配时也遇到了这个问题。

当时，我们班里除了我之外，还有一个崇明考上来的同学，叫倪振锋。我们两个人都是想回上海的。此外，浙江来的考生傅长禄，是上海插队到浙江的，他也想回上海。江苏考来的同学顾功耘，因其父亲在上海工作，也希望分配到上海。这样，分配回上海的形势就比较严峻了。我不想和同学去争回上海的名额，故1981年4月8日，从我们的班主任王德意老师（后来出任全国妇联书记处书记）打听到华政当年被批准获招研究生的信息后，就决心通过考研究生回上海（当时整个上海的高校如复旦大学等都还没有获准招收法学专业研究生的资格）。[1]

此时，华政有一位青年老师，叫孙进丰，是国际法专业的，正在北大进修，做王铁崖教授的访问学者。因为都是上海人，几次见面后就很熟悉了。他知道我的想法以后，非常支持，并告诉我一个信息，北京要开一个教学上的会议，华政会有几个老师前来，他可以介绍我去看望他们，顺便询问一下考研的事。[2] 由于孙进丰老师在进国际法专业之前，在华政人事处工作过，故对这些老师都很熟悉。他告诉我，当时华政批下来可以招研究生的，是两个专业：法制史和国际法。而我当时最感兴趣的是民法，民法不招，我也没有办法，只能改其他专业。孙老师建议我改考法制史，并说来的老师中，徐轶民老师就是搞外国法制史的，且是一个搞学问的人，可以和他接触。

6月3日晚上，和风习习，我在孙老师的陪同下，到北大招待所见到了徐轶民老师。老师当时50多岁，中等身材，人很清瘦，肤色白皙，气质高雅，脸上有一点点皱纹，两眼特别明亮，闪烁着探究的目光，给人以洞穿一切的感觉，很威严，初见时让人感到拘束，有点害怕。接触一会后感觉老师其实非常和蔼，说话也比较随便，直来直去，不讲空话、套话，不讲大道理，可以直奔主题。

老师问了我一些家里的情况，个人经历，学习成绩等之后，就谈了华政外国法制史专业的情况、招收研究生的要求、参考书目和考试的课程，他提了两点要求：第一，英文要考得好；第二，语文水平要扎实，今后研究需要它。当然，专业课也一定要考好。他说，现在已经有6个人与他联系了，所以让我要有竞争的思想准备。最后，老师爽快地对我说：你就好好复习吧，我给你开一个书单，你按照此看书复习，时间还来得及。他很认真地一笔一画写了一些书和参考资料，交给我，说："你还有什么事吗？没事就这样了。"我本来还想和他聊聊天，看此

---

① 1982年2月14日，我们毕业后离开北京大学赴新单位报到，我们4个人都回到了上海。我考上了华政研究生；倪振锋分在了复旦大学法律系；傅长禄分在上海市中级人民法院；顾功耘分在上海市人事局，之后再次分配到了复旦大学分校文学院法律系工作，后来又调到了华政。

② 实际上，考华政的研究生是存在风险的，当时沈四宝老师就帮我分析：考上了，多一条回上海的途径；考不上，华政就去不成了，因为人们一般不会要一个落榜的考生来工作的。当然，沈四宝老师总体上也是支持我考的。

状况，就马上告辞了。前后加在一起不到1个小时。

在回宿舍的路上，孙进丰老师告诉我，华政今年不招宪法和刑法的研究生，除了国际法就是法制史了，你必须全力以赴。他还说，徐老师就是这个脾气，办事非常干脆利索，珍惜时间，绝不啰唆，你今后要注意这一点，尽量少占用他的时间。但徐老师是个搞学问的人，你今后跟着他不会吃亏。我连连称“诺”。

二、面试给了我重逢老师的机会

经过报名、体检（都在7月中旬）等各种程序，我在9月12日、13日、14日三天，参加了华政研究生的考试。三天的考试，几乎让人虚脱。第一天上午考英语，下午考政治理论。第二天上午考古代汉语，下午考法学基础理论。第三天上午考各国宪法，下午考外国法制史。尽管我做了充分的准备，但华政的题量大得还是让人吃惊。我印象中，几乎每一门课都要在16开的答卷纸上写15页以上。不过，考试结束以后，心是比较安定的，因为除了外国法制史试卷中一个名词解释“黑人法典”有点猜测着回答以外，其他所有的问题全都答出来了，英语也考得很好（感觉上如此）。10月22日，我接到了到华政参加面试（复试）的通知。

由于面试要考专业和英语，也有笔试和口试。故我提前一个星期回到上海，专心复习。孙进丰老师是一个非常讲义气、注重感情之人，他当时住在东风楼后面23号楼东侧一排的最南端，是一间20平方米左右的大房间，刚装修好，作为结婚用房住的时间还不长。为了让我安静地复习，他把此房子让与我住，还睡他的大床（这在现在可能是不可思议的事），他自己则回父母家。他夫人也很通情达理，对此没有任何怨言。

在此期间，我见了徐老师一面。这是我第一次上老师家。它是一幢西式洋房，就是后来华政食府（现在改造成了华政图书馆长宁校区的密闭书库）路西面的那排楼房最南面第一间。徐老师住一楼，门是朝南开的，因为花园洋房的一楼要比普通房屋高出半层，所以有几层台阶。上了台阶进屋，有一个7平方米左右的小间。徐老师将这一小间改造成为一间书房，在里面看书写作。书桌之外，还有一个简陋的长沙发，可以接待三四个人谈话什么的。我们就在书房里谈了一会。徐老师没有透露任何关于面试的细节，只是询问我现住在哪里，他指定的那些参考书和资料是否都已经好好阅读，注意不要太累，太紧张，等等。

华政长宁校区 18 号楼，这座欧式的小洋房东南角的一楼，曾是徐老师的家（现在已经改成北大出版社华政分社），老师在此生活了几十年，这里也是笔者当时经常拜访老师、与老师切磋学术的地方。

尽管见面谈话不涉及面试问题，但是见到老师心里还是很开心，并且不知什么原因，有一种踏实的感觉。我站在外面的路上，打量了这间楼房很长一段时间，当时也没有想到，以后会常常来到这里，向老师请教问题，商谈论文写作和修改等事。虽然，我已记不清进入徐老师家门有多少次，但除书房之外，里面其他房间从来没有进去过，感觉上比较大，是我拜访过的华政老师中住房条件最好的。这次见面，我也第一次见到了热情的徐师母郭老师，见到了徐老师的儿子徐鸣，他比我小一岁，非常俊秀；女儿徐青，长得非常漂亮。

30 日和 31 日两天是面试，虽然感觉还不错，但离我的期望值还是有一定距离。自己感觉复习得很充分，但因为太紧张了（面试时的徐老师不苟言笑，非常严肃，看着还是有点害怕），故回答问题不是太完满。面试结束后，我沿着苏州河边上石板夹着砖块的小道走了好几圈，看着老师家以及其他各幢小洋房的外墙上爬满了细细的蔓藤，心想，这些建筑置身于上海这座喧闹的大城市之中，显得那么宁静，那么高贵典雅，以前都是在小说电影里才能看得到的情景（后来张瑜主演的电影《小街》里的画面就是这种场景），离自己从小一直生活的农村环境是那么遥远，而现在却是这么近，就在眼前，自己再往前跨上一小步，就可以成为其中的一员，这是梦境还是现实呢？

面试结束后，我就急着回北大，因为毕业之前的事情还是很多的。

在走之前，和徐老师又见了一面。这次是在法制史教研室，东风楼二楼东侧的一间房子。徐老师还是很严肃，指出了我在面试中的一些错误，对于能否录取之事，只字未提。但凭感觉，老师是很喜欢我的，因为在谈话中，老师已经将我作为其得意门生在规划未来华政法制史的宏伟蓝图了。

三、每一堂课都是那么精彩

徐老师和他的前三届研究生。前排左起：任自昌、刘小冰、徐老师、胡韵琴老师（研究生科科长）、笔者；后排左起：傅东辉、高桐、蒋迅、段祺华。

回到北大，在经历了一段时间的焦虑等待之后，1982 年 1 月 5 日，终于收到了姗姗来迟的华政录取通知书。2 月 2 日，我们来华政报到，华政第一届研究生开学。接下来，我和其他 13 位同学［我们第一届研究生共有 14 人，有法制史的，国际法的（后来也补招了宪法和刑法的，宪法是骆伟建和胡明德，刑法招了赵国强和杨诚），但外法史的最多，共 4 人，除我以外，还有高桐、蒋迅和任自昌。毕业时，除了任自昌去了上海大学之外，我们另外三人都留在了华政工作，但几年后他们三个人都去了美国］就进入了正常的研究生学习之中。当时华政的条件虽然还比较艰苦，但对我们是特别关照，院长特批给了我们 14 个人一台彩色电视机。

徐老师给我们开的是“外国法制史研究”的课程，从古代巴比伦的楔形文字法，到古代印度法、古代希腊和罗马法，中世纪教会法，一直到近代以后的法国民法典、德国民法典、美国联邦宪法等，讲了一个学年。中间，还让我们四个人每人各做了一次长长的主题发言，老师最后再作一些点评。

徐老师上课非常有特色，那就是特别的认真，特别的严谨，特别的周密，资料丰富，信息量特别大。每次上课前，徐老师都会布置一批参考书，让我们去看，做读书笔记，然后到课上交流。一堂课下来，都要看上五六本乃至十多本参考书。一个一个专题进行下去。我印象中，这一学年的课，大概有十五六个专题吧，每一次课都要经过阅读、发言、提问、讨论、点评、总结等一个个环节。由于学生人数少，故每一堂课，我们平均都有五次以上的发言机会，事前如果不看参考书，对要讨论的专题不熟悉，这堂课你就没有办法上，就会感觉很尴尬，很狼狈，当然也毫无例外地会受到老师的批评。但如果准备充分，你就会感觉非常自信，发言、提问和讨论也能非常自如，而在老师那充满表扬、欣赏的眼光之下，你会感觉到这每一堂课都是那么的精彩，那么有收获，都是一次难得的享受。

华政长宁校区河东教学楼对面的6号学生宿舍楼，现在住的都是博士研究生，但在1998年以前，则是硕士生的宿舍。我们第一届硕士研究生于1982年秋天搬入其中，一直住到毕业。这里也是徐老师经常来看望、辅导研究生的地方。

徐老师是一个非常喜欢清洁的人，不管是外出参加学术会议也好，在学校上课也好，参加教研室活动也好，以及出席其他一些非正式的场合也好，他都是穿戴整齐，身上弄得干干净净。包括他书房里放的书、杂志、讲稿、复印的资料、信件等，他都摆放得清清楚楚，整整齐齐。这一良好的习惯，使他要查找资料和文献时非常方便。有时和老师借阅一份资料，或要查找某一本书，某篇文章，他马上就能找出来，交给你。老师爱清洁的习惯也延伸到了课堂上，他每次讲课必然带上一块湿毛巾，在黑板上写了一段板书，回到讲坛上来时，就会把手擦干净，以免粉笔碎屑弄脏了书和衣服。这一点让我们感触很深，逐步意识到大学老师就应该是这样的，对老师也就更加尊敬了。

四、辅导论文写作不厌其烦

除了上课之外，让我们更加感动、更加有收获的是，徐老师对我们论文写作的细心辅导,孜孜不倦,极其认真。

当初,老师先是考入暨南大学,之后又转入复旦大学,学习非常刻苦用功,因此,其英文水平很高,古文底子也很好,华政两次解散,他也没有离开过教学和科研岗位,第一次在上海社会科学院,第二次去了复旦大学,所以外语、古文和法制史的专业知识没有丢,都非常扎实。与此同时,徐老师还长期担任上海辞书出版社编辑辞书的编委和撰稿人(改革开放后我国出版的第一批法律辞书如《法学词典》、《辞海》中政法词条和《中国大百科全书·法学》,老师都是主要撰稿人)。这些主客观的条件,造就了老师非常好的文笔。无论是撰写论文、著作,还是编写教材、讲稿等,都非常精练,非常周密,遣词造句非常严谨,包括每一个标点符号,都是经过仔细斟酌才定下来的。

遇到这么一位好的老师,真是我们学生的福分。一方面是我自己的愿望;另一方面也是老师的要求。我从入学时起,就开始选择合适的题材写论文。先后完成了《论十二表法》、《论希伯来法》、《试论伊斯兰法形成和发展的特点》等,交给老师审阅。老师对我(包括其他三位同学)交给他的作业(习作)都非常重视,马上就开始一字一句地进行审读和修改。

我记得那是1982年的国庆节,我在节前回家时,把《论十二表法》一文给了老师,此文已经经过了余先予老师的认真修改,有7500多字。国庆节后我回到学校,老师就把我叫去了,将修改好的论文还给了我。我一看,上面布满了密密麻麻的红颜色,是老师修改的文字。从框架结构,到段落的调整,到文字的修改,到每一个标点符号,都有老师修改的痕迹。而老师修改文章的最大特点,就是将你的文章梳理得清清楚楚,逻辑清晰,话语顺畅,用语极为精练。原来7500多字的文章,经过老师的修改,变成了一篇3500余字的文章,压缩文字达到了一半以上。换句话说,文章经过老师这么一改,就可以直接排版了。

在三年学习中,受到徐老师精心修改论文这种恩惠(老师为修改上述《论十二表法》这篇文章,整个国庆假日都没有休息),我已记不清有多少次了。甚至在毕业以后,许多教学方案、教材大纲、学术会议的材料等,仍然常常能得到老师的修改意见和建议。其他同学的情况也一样。高桐、蒋迅、任自昌的硕士论文,包括后来的傅东辉、刘小冰、周伟文等人的硕士论文,都耗费了老师的大量时间和精力。同学们的一

笔者是华政第一届14位研究生中第一个参加答辩的。这是答辩结束后，笔者和答辩委员会成员的合影。从左至右：李昌道、徐轶民、陈盛清、笔者、周枏（主席）和刘学圃。

致体会是，经过老师这种严格的论文写作训练，大家的论文写作水平得到了明显的提高。老师虽然严格，要求很高，对我们写的东西如感觉差，不规范，就会狠狠地批评一通，有时会被弄得下不了台。但老师心肠好，批评归批评，改还是认认真真地帮你改，一遍、两遍、三遍……直到他感觉满意为止。

经过老师的这种严格训练，我们几个人的论文写作水平都达到了一个比较高的水准，不仅硕士论文后来都被收录进了《华东政法学院硕士研究生论文集》，我、高桐、蒋迅以及傅东辉的硕士论文还在一些杂志（如《比较法研究》等）上公开发表了。徐老师这种对论文写作的一丝不苟、精益求精的精神，也影响了我们以后的学术道路。我印象中，高桐、蒋迅留校工作虽然没有几年，但已经为下面几届的学弟学妹做过好几场"如何写学术论文"的讲座了。徐老师对我们的影响力有多大，就此可见一斑。

五、跟随老师参加厦门会议

在我们三年研究生学习期间，最开心的事，莫过于跟随徐老师，一起去参加全国外国法制史研究会第二届年会。因为会议在厦门大学召开，我们一般就称其为"厦门会议"（以后每次年会的简称都以开会地点名之）。

说起厦门会议，还得说一下全国外国法制史研究会的由来。1979年，法律史学界在长春吉林大学法律系召开"中国法律史学会"的成立大会，该学会是改革开放之后我国法学界成立的第一个学会（学术团体）。当时，林榕年、徐轶民、林向荣、徐尚清、由嵘、张观发、许显侯等一批搞外国法制史教学和研究的老师也参加了这次年会。起先,该学会的活动也包含着外国法制史的内容(从这次年会后编辑出版的《法律史论丛》所收集的与会论文中可以很清楚地看到),但随后,就逐步以中国法制史和中国法律思想史为主了。

在这种情况下,从事外国法制史教学和研究的一批老师,就在陈盛清、林榕年、徐轶民等老师的带领下,1982 年 4 月在武汉大学另成立了"全国外国法制史研究会",这次会议也是该研究会的第一届学术年会。当时会议选举陈盛清为会长,徐轶民老师和林榕年、林向荣、张学仁一起为理事,研究会还聘请了卢干东、姚梅镇、周枏为顾问。当时会议决定,第二届年会放在厦门大学召开,时间为 1983 年下半年(后推延至 1984 年 1 月)。

1984 年在厦门年会期间,每天早上就和徐老师一起去散步,那时的老师多么英姿飒爽,我们是多么年轻!老师后面跟随者是笔者和傅东辉。

作为全国外国法制史研究会的主要奠基人,徐老师对研究会怀有特殊的感情,也倾注了相当心血。从武汉会议结束一回到上海,徐老师就召集我们一起开会,传达了会议的情况,谈了要好好准备参与这次会议、并让我们第一届、第二届外法史研究生也一起前去参加的想法。听了老师的这一想法,大家都非常高兴,记得那天回到宿舍后,晚上兴奋得一直无法入睡,因为厦门是一个我们向往的地方,一直没有机会去看看,这次终于有了机会,怎么不令人高兴?

在接下来的日子里,我们都为参加会议准备论文而忙碌着,因为老师明确讲了,去厦门的前提就是必须完成一篇学术论文,有了论文,他才有理由为我们向学校争取前去参加会议的经费——因为到目前为止，还没有一个专业的研究生出去参加过学术会议，而这一次徐老师要带我们5个人一起去！当时，我准备的论文就是《论希伯来法》。1984年1月9日上午10点，我、高桐、蒋迅、任自昌和傅东辉5人，跟着徐老师坐快车（说是快车，当时速度也不快，上海至厦门路上用了36个小时）去了厦门。临出发之前，徐老师召集我们开会，讲了几点注意事项，如不要乱说话，乱买东西，注意华政形象，同时争取多结识一些外校老师和研究生等。与我们同车的还有李光灿、陈盛清、林向荣和李昌道等老师。

年会的发言、讨论等详细情况我就不多说了。我们参加这次会议的最大收获是认识了一批外校的研究生和青年老师，如中国人民大学的梁治平，中国政法大学的高鸿钧、贺卫方，浙江大学的方立新，辽宁大学的张锐智和杨立，厦门大学的米健，新疆大学的汤唯，上海大学的丁利刚等。除了汤唯是我的本科同学外，其他人都是第一次相识。中间还有两个插曲，一是在会议进行中，梁治平、高鸿钧和贺卫方拿出了一份事先预备好的《青年外法史学者法律文化宣言》，当场宣读，引得大家满场鼓掌，一片叫好！二是在会议中的一个晚上，米健把我们一批年轻人召集在一起，提议成立一个青年外法史研究会，以便做出一些成绩。由于我们华政的几位研究生事前没有一点思想准备，故只是随声附和，举手同意而已。这两个小插曲，让我们知道了外部世界的缤纷多彩，令我们对其他高校的外法史青年才俊钦佩不已。

这次会议还有一个收获，是认识了一批德高望重的外法史专家，如陈盛清、李光灿、周枏、卢干东、潘汉典、林榕年、吕世伦、胡大展、由嵘、林向荣、李昌道、徐尚清等。尤其是研究会会长陈盛清老师，印象中当年已经是76岁高龄的老人，但在登鼓浪屿时，比我们青年人都速度快。我记得边上的李昌道老师就开玩笑说，陈老今后活到100岁没有问题。因为徐老师当时走路登山也很敏捷、轻松，故李昌道老师转过头来对我说，别看你导师人很瘦弱，活到90岁也是没有问题的（那天高桐、蒋迅、任自昌和傅东辉去其他地方玩了，故就我一个人陪老师登鼓浪屿）。事后想想，李老师说得还真的很准，陈盛清老师后来以百岁老人仙逝，徐老师也高寿82岁，虽然离90岁少了几岁，但中间如果没有华东疗养院的那次医疗事故，老师活到90岁应该是没有问题的。

六、华政第一次承办外法史年会

1985年的外法史年会，是在昆明召开的。会议做出一项决定，第四届年会将由华政承办。徐老师主持全局，而由我负责年会的具体工作。当时外法史研究会的秘书长是武汉大学法律系的张学仁老师，为了开好这次年会，就让我担任副秘书长（当时我已经是理事了。昆明会议将我、梁治平和高鸿钧3名青年老师增补为理事）。

1986年11月18日，第四届年会如期在上海召开。想想那时的学术团体活动情况，真的是艰苦异常。华政承担不了会议的全部经费，徐老师只好四处化缘筹钱。从外法史研究会处获得3000元，从上海市法学会处弄到1000元，华政解决用车的费用（折合人民币约1700元），以及宴请一次部分会议代表吃一顿饭的钱（估计在1000多元吧）。没有钱住星级宾馆，我们只能东寻西找，终于联系到了在天山路上的一家化工厂的招待所，即“上海化工研究院招待所”，收费比较低廉。没有礼品赠送，旅游也跑不出上海市，只能利用本市的资源。好在上海不仅是一个国际化大都市，也是我们党的诞生地。因此，我们年会的参观，就是中共一大会址。当时也没有经费多联系大巴，故有一部分会议代表就自行坐公交车去。当时许多代表开玩笑说，这最好，我们刚好有一个实地多看看上海的机会。

在公交车换车途中，我和林向荣老师两人与大部队走散了，记得当时我们才到静安寺。林老师提出他想走走路，问我离一大会址还有多远。我说还很远呢。他说，没事，他喜欢走路。我说，我是副秘书长，要负责全体会议代表的安全呢。他说，没事，只要徐老师在，你不用操心，他会安排得挺好的，尽管放心。我想也是。再说，我也不能丢下林老师一个人，他对上海又不熟悉。这样，我就陪着林老师一路走，用了一个半小时，才和大部队会合。徐老师见到我们非常高兴，不仅没有责怪我，而且大大地表扬了我——因为我和林老师在一起，没让林老师迷路、走失。实际上徐老师还是比较着急的，但当时还没有发明出手机，无法联系。

而与林老师的这一路同行，对我后来的学术发展影响很大。我当时已经对法学史产生了浓厚的兴趣，但苦于找不到一个切入点。而林老师当时已经开设了“法学史”的课程，在路上，他就详细地和我说了他的讲课体会以及关于对法学史的研究设想。林老师当时用的教材是日本学者碧海纯一等编写的《法学史》一书，该书没有中文版，林老师懂日语，他就用日语原版书上课，实际上是双语课，既上法学史，又上日语课。林老师还说，他自己正在撰写“法学史”一书，但速度很慢。他还答应回去后，马上把碧海纯一的《法学史》复印后寄给我。而这一切，都为我10年后完成《西方法学史》一书提供了相当大的参考。

以上一段也算是题外话了。1986年年会（上海会议）虽然经费比较拮据，但会议开得还是很成功，代表们也非常满意。大家对徐老师的组织能力和学术号召力都十分钦佩，尤其是徐老师对研究会的执著感情更是令大家非常感动。1997年，华政又承办了外法史研究会第十二届年会。这次又不巧，我只参加了一天的会议，因为北京有会议，就离开了上海，故年会仍然由徐老师亲自操办（给每个代表发正式会议通知，也是老师一张一张地按姓名填写的。周伟文和李秀清当时协助老师）。虽然，此时徐老师已经离休，但他不顾岁数大，身体弱，全身心地投入会议中，圆满完成了会议的各项议程，再次赢得了全体代表的尊敬。

七、严者适理，宽者人性

和徐老师有过接触，且接触不深的人，都以为老师是一个非常严厉的人。确实，徐老师平时不苟言笑，做事认真，举止严谨，对学生要求也很高。当我们学习有所松懈时，他会直率地批评；当我们做事不认真时，他会把我们叫去，很严肃地予以指出。在课堂上，如果我们没有完成他要求我们阅读的参考书，且又讲不出理由时，他也会训我们一顿，有时甚至会让我们下不了台。

同时，徐老师的专业意识特别强。他不仅要求我们好好读书，而且要读专业书，要读外国法制史的书。考上研究生以后，我结识了在华政任教的余先予老师，因为都是北大毕业的，故共同语言比较多，余老师就让我参与他的一些科研项目。但余老师的专业是国际私法，平时喜欢的也是法理,所以他的项目和外国法制史离得很远。当与余老师合作写第一本书《大众法学常识》时,我悄悄地问余老师,要不要和徐老师说一声。余老师对徐老师也很熟悉,说你先不要对他说,说了徐老师肯定反对,会说你不务正业。不如你先写起来,徐老师人是严格的,但心肠很好,看到你最后写出来了,他也就不会再责怪你了。

虽然没有向徐老师汇报,但老师最后还是知道了。他就把我叫了去,对我说,你和余老师一起写书,此事我不反对,只要你不耽误正常的学习就行。只是你写这种书没有多大意思,对自己帮助提高不大,现在是出版了一本书,但过了若干年后,你回过头来审视时,就会感觉到付出这么多时间其实是不合算的。当时,年轻气盛,急于求成,所以老师的话一时也听不进。同时,写作此书,对自己的写作水平的提高也确实有帮助。但这本书耗费了我三年研究生的大部分时间。在过去了20多年后的今天再来看,虽然得失肯定都有,但愈加觉得老师所说的更有道理。

老师的严格还体现在他对我们写作论文的要求上,他认为写作水平必须渐次进步上,即他要求我们每次写东西,他给我们修改后,我们能够吸取其中的得失,以便每次都有一点进步,日积月累,写作的水平不断提高。他多次对我们说:“你第一次交上来的文章问题很大,我不会生气。但是如果你对我的修改不认真仔细地看,老是犯同样的错误,我是不能容忍的。因为小到每一个用语、造句、注释乃至标点符号,大到框架、体系和段落之间的逻辑联系,我修改时都会仔细说明。但你如果不当一回事,下次交上来还是老样子,没有一点进步,那我就要生气了。”我记得有一次任自昌,就是犯了这样的错误,故在课堂上被徐老师狠狠地批评了一顿。

老师对我们学生虽然很严厉,但心肠很好,非常爱护我们。尤其是当其他专业的人,对我们说三道四时,他会当场予以痛击。在这一点上,说他护短也好,爱学生胜过自己子女也好,他都不在乎。就我个人而言,老师的关心一点也不亚于对他自己的子女。读研一时,我因故在华东医院做了一次小手术,回到浦东家里休息了一阵。自己当时怕耽误学业,被老师责怪,故身体稍好一点就赶回学校上课。结果老师就对我说,你这样不行,必须回家去,将身体彻底养好后再来吧。1993年4月,我接受国家公派,去日本进修学习,我原来承担的课教研室排不出人来接替,一时无人上。那年徐老师68岁,已经好长时间没有上本科生的课了。但为了让我能够准时赴日,安心在日本进修学习,老师就自告奋勇地再次出来,承担起这一较重的授课任务。2000年夏天,老师已经75岁高龄了,加上比较严重的气管炎和哮喘,平时都待在家里休息,不再外出参加任何会议和活动。但那年在湘潭大学召开的外法史第十三届年会上,将进行新老成员的换届选举。老师就对我说,他要去,为的是站好最后一班岗,让我们新上来的会长、副会长能够心里安然一些。在湘潭会议期间,老师其实每个晚上都没有睡好,要靠吃两颗安眠药才能入睡,但老师什么也没说,一直坚持到会议结束。每每想到这一情景,我都要感动得无法自禁。

尤其是老师的严格,其立意非常深远,他是希望"严师出高徒",通过严格的专业训练和外语要求,让我们都能够打下扎实的专业基础和外语基础,以便在以后的教学和科研方面走在同龄人的前面。正是基于这么一种考虑,老师对我们是"严而不僵(化)","严而不(保)守"。他非常鼓励我们在专业上、学术上有所创新,一旦看到我们在作业中有一些新的观点、新的想法,他就会用红笔将其勾出来,予以表扬和肯定。同时,他也非常注意让我接触外界,开阔视野,1984年外法史厦门会议将我们前两届5个研究生悉数带出去参加年会,目的就是让我们领略其他各所大学的学术发展和成果,以开阔我们的眼界,提高我们的学术品位。

老师和其他人说话不多,但与我们学生却是非常谈得来,和我则可以说是已经达到无话不说的境界。老师的特点之一就是说话非常坦诚,说的都是大实话。我记得有一次,他和我闲聊时,我向他请教编写教材的事。当时我是这么问的:"许多人都说,编写教材,就是抄书。'天下文章一大抄',老师您认为这种说法对吗?"老师回答说:"你不抄别人的书,怎么写得出自己的书?"看我还没有反应过来,他又说:"不抄别人的书,那你的知识从哪里来呢?娘肚子里不会带知识出来的。抄书并不丢脸,问题在于如何抄?这很有学问。我建议你,第一,抄书时必须穷尽,即在编写教材时,必须将同类型、同专业的各种教材都收集起来,然后加以比较,予以综合,将自己认为好的抄下来,编写出自己的教材。第二,不管抄谁的,一定要予以注明,注释多一点不要紧,千万不要掠人之美。第三,抄别人书时,要注意哪些是主流观点,哪些只是个别人的见解。因为编写教材，是要把已经得到大家公认的专业知识传授给学生，还要顾及学生今后可能要考北大、人大的研究生之类的。故教材和专著不一样，不能只是一家之言。第四，抄了别人的书以后，要发表一点自己的看法，要有自己的创新，哪怕一两句，一两行，也可以。”

老师的这些话非常朴实，都是大白话，但非常管用，而且有着深刻的道理在其中，让我以后经常回味无穷。实际上，这些话也是老师数十年教学实践经验的总结。老师一生中主编过许多教材，早的如1982年出版的全国统编教材《外国法制史》，老师担任副主编，1987年的修订本，1994年的增补本（改名《外国法制史新编》），老师也都是副主编。之后，老师又担任了中央广播电视大学版《外国法制史》和红旗出版社版《外国法制史纲》的主编，他都是将自己的教学经验提炼以后，充实到教材之中。在1986年的全国外国法制史研究会年会（上海会议）上，老师明确提出了对苏联模式的外国法制史教学体系，以及我国改革开放初期的外国法制史课程体系必须进行改革，提出在编写教材和教学课程上要有创新，要理论联系实际，具体思路为外法史课程体系应该按总论和分论，或者按照国别来划分。这些改革创新的建议，在后来的外法史教材编写和教学体系中都被采纳了，从而为我国外法史学科的建设做出了重要的贡献。

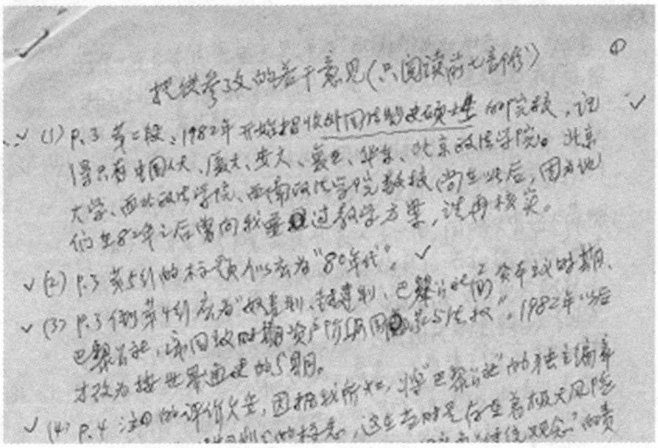

在我写《新中国外国法制史学科发展》的前言时，老师提供给我的补充资料和建议。老师一笔一画地精心修改和建议内容清晰可见，老师认真的严谨的治学态度也由此可见。

还有一次，法律出版社让我主编一本《外国法制史》（教学参考书），其中我要写一篇新中国外国法制史学科发展演变的前言，里面有一节是论述外法史研究会年会历史的，我手头资料不全，就去向徐老师要。他二话没说，就拿出了历届年会的会议简报，以及简报中有一些无法公开发表的内容、而由他自己做的记录。我一看，内容清清楚楚，什么都有。这让我非常感动和佩服。老师就跟我聊起了他对史料的看法。他说："我们研究法制史，当看到历史上的一段日记、一封信件、一个会议记录或者一张照片时，就会感到欢欣鼓舞。但是，对历史上的这些当事人而言，他们只是做了一回有心人，多花了一些时间把发生的事情记录了下来。与此同理，我们现在参加一次学术会议，或搞一次学术活动，甚至几位同行一起吃一顿饭，等等，如果也能做一个有心人，将其记录下来，过了若干年，也是给后人提供了研究的第一手资料。史料，就是这么形成的。此点，供你参考。我已经年纪大了，你还年轻，今后出席学术会议、参加学术活动一定会很多，你可以将其记录下来，以备后用。"老师的这一番话，让我非常信服，也使我后来因此而受益匪浅。

这些都是平时我和徐老师在闲聊中的一些小事，现在之所以将它们写出来：一是表明了老师的坦诚，以及对自己学生的信任；二是感到老师的观点、说法对自己的教学和研究工作很有启发；三是想说明，老师外表虽然很严肃，但内心很柔和，他对事很严，对人却是很宽容的。

徐老师的宽和严，还充分体现在他对师弟陈立彤的事情上。平时，老师对陈立彤的学习要求很严，这一点我和周伟文都感觉得到，但对陈立彤的事业发展、他的家庭、他的夫人小孩的事，则竭尽全力帮助。我记得那是陈立彤在美国留学的时候，老师年事已高，气管炎哮喘时常发作，尤其是冬天不能出门。但立彤在美国要升学，需要华政提供学籍证明及各种资料。立彤不知老师的身体情况，打电话来需要补充资料，老师二话没说，就亲自去办理开证明、复印资料等事，最后再徒步到曹家渡邮局帮他寄过去（师母和徐青要帮他寄，老师又不放心，怕有闪失。他说，立彤在那边急等着要的）。而那年的冬天特别的冷，老师办好此事后，一回到家气管炎和哮喘就马上发作了。但事后老师没讲一句怨言。

八、学者风范，人生楷模

徐老师人很善良，为人正直，心地坦荡，故在外国法制史学界也是朋友一片，同行之间相处得很好。一方面，在华政，由于他学问做得好，加上人品高尚，大家也都很尊敬他，在教师中享有很高的威望。另一方面，老师具有强烈的是非感和正义感。看到不对的做法，他就要说，不管是教学和科研上的，还是学校管理上的，因此，有时会得罪一些人。但即使有一些这样的情况，也都是为了学校的“公事”，老师绝对不会为自己的私事去招惹别人。①

1996 年，在老师 71 岁那一年，他离休了。此前一年，我也担任了华东政法学院副院长。在教学、科研和行政三个领域里忙活，感觉自己的所有时间都被其吸走了。这样，我和老师见面的机会也日益减少。有时，我匆匆地来回于教室、办公室和会场之间的路上，遇到在慢慢地散步的老师，我停下来和老师打个招呼，想说几句话时，老师总是说，你快走吧，你现在肩上担子重，事情多，你尽管去忙，不用顾及我。每当此时，我总是感到因没有时间更多地陪陪老师，和老师聊聊而十分内疚。

而老师却很豁达，宽容。他经常对我说：“对父母要孝，孝之大者是成就事业，光宗耀祖；对老师要敬，敬之大者是拓展师门，扬名天下。其他都是非原则的事，只要尽力了就行了。”这些话虽然带有非常浓厚的中国传统文化色彩，但却是徐老师这一代知识分子真实信奉的基本的家国观。他对家里人和其他人说，何勤华现在是校领导了，事情多，我们大家不要去麻烦他。学校事大，个人事小，只要学校发展了，我们作为华政人就心里踏实了。2007 年 7 月，老师再次发病住院，儿子徐鸣从美国赶回上海，去医院陪护老师。老师见到徐鸣后，第一句话就是：“徐鸣，你知道吗，华政终于由学院改成大学了。”对学校的关切，以及得知华东政法学院改名华东政法大学之后的欣慰之情，溢于言表。老师的言行，也感染了师母以及他的家人。我平时很少到老师家看望师母，但师母每次看到我都非常高兴，总是有说不完的话。临走时，还要往我口袋里塞许多好吃的，说我太瘦了，让我好好保养身体。

---

① 老师因性格也曾得罪过《法学》杂志的一位负责人，因而他自己一直没有能在《法学》上发表文章。不仅如此，此事还牵连了老师的弟子。在若干年内，我的投稿一概被这位负责人封杀，即使得到了在《法学》担任编辑的陈鹏生老师、余先予老师等的竭力推荐，也无济于事。这位负责人私下里对有的老师说过，何勤华是徐轶民的学生，他的文章一概不发。但老师对此事非常坦然，该干什么照样干什么。

老师的身体原本还是不错的。虽然有气管炎，人也很瘦，但步履矫健，行动轻松，讲课时中气也很足。老师身体状况一下子变差，是1989年在华东疗养院疗休养时，因一位医生处置不当引起的。本来是老师一次普通的气管炎咳嗽的发作，由于这位医生的处置失当，导致了严重的肺水肿，结果在老师胸口打了一个洞，让积水从肺部排出来。这次医疗事故，使老师的身体大伤元气，之后就再也没有能够完全恢复。我是事后才知道这件事的。去看望老师时，老师反复对我说：庸医害死人啊！庸医害死人！老师这话，当然不仅仅就他自身的案例说的，也是指当时整个医疗界的现象。

之后，尤其是在2001年以后，老师有过几次肺气肿发作住院的经历，有一次还非常严重。但最终都化险为夷，安全渡过了难关。2007年7月24日，我赴江西，和2003级博士生参加一次活动。临出发时，去探望过老师，当时老师住在医院里，身体已经很虚弱，但依靠吸氧，病情似乎还稳定，看此情况我就走了。也许是心心相印的缘故吧，26日那一天，我在路上就感觉到有点不对劲，做事精神集中不起来，似乎要发生什么事，但也说不出会在哪里出事。到下午2点多时，学校打电话过来，说老师今天走了。我听后，愣了很长时间，我告诉了周围的学生，大家都很难过。虽然已经有思想准备，但心里还是非常难受。尤其是感到在老师离开时我作为大弟子未能守候在他身边，真是一个终生的遗憾！

老师的一生是辛勤劳累的，也是幸福的。他从少年时代起就追求社会平等、公正和进步，早在1948年求学时，就参加了中共地下党的外围进步组织“蕾社”（因此老师是我校为数不多的离休干部之一），也很早就提出加入中国共产党的申请。但由于种种原因（如十年“文化大革命”中华政教师中形成的不同派别以及老师解放前的家庭出身比较好等），故尽管自己很努力，但一直到1991年7月老师66岁时，才经过党组织的批准，正式加入中国共产党。老师的这种执著、这种追求、这种信仰让我们感动。虽然组织的关怀来得晚了一点，但老师的夙愿最终还是实现了。老师从1952年到华政工作，一直到2007年7月26日去世，始终牵挂着华政的进步和发展。同时，他也得到了华政师生的真诚热爱，1992年享受国务院政府特殊津贴。1996年离休后，他被授予华东政法学院功勋教授。在1999年华政复校20周年庆典上,学校举行了一个给功勋教授献花的仪式。那天,由我代表老师的弟子向老师献花,我清楚地看到,老师眼里闪着泪花,脸上浮现出开心、灿烂的笑容。

(2011 年 4 月 15 日)

后　记

本书所收各篇论文,有的已经发表,有的则尚未公开,因与本书主题相关,故将其汇集在一起。

需要说明的是,本书第八篇:“新中国法学群英谱”,是一项集体研究成果,由我和陈颐副教授负责,组织上海地区的一批青年教师和博士生、硕士生一起完成。最初是应《中国法律》主编董彦斌之邀,为纪念新中国成立 60 周年而写,每年写一个人物,每个人物写 500 字。刊登以后,在学界反响很好,受到我国一批著名法学家的肯定。

《新民晚报》的王小丹编辑看到后,感觉此文可以连载,希望我们将稿子内容作进一步的充实,每篇字数扩展到 1200 ~ 1500 字。经过各位作者的努力,遂有了在《新民晚报》“星期天夜光杯 · 东方大律师”上每周一篇、连载一年多时间的这一组文章。在本书出版时,笔者谨向王小丹编辑以及本文的各位作者表示衷心的感谢。

此外,在编辑本书时,笔者同时撰写了回忆本专业之奠基人王召棠、徐轶民和陈鹏生三位教授的三篇小文,自感也是用心写的,故作为附录同时发表。

本书编辑时间比较匆忙,错误和欠缺之处,请读者诸君批评指正。

何勤华

于华东政法大学

外国法与比较法研究院

2011 年 4 月 15 日

图书在版编目(CIP)数据

比较法学史/何勤华著. —北京:法律出版社,
2011.8
ISBN 978-7-5118-2256-7

Ⅰ.①比… Ⅱ.①何… Ⅲ.①比较法学—法学史—世界—文集 Ⅳ.①D908-53

中国版本图书馆CIP数据核字(2011)第121339号

责任编辑/杨红飞　　装帧设计/李　瞻

出版/法律出版社　　编辑统筹/财税出版分社
总发行/中国法律图书有限公司　　经销/新华书店
印刷/北京彩虹伟业印刷有限公司　　责任印制/张宇东

开本/720毫米×960毫米　1/16　　印张/17.5　字数/275千
版本/2011年9月第1版　　印次/2011年9月第1次印刷

法律出版社/北京市丰台区莲花池西里7号(100073)
电子邮件/info@lawpress.com.cn　　销售热线/010-63939792/9779
网址/www.lawpress.com.cn　　咨询电话/010-63939796

中国法律图书有限公司/北京市丰台区莲花池西里7号(100073)
全国各地中法图分、子公司电话:
第一法律书店/010-63939781/9782　西安分公司/029-85388843　重庆公司/023-65382816/2908
上海公司/021-62071010/1636　北京分公司/010-62534456　深圳公司/0755-83072995

书号:ISBN 978-7-5118-2256-7　　定价:56.00元